강원도
충청도
서울 · 경기도

새로 쓰는
동학기행 1

강원도

충청도

서울 · 경기도

새로 쓰는
동학기행 1

채길순 지음

온 나라에 동학농민혁명군이 다시 불꺼져가겠원다

전봉준아 이끄는 호남의 동학농민군과

손병희가 이끄는 경기 · 호서 · 관동 · 영남의 동학농민군여연군아

논산에서 연합군을 형성하여 물밀듯한 '성새토 껑ㅤ 일본군여 진달 제쇼게는 공주성을 밀치내나

이에 맞서 금주성 전략을 목차 서석선 공수성 강중을 퇴 단나났고통따

동학농민군과 말본군이 긴박하게 되써히여

엉기(를 깨기 위한 처물한 공방을 전개했다

그러나 동학동민 봉만군은 심무기로 무장한 뒤 관본군이 제쳐 밀치 못하

여건여 무슬러 전부에서 동학농민군 수차난들 슬페 나갔나여여헤 있게워 혼잣이 짓느엇여 봇됐다

그때부터 진기전인 삽 일본 거실 무질들되 이수여거부며드

최소 30만여 동학농민군과 하일위편서 동학농민봉농이 막을 내력거 됬다

동학
기행 모시는사람들

머리말

2004년 '동학농민혁명 참여자 등의 명예회복에 관한 특별법'이 국회를 통과하여 정부 차원에서 "동학농민혁명 참여자"에 대한 명예회복이 이루 어졌다. 이 바람에 동학농민혁명사 연구가 활성화되었고, 지방자치단체 마다 동학농민혁명을 지역 문화의 특성으로 삼으려는 움직임이 일기도 했다. 일부 지역에서는 동학농민혁명사가 성공적인 지역 문화행사로 자리매김되기도 했다.

그동안 동학농민혁명사 연구가 남접 지역, 전라도 전봉준 영웅화를 중심으로 진행되면서 이른바 북접 동학농민혁명에 대해서는 온건주의 노선으로 평가절하해 왔다. 이에 따라 전라도 바깥 영역의 동학농민혁명사 연구는 미흡하거나, 선행 연구조차 체계를 갖추지 못했다.

필자는 지난 30여 년 동안 전국의 동학 사적을 답사하면서 동학농민혁명을 소재로 한 역사소설과 기행문을 일간지와 잡지에 수 차례에 걸쳐 연재했다. 소설은 『흰옷 이야기』(1997), 『동트는 산맥』(2001), 『조캡틴 정전』(2010)으로 출간되었지만 기행문으로 묶기는 이번이 처음이다.

답사 지역은 필자가 몸담고 있던 충청 지역으로부터 시작되었으나, 나아가 동학 2세 교주 최시형의 포교 궤적(軌跡)을 따르게 되었다. 최시형이 창도주 최제우의 순도와 함께 한층 가혹해진 박해를 피해 경주를 벗어나 경상도 일원과 강원도로 잠행 포덕하고 이어서 충청, 전라, 서울·경기도 지역으로 교세를 확장시켰다.

이 글은 지역별로 산재해 있는 동학농민혁명사와 사적을 발굴하고 체계화하는 데 목적이 있다. 이를 위해 지역 중심으로 아래와 같이 나눴다.

제1권 - 강원, 충청, 서울·경기도, 제2권 - 경상, 전라, 북한.

책으로 묶기 위해 자료를 보완하는 동안 변화가 생겼다. 전에는 독자들에게 역사적 사실을 낱낱이 전하는 풍토였다면 요즘은 큰 줄기를 간결하게 보여줘야 하는 시대적 흐름에 맞춰 많은 내용을 솎아냈다. 그 결과 기행 글과 연구 글의 중간쯤에 위치한 문체에, 지역 단위로 묶다 보니 내용이 중복되기도 하는 글이 되었다.

118년 전 동학농민혁명. 단군 이래 처음으로 민중의 열망이 꽃피고 열매를 맺는가 싶더니 허망하게 스러졌다. 그렇지만 우리는 동학농민혁명의 질긴 생명력을 알고 있다. 우리는 떨어져 으깨어진 꽃잎에서 새로운 꽃을 피웠던 빛나는 역사를 체험하지 않았던가.

그 옛날, 이대로 더는 살 수 없다며 절망을 추슬러 벅찬 꿈을 안고 집을 떠나 낯선 산하에 뼈를 묻어야 했던 외로운 영혼들에게 이 책을 바친다. 아울러 그들의 '새 세상'에 대한 열망이 독자들에게 온전히 전해지기를 바란다.

2권에 담길 북한 지역은 특정 문헌 자료에 의존할 수밖에 없었다. 굳이 사족을 붙이자면, 북한 지역을 답사할 기회가 있어 남북을 아우르는 동학농민혁명사를 정리할 수 있다면 더없는 기쁨일 것이다.

2012년 8월 저자

차례

총론

강원도 제1부

새로 쓰는 동학기행 1

충청북도 제2부

충청남도 제3부

새로 쓰는 동학기행 1

서울·경기도 제4부

부록

| 일러두기 |

1. 역사적 용어는 가급적 사학계의 범례를 따랐다.
2. 역사적인 사건과 인물에 대한 용어가 불가피하게 통일되지 못한 부분이 있다. 예컨대, 현
   재 공식 명칭인 "동학농민혁명" "동학농민군"을 사용하는 것을 원칙으로 했지만 시기에
   따라 일부 혼용되기도 했다. 사건의 주체나 관점에 따라, 또는 시대에 따라 연구자들의
   다양한 용어가 사용될 수밖에 없었음을 밝혀둔다.
3. 원문 번역을 재인용하는 경우 요즈음의 문맥에 맞도록 고쳐 쓰는 것을 원칙으로 했다.

총론

조선 후기 사회와 동학농민혁명

조선 후기는 봉건 지배 계층의 무능과 부패로 인하여 백성의 고통이 점차 가중되어 가던 시기였다. 임진왜란(1592), 병자호란(1636)을 치르면서 민중들은 지배 계층의 무능을 뼈저리게 깨닫게 되었고, 결국 황폐화된 국토를 일궈 낸 것은 지배 계층이 아닌 민중들 자신이라는 사실을 자각하게 되었다. 이 시기에 현실 체제에의 반항아로 등장한 홍경래·장길산과 임꺽정은 민중의 가슴에 살아 있는 전설이 되었다. 급기야 현실 체제에 저항하는 민란이 전국 곳곳에서 빈번하게 일어났다. 철종, 고종 때까지 지속된 민란은 막바지에 몰린 민중들의 세도정치에 대한 저항이었다.

그렇지만 민란은 민중들의 참혹한 희생만 남긴 채 실패를 거듭했고, 지도 이념이 없는 민란은 실패할 수밖에 없다는 사실을 뼈저리게 자각하게 되었다.

이 무렵 경주의 몰락한 양반가 출신 최제우는 천하를 주유팔로周流八路 하면서 이대로는 더 살 수 없는 절박한 현실을 체험하고 지친 몸을 이끌고 경주 용담으로 돌아온다. 폐허가 된 용담정에 앉아 수도한 끝에 조선 후기 사회의 정치사회적인 혼란과 '서학'이라는 이질 문화의 유입으로 겪는 총체적인 혼돈의 시대를 극복할 새로운 대안으로 '동학'을 창도하게 된다. 동학은 창도 직후부터 온 나라로 들불처럼 번져 갔다. 동학이 봉건 지배 질서에 대한 불만을 총체적으로 결집하고 새로운 전망을 제시할 이념을 제공함으로써 민중운동이 새로운 국면을 맞게 되었다.

하지만 동학이라는 새로운 이념은 보수 봉건 지배 계층과의 대립을 피할 수 없었다. 결국 최제우는 '혹세무민惑世誣民과 좌도난정률左道亂正律'의 죄명으로 대구 장대에서 처형되었고, 도통을 이어받은 최시형이 도피하면서 잠행포덕潛行布德에 나서게 된다.

이렇게 동학을 정점으로 봉건 지배층과 민중 세력이 대립의 파고를 높여 가던 그 시기에 나라 안팎의 상황도 한층 어지럽게 전개되고 있었다. 1860년, 조선이 속한 동아시아의 전통적인 강대국인 중국의 수도 베이징이 영국·프랑스군에 의해 함락됨으로써 굳게 닫혀 있던 동양의 문호가 열리게 되었고, 그로부터 10여 년 후 조선 역시 문호가 개방되어 하루아침에 세계 열강의 각축장이 되어 갔다. 게다가 대원군 정권을 무너뜨리고 등장한 민씨 정권은 애초부터 부패하고 무능한 정권이었다. 민씨 정권은 민중의 내부 개혁 요구에 지레 겁을 먹고 애꿎은 민중에 대한 탄압을 가중시켜 가고 있었다.

동학 지도부가 공주취회·삼례취회(1892), 광화문 복합상소와 보은취회(1893)를 연이어 치르는 동안 동학 주도의 운동은 종교적인 교조신원운동 차원을 벗어나 봉건 정권에 대한 견제와 외세 침략에 대한 경계를 내세운 '보국안민輔國安民과 척왜양창의斥倭洋倡義'의 기치를 내세움으로써 사회운동으로 국면이 전환되어 갔다.

1894년 봄, 마침내 동학농민혁명이 발발하게 된다. 고부에서 타오른 횃불에서 금산·무장기포로, 단숨에 전라·충청도 전역과 경상·강원 지역으로까지 확산되더니 급기야 동학농민혁명군은 전주 감영을 함락하게 된다. 겁을 먹은 민씨 정권은 청군을 이 땅에 불러들였고, 이는 다시 일본군을 불러들이는 결과를 초래하여 마침내 청일전쟁이 일어나 국내 정세는 한층 복잡한 상황에 직면하게 된다. 일본과 청국이 조선에 대한 주도권을 놓고 조선땅에서 전쟁을 벌이는 지경에 처하여 국가의 안위를 염려한 동학 지도부는 관군과 전주화약을 맺고 추이를 관망하게 된다.

그러나 일본은 평양성 전투를 끝으로 청군을 국경 밖으로 몰아내고 나서 조선 침략의 일환으로 동학교도 섬멸 작전에 돌입한다. 6월 21일 경복궁을 침탈한 데 이어, 8월에 동학교단의 도소가 있는 충청도에서 동학 두령 20여 명을 참살하자, 9월 18일 최시형은 마침내 전국의 동학교도에게 재기포령을 내린다.

이에 온 나라에 동학농민혁명군이 다시 봉기하게 된다. 전봉준이 이끄는 호남의 동학농민군과 손병희가 이끄는 경기·호서·관동·영남의 동학농민혁명군이 논산에서 연합군을 형성하여 물밀듯한 기세로 관·일본군이 진을 치고 있는 공주성을 압박했다. 이에 앞서 공주성 주위로 목천 세성산, 홍주성, 공주 동쪽 한다리(大橋)에서도 동학농민군과 일본군이 긴박하게 대치하며 승기를 잡기 위한 치열한 공방을 전개했다. 그러나 동학농민혁명군은 신무기로 무장한 관·일본군에 적수가 되지 못했다. 마침내 우금티 전투에서 동학농민군 주력은 일본군의 신무기에 의해 무참히 희생되었고, 그때부터 전개된 관·일본군의 토벌전에 이르기까지 최소 10만여 동학농민군이 학살되면서 동학농민혁명이 막을 내리게 된다.

제1부
강원도

강원도의 동학 및 동학농민혁명사에 대한 체계적인 연구는 비교적 소략한 편이다. 강원도는 1864년 3월 동학의 창도주 수운 최제우가 순도한 뒤에 제자 이경화가 영월 소밀원으로 귀양을 와서 장기서에게 첫 포교를 하면서 동학이 뿌리 내린 곳이다.

특히 강원도는 최시형의 첫 도피처이자 포교지여서 동학 교세가 산악 지역을 중심으로 성했을 뿐만 아니라, 이 같은 교세를 바탕으로 인제 갑둔리에서 동학의 경전 『동경대전』을 최초로 간행하기도 했다. 1893년 3월 보은취회에 800여 명의 강원도 동학교도가 참가한 기록이 남아 있고, 1894년 동학농민혁명 재기포 시기에는 강원도 전 지역에서 일어나 투쟁을 벌였다.

특히 9월 4일에 홍천을 중심으로 한 동학농민군이 강릉관아를 점령했으나 선교장 공격에 실패하며 퇴각했고, 10월 22일에는 풍암리 자작고개 전투에서 800여 명의 동학농민군이 희생되었다. 이처럼 강원도는 동학 활동이 전 지역에서 광범위하게 전개되었다.

강원도 지역 분포

강원도 동학의 흐름

동학의 포교와 동학농민혁명 초기의 움직임

강원도에는 최제우의 직접 제자로 최제우와 함께 관에 체포된 이경화李慶化가 영월로 귀양오면서 일찍부터 동학이 포교되었지만 그 당시의 교세는 별로 크지 않았던 것 같다.

강원도에 동학 포교가 본격적으로 이루어진 것은 1869년 3월, 2세 교조 최시형이 강원도로 피신해 오면서부터이다. 동학이 본격 전파되면서 보수 양반 세력들의 모순과 수탈에 저항할 조직 체계와 규모를 갖추게 된다.

1894년 3월 전라도에서 동학농민혁명이 전개될 때 강원도에서는 별다른 움직임을 보이지 않다가, 재기포를 앞둔 시기에 강원도 남부 지역 동학농민군이 일시에 기포하여 9월 4일 대관령을 넘어 강릉 관아를 점령했다. 이는 동학교단의 9월 18일 재기포 선언 직전의 상황이다. 당시 강릉 관아는 부사가 겁을 먹고 자리를 비운 상태였다.

관아를 점령한 동학농민군은 관아의 동쪽 문에 "삼정의 폐단을 뜯어 고치고 보국안민을 이루게 한다."라는 방문을 내걸고 폐정개혁을 시도했다.

재기포 초기 동학농민군의 활동과 유림의 반격

강원도의 본격적인 동학농민혁명은 크게 두 세력에 의해 전개되었다. 하나는 충청도 제천·청주 세력과 연계한 정선·평창·영월·원주 지역 세력인데, 이들은 주로 강원도 남부 지역을 중심으로 활동했다. 다른 하나는 차기석을 중심으로 홍천군 일대에서 전개된 강원 북부 지역의 활동이었다.

동학농민군은 자치 활동이 얼마간 안정되자 보수 세력의 상징인 경포대 옆 배다리의 대부호 이회원의 선교장을 공격할 계획을 세웠다.

차기석 접주의 동창 점령과 민보군의 반격

중부 내륙 지방 동학농민군을 지휘하고 있던 차기석 대접주는 군량미를 확보하기 위해 10월 13일 홍천군 내촌면 물걸리의 동창을 들이쳐서 군량을 확보한 뒤 건물을 불태웠다. 동창은 당시 관동 지방의 중요한 곡물을 저장하고 있던 사창이었으니 동학농민군 쪽에서 보면 보수 양반 세력의 수탈의 본거지였던 셈이다.

10월 중순을 넘어서면서 보수 지배 세력은 적극적인 반격을 가했다. 특히 경기도 지평 감역을 지낸 소모관 맹영재가 이웃 고을인 홍천의 동학농민군을 공격해 왔다. 동학농민군과 민보군의 첫 전투는 10월 21일 홍천군 화촌면 장야촌(장야평=장평)에서 벌어졌다. 하지만 관·민보군의 연합 세력과 대적한 전투는 너무 싱겁게 끝나

이회원
강릉의 대표적인 악덕 부호 지주로, 보수 유림의 상징적인 인물. 이회원은 동학농민군이 선교장을 친다는 계획을 미리 알고, 한편으로 동학농민군을 안심시키면서 민보군을 모아 강릉 관아에 주둔중이던 동학농민군을 기습 선제 공격하여 타격을 입혔다.

버렸다. 기껏 화승총으로 무장한 동학농민군에 비해 연합군은 최신식 총기로 무장했기 때문이었다. 이 전투에서 동학농민군은 30여 명의 희생자를 내고 솔재와 동막산·고양산을 넘어 서석면으로 후퇴했다.

치열했던 풍암리 전투

장야촌에서 후퇴한 동학농민군은 서석면 풍암리의 전략적 요새인 진등에 진을 치고 전열을 정비하면서 관·민보군의 공격에 대비했다.

풍암리 전투는 10월 22일부터 시작되었다. 민보군과 관군은 홍천 방면의 솔재와 횡성 방면의 먼드래재 두 갈래로 진격해 들어왔다. 치열한 접전을 벌인 이 전투에서 동학농민군은 800여 명의 희생자를 내고 내면으로 후퇴했다.

관·일본군의 동학농민군 본격 토벌과 차기석의 응전

11월 3일에는 일본군 2개 중대가 평창의 동학농민군을 진압하기 위해 내려왔다. 춘천에 있던 순중군巡中軍도 파견되었다. 당시 동학농민군은 정선에 3천여 명, 평창에 1천여 명이 집결하여 장차 강릉부를 공격할 계획을 세우고 있었다.

11월 5일에는 평창 후평에 집결한 동학농민군 만여 명이 관군과 크게 전투를 벌였으나 접주 이문보를 비롯하여 100여 명의 희생자를 내고 평창 쪽 동학농민군은 정선을 거쳐 삼척으로 밀려났다.

차기석이 이끄는 동학농민군의 근거지인 봉평 내면 쪽 전투도

맹영재
조선 후기의 무신 지평 지방에서 봉기한 동학농민군을 토벌하고 이후 경기·충청·강원도 일대의 동학농민군 진압에 나서서 활발한 반 동학 활동을 전개했다.

치열하게 전개되었다. 11월 4일 봉평의 포군대장 강위서가 이끄는 관군이 내면 창촌으로 공격해 들어왔다. 산꼭대기에 진을 치고 있던 동학농민군이 밤중에 먼저 관군을 기습하여 이들을 물리쳤다.

11월 6, 7일 무렵에 관군과 민보군은 네 방향에서 차기석이 이끄는 동학농민군을 포위 공격해 들어왔다.

11월 9일부터 14일에 걸쳐 내면 창촌·원당·청도·약수포에서 강원도 동학농민혁명의 마지막 전투가 벌어졌다. 동학농민군은 험준한 산악지대를 요새로 삼아 치열한 유격전을 펼쳤다.

그러나 11월 12일 연합 전술을 펴면서 사방에서 포위망을 좁혀 들어온 관·민보군에게 대접주 차기석을 비롯해 접사 박학조 등 10여 명이 원당리에서 체포되었다. 접주 위승국·김치귀·임정호 등 100여 명이 사살되는 피해를 입고 뿔뿔이 흩어지고 말았다.

풍암리 전투
동학농민혁명 당시 강원도에서 동학농민군 희생 규모가 가장 컸던 전투. 해마다 10월 23일 서석면 풍암리 자작고개 〈동학혁명군위령탑〉 앞에서 추모제가 열린다.

차기석 대접주, 강릉부에서 효수

차기석은 강릉부로 압송되어 11월 22일 강릉 관아 훈련교장(현 강릉여중 자리)에서 박학조·정창호 등 10여 명과 함께 효수되었다.

동학농민군 지도자들이 효수 또는 포살되면서 1894년 강원도 지방의 동학농민혁명은 마침내 막을 내리게 되었다. 살아 남은 동학농민군은 깊은 산중에 은신하거나 신분을 감추고 살아야 했지만, 이들의 혁명 정신은 사그라들지 않아, 잔여 세력은 뒷날 3·1운동의 주도 세력이 되기도 했다.

왕곡마을, 강원도 동학의 기운을 키워내다 고성

최시형은 1889년 7월 괴산 신양동에 은거해 있다가 동학 지도자급 인물인 서인주 등이 체포되는 수난을 당할 때 몸을 피해 인제 김연호金演鎬의 집에 은거했다. 그러나 지목이 더욱 심해지자 그해 10월에 이곳 왕곡마을로 들어왔다. 왕곡마을은 마을 앞 대로 너머로는 탁 트인 바다가 한눈에 들어오지만 뒤쪽으로 큰 산을 등지고 있어서 위급한 일이 닥치면 피신하기 좋은 지리적 조건을 갖춘 곳이다. 이러한 주변 여건 덕분으로 왕곡마을은 양근 함씨가 집성촌을 이루면서 오늘날까지도 전통 한옥을 보존하면서 온갖 난리로부터 그 안위를 지켜올 수 있었던, 왕성한 마을이다.

최시형은 왕곡마을 김하도金河圖의 집에 머물면서 이 지역 사람들을 동학에 입도시키고 교화하면서 동학의 기운을 깊게 뿌리내렸다. 최시형이 왕곡마을에 머문 기간은 비록 3개월뿐이었지만 뒷날에는 큰 혁명 기운으로 나타났다.

유격전 遊擊戰
소규모 병력으로 적진의 옆이나 뒤를 기습하여 적을 교란시키거나 파괴하는 전략적인 전투. 동학농민혁명 당시 기록을 종합하면 산악이 많은 강원도는 이런 유격전 형태의 전투가 많았다.

오줌통에 숨긴 전대와 동학농민군의 애틋한 사연

고성 왕곡마을은 일찍이 동학이 뿌리 내린 지역이라 동학농민혁명이 일어나자 민감하게 반응했다. 1894년 9월에 기포하여 이웃 고을인 양양·속초 등지의 동학농민군과 연합하여 강릉 관아를 점령하는 데 중심 세력이 되었다.

　당시 동학농민군이 한때 이곳 왕곡마을에 주둔했는데, 강릉 관아를 점령했다가 관군의 공격을 받아 후퇴하면서 다시 왕곡마을로 들어왔다. 그러나 다시 쫓기면서 몸에 지니고 있던 전대를 함일순의 집 오줌통에 숨겨 두면서 '뒷날 다시 찾으러 올 때까지 잘 보관해 달라.'고 당부하고 허겁지겁 떠났다. 그러나 그들 중 한 사람이라도 살아남았더라면 전대를 찾으러 왔겠지만 아무도 돌아오지 못했다. 그들은 어느 산하에 외로운 뼈를 묻었을까. 그로부터 수십년이 지나 함씨 집안에서는 당시 동학농민군이 묻어 두었던 돈을 꺼내 가세를 일으켰다고 한다.

　1998년 6월 3일, 왕곡마을에 영동 지역 천도교 관의친목회에서 주도하여 최시형의 사적비 〈동학의 빛 왕곡마을〉을 건립할 때, 함씨 일가는 사적비 건립에 필요한 150여 평의 부지 기증으로 '오줌통 전대'에 보답했다.

동학의 빛 왕곡마을
왕곡마을은 앞으로 바다, 뒤로는 산을 배경으로 하고 있어서 최시형의 도피처로 적절한 곳이었다. 왕곡마을은 현재 답사할 수 있는 동학 사적지 중 가장 북쪽에 위치한다. 당시 관아에 쫓기던 최시형에게 왕곡마을은 막다른 도피처였다. 오늘날 이 마을 앞으로는 금강산으로 통하는 도로가 뚫려 있다.

막다른 골짜기에서도 꺼지지 않은 동학의 심지 인제

최시형은 비록 몸은 궁벽한 땅에 두고 있으면서도 마음은 항상 넓은 세상으로 나아갈 꿈을 키웠다. 그중 하나가 동학 경전인 『동경대전』 간행이었다. 동경대전은 인제의 깊은 산속 마을 남면 갑둔리에서 간행되었다. 이 밖에도 인제에는 '새소리도 한울님 소리'라 설법한 성황거리, 창도주 최제우의 큰아들 최세정崔世貞이 도피하다가 체포된 인제읍 귀둔리 사적이 있다.

인제와 동학의 질긴 인연

최시형이 인제와 첫 인연을 맺은 시기는 1872년이고, 동학농민혁명 이후에도 남면 느릅정이를 찾았을 만큼 질긴 인연을 맺고 있다. 도피 초기에 최시형은 남면 무의매리舞衣梅里 김병래의 집에서 창도주 수운의 조난향례(음 3.10)를 치렀다. 이후로도 최시형은 인제의 깊은 골짜기를 찾아다니면서 이 지역 포교에 힘썼다. 1876년 4월 5일에 갑둔리 김연호의 집에서 득도향례를 지냈고, 1879년 4월에 남면 갑둔리 김현수金顯秀의 집에서 인근 교인들과 같이 기도식을 치르고 설법을 했다. 이 무렵 방시학方時學의 집에다 유적편집소遺蹟編輯

수운의 조난향례
수운 최제우가 좌도난정률의 죄목으로 대구장대에서 참수형을 받고 순도한 이후 그의 유족들이 주관하던 조난향례는 1870년대 들어서 해월 최시형이 주관하게 된다. 이는 동학 법통의 중요한 축이기도 했다.

所를 설치하고, 이듬해 5월 9일 김현수의 집에 경전 인쇄소를 설치하여 동학의 한문경전인 『동경대전』을 간행했다.

동학농민혁명 이후인 1895년 정월에 손병희·손병흠·손천민·김연국 등과 함께 남면 유목정, 즉 느릅정이(현 신남휴게소 아래 마을)에서 한 해 동안 머물렀다.

최제우의 장자 최세정이 체포된 귀둔리

1871년 정월 최세정이 양양 교졸들에게 체포된 인제읍 귀둔리는 옛 지명이 이둔리耳屯里이다. 이때 최세정의 아내와 수이(최제우의 딸 최완)는 인제 교졸들에게 끌려갔다. 오늘날 이 마을은 행정구역상 강원도 인제군 인제읍 동쪽에 속해 있지만 굽이굽이 이어진 비포장도로를 약 20km 정도를 달려야 한다. 귀둔리는 점봉산과 가칠봉 사이에 있는 마을로, 피레·오작골·황골·곤배골과 기린면 북리 일부를 병합한 집단 취락 형태의 소규모 촌락이다. 귀둔리는 원래 춘천부 기린현麒麟縣에 속해 있었고 귀둔貴屯 또는 이탄耳呑이라 불렀다. 고려 시대에는 기린현이 중심 소재지였으나 1415년 춘천군이 춘천도호부로 승격이 되고, 속현이었던 기린현의 소재지가 방동리芳東里로 옮겨가면서 귀둔은 인제현 동면東面으로 편입되었고, 1914년 일제 때 행정구역 개편에 따라 현재의 귀둔리라 했다.(양양 편 참조)

최세정은 장춘보張春甫의 주선으로 이곳 귀둔리 소물안골에 살림집을 마련하였다. 지금 귀둔리는 고불고불 길게 이어진 골짜기를 따라 드문드문 있는 집들마저 거의 비어 있어서 그냥 지나칠 정도이니 옛적 최세정이 체포된 역사적 사실을 아는 사람을 만나기도 어렵고, 따라서 체포된 집을 짐작하기도 어렵다.

동학의 경전 『동경대전』 간행지 갑둔리

갑둔리는 인제군의 남쪽에 위치하여, 지리적으로는 홍천군과 인접해 있다. 현재의 행정구역으로는 강원도 인제군 남면 갑둔리이다. 해발 8백여 미터의 고지대에 자리 잡은 갑둔리는 강원도의 전형적인 산간마을이다. 표영삼 상주선도사는 "한때 최시형이 기거하면서 『동경대전』을 간행했던 김현수의 옛집이 고스란히 보존되어 있었으나, 현재는 군에서 포 사격장으로 사용하면서 그나마 사라져 버렸다."고 회고했다.

최시형이 갑둔리로 들어온 것은 1879년 4월로, 당시 최시형은 경북 청송을 떠나 영월 거석리巨石里를 거쳐 갑둔리 김현수의 집에 도착했다. 인제 지역의 교인들이 소문을 듣고 찾아와 기도식을 봉

지금도 인제는 깊은 산골마을이다
최시형이 관아의 지목을 받아 막다른 골목에 내몰렸을 때 이 골짜기를 선택했다. 그렇다고 최시형은 이 골짜기에서 목숨만 연명한 것이 아니었다. 골짜기마다 찾아다니며 포교하고, 끊임없는 수도를 통해 동학의 심지를 밝히며, 꺼져가는 희망의 불꽃을 이어갔다.

행할 것을 간청하여 기도식을 봉행하고 설법까지 행했다.

그리고 그해 11월 20일에는 조시철의 집에서 치성식을 거행한 뒤 "일찍이 대선생이 항상 포교에 주의하사 우리에게 일러 말씀하시기를 천도天道의 운運이 북방北方에 있고 우리 도의 발전할 수명이 옹치격壅齒格으로 되어 있으므로 너희는 일을 할 때에 이 격格을 잃지 말라 하셨으니 우리는 항상 스승의 교훈을 잊지 말 것이라."는 창도주의 유훈을 들려 준다.

한편 최시형은 갑둔리에서 지내는 동안 교인들의 도움으로 생활과 정신적인 안정을 찾게 되자 방시학의 집에 유적편집소(修單所)를 설치하고 창도주의 사적(『崔先生文集道源記書』)을 편집 정리한 뒤(영해 교조신원운동에 관련된 사연 때문에 세상에 공개하지 못하고) 날인견봉捺印堅封하여 정선 유시헌의 집에 보관토록 했다. 이 책은 1900년대 초에 가서야 내용이 소개되기 시작하였고, 원본은 1978년 김연국의 아들 김덕경에 의해 세상에 공개되었다. 한편, 사적 간행 이듬해인 1880년 2월에 최시형은 강시원·김연국·전시황 등과 더불어 김연석의 집에서 치성제를 봉행하고, 3월 10일에는 조난향례를, 4월 5일을 맞아서 각 접에서 일제히 득도향례를 거행하도록 지시한다.

이해 5월 9일 최시형은 김현수의 집에 경전간행소를 설치하고 지난 해 정리해 두었던 수운 선생 유적 간행에 착수하여 한 달여 뒤인 6월 14일에 이를 완료했다. 그리고 이튿날 아침 일찍 경전 간행 봉고식을 가졌다. 이 봉고식에서 "아아, 선생의 문집文集 침자를 경영한 지 해가 지나 이미 오래구나! 지금 경진년庚辰年에 나와 강시원 전시황 및 여러 사람들이 장차 간판刊板을 경영하려고 발론發

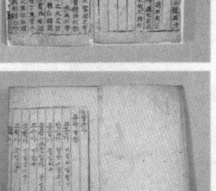

論하니, 각 접중이 다행히도 나의 의론과 같아 각소刻所를 인제 갑둔리에 정하게 되었다. 준공하는 일이 뜻과 같아 비로소 편篇을 이루니, 이로써 선생님의 도덕을 밝히게 되었다. 이 어찌 기쁘고 기쁜 일이 아니겠는가?"라 하여 감격어린 감회를 드러냈다.

한편, 『동경대전』을 간행하는 데 필요한 경비는 "상주의 윤하성尹夏成이 40금金, 정선접에서 35민緡, 인제접에서 130금金, 청송접에서 6민緡을 출연했으며, 경전 간행에 참여한 임원은 최시형·강시원姜時元·전시황全時晄·전시봉全時奉·심시정沈時貞·유시헌劉時憲 등 모두 29인"이라 밝히고 있다.

갑둔리 판('경진판')『동경대전』은 최초로 간행되어 그 가치가 높은 것이지만 안타깝게도 현재까지 발견되지 않고 있다. 다만, 최근 독립기념관 소장 자료 중 이 경진판으로 추정되는 자료가 발굴되어 1차 보고된 바 있다.(천도교월보, 2010.10.19)

『동경대전』
동학 천도교의 경전. 한문으로 된 수운 최제우의 글들을 모았다. 2세 교주 최시형이 흩어진 필사본을 수집하고 암송한 내용을 토대로 누궐된 부분을 보완하면서 모아 엮어 1880년에 간행하고, 1883년과 1890년에 중간하였다. 동학교단 최초의 경전 간행본인 갑둔리 판 동경대전은 판본 중 가장 늦게 발굴되어 최근에 학계에 보고되었다. (『동경대전』을 간행한 인제 갑둔리 전경과 『동경대전』, 『용담유사』)

김계원의 재판기록
강원도 인제 출신 동학농민군 김계원은 역사 기록에서는 별로 알려지지 않은 인물이다. 장 1백대와 3천리 유배형은 동학 두령 급이다.

화禍와 복福은 오직 스스로 만들어 나가는 것이라

천도교 기록에, "포덕 29년(1888) 인제군 김연국金演國 가家에 피신하였더니, 포졸이 뒤를 따름이 심한지라 고쳐 간성군杆城郡 김하도金河圖 가家에 기거하였다가…"라고 하여 당시 최시형의 포교 지역이 인제 경계를 넘어 간성 지역까지 확대되었음을 알 수 있다.

그뿐 아니라 인제에 기거하는 동안 이루어졌던 최시형의 초기 가르침을 엿볼 수 있다.

"포덕 31년(1890) 3월에 손병희孫秉熙·손병흠孫秉欽 형제가 스스로 담교를 가지고 신사를 모셔 충주군 외서촌 복평洑坪에 기거하시다가, 이해 7월에 신사 양구楊口·간성杆城 등 제군諸郡을 순회하시고, 인제군 남면 성황거리 이명수李明秀 가家에 이르러 마침 새의 무리가 뜰 나무에 앉아 우는 것을 보시고 가로대, 저역시 시천주侍天主의 소리라 묘하도다. 천도天道의 영묘靈妙 일에 간섭치 않음이 없도다. 위로 일월日月의 큼과 아래로 미진微塵의 적음도 다 천도의 영광이니라. 이제 우속愚俗이 산에 빌며 물에 빌어 복을 구하는 자 또한 이험異驗이 없지 아니함은 이 또한 천지의 영묘가 조림照臨치 아님이 없는 증거니라. 그러나 화와 복은 결코 외물外物에 있는 것이 아니요, 자심自心으로 자조自造하는 것이니, 고로 마음은 화복의 기틀이며 천주의 권능이니라…."

위의 기록을 통해 1869년 10월부터 1890년까지 최시형의 인제 지역 포교 활동의 범위는 물론 사상과 가르침을 엿볼 수 있다.

일찍이 동학의 뿌리가 내려졌던 고을 양양

양양 지역에 동학이 어떤 경로로 포교[布德]가 되었는지 알 길 없으나 교중 기록에 의하면 1869년 이전에 이미 공생孔生이란 사람이 동학에 입도하여 포교를 했다고 전한다.

동학에 입도한 사람들은 주문만 외울 뿐, 그 밖의 절차는 알지 못하고 있다가 1869년 2월 최혜근崔惠根·김경서金慶瑞 두 사람이 최시형을 찾아가 비로소 올바른 가르침을 받았다. 이들이 최시형에게 양양 지역 동학 포덕의 필요성을 역설하자 최시형은 박춘서朴春瑞를 대동하고 양양으로 들어왔다. 최시형은 3월 10일 양양에서 최제우의 조난향례를 지내고 나서 30여 호를 직접 포덕했다. 그리고 최시형이 이듬해 1870년 10월까지 산중에 은거하면서 치성과 수련을 했다는 기록이 있지만 어느 지역인지는 알 수 없다.

「갑오군공록」
甲午軍功錄
동학농민혁명 당시
동학농민군 토벌에
종사한 사람의 군공,
각 부대의 비용, 창
의인명록, 죄인록 등
을 기록한 책

최세정, 양양 감옥서 장사杖死

이처럼 일찍부터 동학이 뿌리내린 양양은 1872년 5월 12일 창도주 최제우의 큰아들 최세정이 양양 감옥에 갇혔다가 고문 끝에 죽음을 당하는 아픈 역사를 지니고 있다.

최세정은 1847년에 태어나 16세 때부터 천제天祭를 지내며 목검으로 검무를 익히면서 수행을 했다. 그리고 17세인 1862년에 강릉 김씨와 결혼했다. 수운 순도 뒤에는 영월·양양·인제 등지로 고단한 피신 생활을 하면서 이 지역의 교인들을 포교하거나 지도하기도 했다. 특히 1870년에는 영월 소밀원에 은거하면서 교인들을 직접 지도하여 교인들로부터 추앙을 받기도 했다.

그러나 양양 김덕중金德仲의 집에서 은거하던 최세정은 1871년 이필제의 영해 교조신원운동 실패로 인하여 관에서 동학에 대한 탄압이 가중되자 이해 10월 가족을 이끌고 첩첩 산중의 귀둔리로 들어온 것이다. 양양 관아에서는 이를 탐지하고 귀둔리를 급습하여 최세정을 체포하여 양양 옥에 가두었다. 그리고 최세정의 처와 둘째딸은 인제 옥으로 끌려갔다.

양양군청
수운 최제우의 장자 최세정이 이 양양군청 자리에 있던 양양 군아 옥에서 고문을 받다가 장살杖殺되었다.

귀둔리 사건과 관련된 당시의 교단 기록에 "최세정은 1781년 9월에 양양의 김덕중의 집에 분산하여 살다가 10월 그믐에 인제 이둔리로 옮겼다. (최세정이) 1872년 정월에 체포되자 최시형이 이 소식을 전해 듣고 신변의 위협을 감지하고 사모님을 정선 싸내촌으로 거처를 옮겼다."고 씌어 있다.

1872년 1월 10일경 영월 직동에 은거하고 있던 최시형은 임생林生에게 최세정이 양양 옥에 갇힌 사실을 전해 듣고 3월 22일에 임생과 최세청을 데리고 양양으로 갔다. 그러나 관의 지목이 워낙 심하여 최세정의 소식을 알아볼 수 없었다. 겨우 "최세정이 양양 옥에서 모진 신문을 받는 중"이라는 가슴 아픈 소식만 전해 듣고 대관령 넘어 인제 남면 무의매리舞衣梅里로 피신한다.

위의 기록으로 보아 최시형으로서는 스승 최제우의 사모님을 정선으로 피신시킨 일 외에 최세정에 대해 어떤 방책도 쓸 수 없었던 것으로 보인다. 결국, 최세정은 그해 5월 12일 양양 감옥에서 장살杖殺 당하고 말았다. 함께 체포되었던 김덕중·이경여·최혜근은 유배를 당했다. 당시 최세정이 장살 당한 양양 감옥은 현재 군청 자리에 있었는데, 지금은 현대식 건물의 양양군청이 들어섰다.

뒷날 천도교에서는 이 비운의 땅에서 흙을 담아 경주 구미산 자락의 수운 최제우 묘소[太墓] 부근에 김씨 부인과 합장하였다.

최세정의 순도
최세정이 장살 당하고 사기師家가 와해되자 동학의 지도력은 최시형에게로 급속히 집중되었고, 그만큼 해월에 대한 관의 지목도 극심해졌다.

홍천 관동 지방 최대의 격전, 풍암리 자작고개 전투

홍천 지역 동학 사적은 관동 지방에서 동학농민혁명의 최초 격전
지로 꼽히는 내촌면 물걸리 동창마을, 화촌면 장평리, 서석면 풍암
리 자작고개 전투, 내면의 원당리·청도리·약수포 전투를 꼽을 수
있다. 특히 서석면 풍암리 자작고개는 관동 지방 최대 격전지로 꼽
히고 있다.

보은 취회에 관동 지방 동학교도 참가

지금까지 홍천 지역 동학 탐구는 주로 차기석 대접주를 중심으로
전개된 전투 활동에 초점이 맞춰졌기 때문에 동학농민혁명 이전
의 동학 포교 상황과 활동은 별로 알려진 것이 없다. 다만 "1893년
3월 보은에서 전개된 교조신원운동에 강원도에서는 관동 대접주
이원팔, 인제 대접주 김치운, 홍천 대접주 차기석 등이 참가했다."
는 기록으로 미루어 당시 홍천을 비롯하여 관동 지방의 동학 활동
과 교세가 두드러졌다는 사실을 추정할 수 있다. 또 평창의 이관동
도 이 지역의 큰 두령이었다.

홍천 동학농민군은 9월 재기포 선언 이전부터 기포 준비

홍천의 동학교도들은 9월 재기포 선언 이전부터 인접 고을인 경기도 지평 지역 동학농민군과 연계하여 활동을 벌이고 있었다. 지평의 고석주高錫柱·이희일李熙一·신창희申昌熙 등이 이끄는 동학농민군 수백 명이 접을 설치하고 무장하여 기포를 준비하고 있었다. 한편 내면에서 가까운 봉평면에서도 차기석의 영향 아래 있던 윤태열·정창해·조원중·정헌심 등이 기포하여 각 촌락의 집집마다 좁쌀 6말과 미투리 1쌍씩을 거두어들이는 등 본격적인 투쟁 준비에 들어갔다.

차기석은 1천여 명의 동학농민군을 이끌고 보은 장내리로 진출하려다 지평의 맹영재가 이끄는 민보군에 길이 막혀 홍천으로 되돌아와 내촌면 물걸리로 진출했다.

동창을 습격하여 군량미 확보

차기석은 10월 13일 밤에 박종백과 함께 동학농민군을 이끌고 홍천군 내촌면 물걸리 동창東倉을 들이쳐서 군량을 확보하고 창고 건물을 불태웠다. 수탈의 상징이라고 할 수 있는 동창을 습격하여 불태우고 인근의 관아까지 점령한 것은 대민 활동 면에서나 동학농민군 자체 전력을 위해서나 중요한 일이었다.

당시 동창은 영동·영서를 이어주는 교통과 문화의 중심지였다. 이곳은 사람들의 왕래가 빈번하여 주막, 시장거리, 마방馬房 등이 갖춰진 제법 규모가 큰 고을이었다. 특히 동창은 강원도 내륙 지방의 중요한 사창으로, 세곡을 거둬 보관해 두었다가 비가 많이 와서

동창과 동창마을
당시 동창은 강원도 내륙 지방의 중요한 사창으로, 동학농민군이 이곳을 점령하여 곡식을 군량미로 쓰고, 백성들에게 나눠 줌으로써 새로운 전기를 마련하게 되었다.

강릉 관아
동학농민혁명 시기
에 강릉 관아는 관동
지방 동학교도의 일
차적인 표적이었고,
9월 4일 강릉 관아를
점령한 세력은 홍천
정선 평창 영월 원주
등 강원 지역 각처에
서 모여든 동학농민
군이었다.

강물이 불어나면 뗏목에 실어 한강을 통해 서울로 내려 보내던 곳
이다.

강릉 관아 점령, 폐정개혁 단행

관아 점령으로 기세가 오른 홍천 동학농민군은 1894년 9월 4일 정
선·평창·영월·원주 등지의 동학농민군과 연합하여 대관령을 넘
어 강릉 관아를 들이쳤다. 강릉은 동학농민혁명 당시 강원도에서
유일하게 동학농민군이 관아를 점령한 곳이다. 관아를 점령한 동
학농민군은 가혹한 세금을 감면토록 하고, 악독한 지주들의 땅문
서를 빼앗는 한편 수탈에 앞장섰던 탐관오리를 잡아 가두고 억울
한 옥사를 해결해 나갔다. 그리고 '삼정의 폐단을 뜯어고치고 보
국안민을 이룩한다.'는 방문을 내거는 등, 그동안 동학농민군이 꿈
꿔 오던 폐정개혁을 단행했다.

동학농민군은 폐정개혁이 어느 정도 자리를 잡게 되자 강릉 유림을 상징하는 경포의 선교장을 공격할 계획을 세웠다. 그러나 강릉의 대부호이자 유림 세력의 상징인 선교장 이회원은 교활한 술수로 동학농민군을 안심시킨 뒤 역으로 기습하여 강릉 관아를 탈환한다. 이 전투에서 패한 동학농민군은 30여 명의 희생자를 냈으며, 다시 대관령을 넘어 퇴각했다. 비록 일장춘몽처럼 짧은 기간이었지만 강릉부를 점령한 그해 9월 4일부터 동학의 세상이 전개되었던 셈이다.(이하 강릉 편 참조)

보수 세력의 대반격과 동학농민군 패퇴

10월 중순을 넘어서면서 강원도 지역의 보수 지배 세력은 동학농민군에 대한 대대적인 반격에 나서게 된다. 지평에서 감역을 지낸 소모관召募官 맹영재孟英在는 포군을 이끌고 홍천으로 진격해 들어왔다. 서석은 동쪽으로는 뱃재를 넘어 내면으로, 남쪽으로는 먼드래재를 넘어 횡성으로, 서쪽으로는 솔치재를 넘어 홍천과 통하며 북서쪽으로는 동창을 지나 내촌으로, 서남쪽으로는 부목재를 넘어 홍천 동면으로 통하는 교통의 요충지이다.

동학농민군과 민보군의 첫 격돌은 10월 21일 화촌면 장야촌(坪)에서 벌어졌다. 그러나 동학농민군은 이 전투에서 제대로 싸워 보지도 못하고 30여 명의 희생자를 낸 채 서석으로 후퇴했다.

피가 '자작자작' 흘렀던 풍암리 전투

차기석 대접주는 서석면 풍암리의 작은 구릉과 전략적 요새인 진

강원도의 폐정개혁
관아를 점령한 동학농민군은 가혹한 세금을 감면토록 하고, 악독한 지주들의 땅문서를 빼앗는 한편 '삼정의 폐단을 뜯어고치고 보국안민을 이룩한다.'는 방문을 내거는 등, 과감하게 폐정개혁을 단행했다.

**홍천 풍암리
동학혁명군위령탑**
수백 명의 희생으로
피가 자작자작 흐를
정도였다고 해서 자
작고개라 불린 풍암
리 전적지의 '동학혁
명군위령탑'. 1976
년 이 자리에서 수많
은 동학농민군 유해
를 발굴했다.

등에 진지를 구축하고 전열을 가다듬어 맹영재의 토벌군 공격에 대비했다. 당시 수천 명의 동학농민군이 진을 쳤던 진등은 천혜의 군사적 요충지로, 뒤로는 아미산과 고양산이 둘러싸고 있으며 앞으로는 시야가 탁 트인 들판과 길이 내려다보이는 곳이다. 동학농민군은 총이 모자라 버드나무를 깎아 먹칠을 해서 무기가 많은 것처럼 위장을 하기도 했고, 주문을 외우면 토벌군의 총에서 총탄이 아니라 빨간 물이 흘러나온다고 하며 사기를 북돋우기도 했다.

한편, 장야촌에서 승리를 거둔 맹영재의 토벌군은 속초리를 거쳐 서석면 풍암리로 진격해 들어왔다. 전투는 10월 22일부터 벌어졌다. 맹영재가 이끄는 관군·민보군 연합 토벌군은 홍천 방면의 솔재와 횡성 방면의 먼드래재 두 갈래로 진격해 들어왔다. 차기석은 동학농민군을 이끌고 맹영재의 토벌군에 맞서 치열한 접전을 벌였다. 그러나 신식 무기로 무장을 하고 경기도 일대에서 동학농민군 토벌에 맹위를 떨치던 맹영재와 접전을 벌인 차기석의 동학농민군은 다시 많은 희생자를 내면서 패퇴할 수밖에 없었다. 이날 전투에서 희생당한 동학농민군의 수는 800여 명에서 1,000여 명에 이를 것으로 추정하고 있다. 수백 명의 희생으로 피가 자작자작 흐를 정도였다고 해서 자작고개라 불린 이곳에서, 1976년 새마을사업으로 길을 닦던 주민들이 수많은 유해를 발굴했다. 이듬해인 1977년 12월 주민들과 홍천군이 뜻을 모아 "동학혁명군위령탑"을 세웠고, 이 조형물은 강원도 기념물 제25호로 지정되었다.

당시 동창 전투와 장야평 풍암리 전투는 『동비토록』東匪討錄과 『갑오실기』甲午實記에 다음과 같이 전하고 있다.

『동비토록』과 『갑오실기』
『동비토록』은 1894년 9월부터 1895년 3월까지 강원 영동지방에서 펼쳐진 동학농민군 활동과 그에 대한 토벌 내용을 기록한 고서. 저자는 미상이며, 필사본이다. 소장처는 강릉시 운정동 선교장이다. 『갑오실기』는 홍천 동학농민군 활동을 기록한 문헌이다.

去月二十二日辰時 到府 秘甘內節該接洪川縣監所報 卽東徒今月
十三日夜 突入東倉 放火倉舍 魁帥車箕錫接主朴鍾伯 率其同黨壇
殺人令於江陵地是乎矣
卽去十月二十一日行軍 到洪川長野村 砲殺匪類三十餘名 翌日轉
向瑞石面 卽匪徒數千餘名 揷立白旗 結陣屯聚衣 放銃接戰以丸中
殺者 不知其數

자작고개 전투 이후
차기석이 이끄는 동
학농민군은 일시적으
로 승리를 거두기도
했으나, 대체로 패퇴
를 거듭하며 막다른
지점으로 몰리기 시
작했다.

곧, 동학농민군의 동창 습격과 풍암리 전투 사실을 비교적 상세
히 기록하고 있다.

동학농민군 토벌전 전개, 차기석 유격전으로 항전

자작고개를 중심으로 진퇴를 거듭하며 토벌대와 맞섰던 차기석은
역부족을 절감하면서 내면으로 퇴각한다. 차기석은 다시 세를 모
으기 위해 기린·양양·간성의 동학농민군에게 힘을 합쳐 봉평을
치자는 통문을 보냈다. 그러자 봉평의 동학농민군을 토벌하던 포
군대장 강위서가 11월 6일 토벌군을 이끌고 먼저 내면 1리로 들어
왔다. 토벌대가 온다는 소식을 접한 차기석은 산 위에 매복해 있다
가 밤중에 토벌대를 급습하여 3명을 사살하는 전과를 거두었다.

강위서의 포군 부대는 모두 8명의 사상자를 내고 패배한 채 내
면에서 후퇴하였으나, 전열을 정비한 토벌군은 각 지역의 관군과
연합작전을 전개하여 사방에서 동학농민군을 포위하면서 압박해
들어왔다.

11월 10일부터 전개된 내면 일대의 연합군의 동학농민군 토벌

작전은 네 갈래로 나누어 전개되었다. 서남쪽은 강위서가 보래령을 넘어 홍천 의병 허경許坰과 합세하여 자운포를 공격하고, 남쪽으로는 양양의 민보군 대장 이석범李錫範과 박동의朴東儀가 연합하여 운두령을 넘어 원당리·청도리·약수포로 이동했으며, 동쪽으로는 이석범의 동생인 이국범李國範이 관군을 이끌고 신배령을 넘어서, 서쪽으로는 이석범의 부종관인 김익제金翼濟가 응봉령을 넘어 내면으로 진격했다. 그리고 강위서는 홍정3리까지 진격했다.

11월 11일부터 14일까지 계방산과 오대산 기슭의 자운리·홍정리와 계방천 협곡에 자리 잡은 원당리·청두리·약수포 등지에서 차기석은 토벌군을 맞아 유격전 형태로 치열한 공방전을 벌였다.

청두리에서 약수포까지는 토벌군도 70리를 벽을 기어오르며 전진했다고 할 정도로 험난한 곳이다. 이 계곡은 구룡령에서 오대산 두루봉으로 이어지는 백두대간의 큰 산줄기를 이루어 양양·강릉의 영동과의 경계선이 되며, 그 사이에 모두 해발 1,000m가 넘는 신배령·응복산·응복령·약수산 등 험산 준령이 놓여 있다. 잎이 무성한 계절이었더라면 험난한 이곳 지형이 유격전을 벌이기 적합할 것이나 잎이 모두 지고 눈이 쌓이기 시작한 11월 중순이어서 사방에서 협공하는 토벌군을 맞아 동학농민군이 싸우기에는 매우 불리했다. 봉평에서 내면에 이르는 보래령·운두령과, 양양 강릉에서 내면으로 통하는 신배령·응복령이 토벌군에게 먼저 장악된 상태였기 때문에 협공을 당한 동학농민군은 완전히 포위를 당한 꼴이 되었다.

11월 11일, 내면 자운의 동학농민군은 보래령을 넘어온 봉평 포

차기석 생포 과정
겨울이 깊어지자 유격전에 의지하던 동학농민군은 더욱 불리한 처지에 놓이게 되었고, 전열을 정비한 관군 토벌군에게 쫓기는 처지로 몰리다가 마침내 대접주 차기석이 생포되고 말았다.

**홍천군 내촌면
물걸리 전경**
동학혁명 당시 동창
은 영동·영서를 이
어주는 교통과 문화
의 중심지였다. 이곳
은 사람들의 왕래가
빈번하여 주막, 시장
거리, 마방 등이 갖춰
진 제법 규모가 큰 고
을이었다.

군대장 강위서와 60여 명의 토벌군을 이끌고 합세한 홍천의 허경
의 공격을 받아 접주 위승국 형제와 접사 심성숙·박군오·정창호
등 17명이 포살되는 큰 희생을 치렀다.

차기석은 내면 원당리에서 동학농민군을 이끌고 저항했으나 12
일, 운두령을 넘어온 강릉의 박동의와 양양의 이석범이 이끄는 토
벌군의 협공을 받아 생포되었다. 이때 성찰 오덕현, 집강 박성원·
지덕화 등 세 사람은 현장에서 포살되었다.

13일에는 내면 청두리에서 홍천의 동학농민군 지도자 권성오權
成五, 권수청 등 12명이 포살당했다. 약수포 쪽으로 쫓겨간 500여
명의 동학농민군은 청두리 쪽에서 추격한 토벌대와 신배령을 넘
어온 이석범의 동생 이국범, 응봉령을 넘어 온 이석범의 부종관 김
익제의 토벌군에게 세 방향에서 협공을 당하여 접주 김치실 등 11

명이 포살되었고, 접사 박학조는 생포되었다. 동학농민군이 근거 지로 삼았던 3채의 별당과 37채의 집도 불태워졌다. 자운·홍정· 신홍 등지의 동학농민군도 강위서가 이끄는 토벌군에 밀리면서 임정호 등 38명이 포살당했다.

이후부터 동학농민군은 오대산과 계방산 험준한 산악지대로 숨 어 들어 마지막까지 항전을 펼쳤다고 전한다.

이 공방전에서 차기석 대접주를 비롯하여 접사接司 박학조朴學 祚·손응선孫應先, 집강執綱 박석원朴碩元 등이 체포되었고, 접주接主 위승국魏承國·김치귀金致貴·임정호林正浩, 접사接司 심성숙沈成淑, 성 찰省察 오덕현吳德玄·권성오를 비롯하여 100여 명이 포살되는 등 많 은 희생자를 내었다.

차기석은 강릉으로 압송되어 11월 22일 박학조와 함께 강릉 교 장(현 강릉여중 자리)에서 효수되어 생애를 마쳤다.

살아남은 자들, 3·1운동의 주력으로

동창에서 기포한 강원도 홍천의 동학농민혁명은 차기석이 효수되 면서 막을 내렸지만, 일본군과 관군의 토벌전에서 목숨을 지켜낸 동학농민군은 깊은 산중에 은신하거나 신분을 감추고 지냈다.

특히 이 같은 동학농민혁명의 정신을 이어받아 1919년 3·1독립 만세운동 당시 동창에서는 김덕원 등 8열사가 만세 시위를 주도했 다. 현재 동창에는 이를 기리는 3·1기미만세운동 기념 공원이 조 성되어 조형물이 건립되어 있다.

홍천의 3·1운동
1919년 3월 1일을 기 해 일어난 거족적인 독립만세운동. 동창 지역에서도 알 수 있 는 것처럼 동학혁명 과 3·1운동은 동학과 천도교를 매개로 하 면서 그 저류가 이어 진 운동이다.

풍암리 동학농민군위령탑, 낡고 초라해져

현재 홍천군에서 서석면으로 들어가는 길 어귀인 풍암리. 면사무소 앞을 지나 뒤쪽 길 언덕배기에 '동학혁명군위령탑'이 서 있다. 이 위령탑은 1977년 새마을 정비 사업 중에 유골이 나와 조사를 시작했고, 동학농민군의 유해로 판명되자 이듬해 홍천군에서 건립했다. 그 뒤로 이에 대한 역사 연구의 진전이 있었고, 역사에 대한 인식도 달라졌지만 성급하게 세워진 동학혁명탑이 오늘날에는 역사의 지표는커녕 작고 초라한 모습이 되어 가고 있다.

홍천군은 2004년부터 '동학혁명군 전적지 성역화 사업'을 위해 전시관을 비롯한 대규모 기념조형물을 세우기로 하고 10억 원을 들여 서석면 풍암리 505-11번지 일대 32필지 2만7,000여m²의 부지를 매입하고 대대적인 유해 발굴 사업을 벌였다. 그러나 유해 발굴에 실패하자 국가사적지 지정은 물론 국비 확보도 어렵게 되어 군은 당초 계획했던 규모를 16필지 2만1,000여m²로 축소하고, 전시실 없이 화장실 등 편의시설을 갖춘 공사로 계획을 수정하겠다고 발표했다.

강원도 대표적인 동학농민군 지도자 차기석

차기석은 강릉·양양·원주·횡성·홍천 등 5개 고을 대접주로 불리었다. 차기석은 관동 대접주 이원팔, 인제 대접주 김치운과 함께 1893년 3월 보은 장내리에서 열린 교조신원운동에 강원도 대표로 참가했을 뿐만 아니라 동학농민혁명 시기에는 홍천 서석면을 중심으로 수천 명의 동학농민군을 모아 투쟁 활동을 벌인 강원 지역

교조신원운동과 동학농민혁명
민심을 현혹시킨다는 좌도난정률 죄로 억울하게 죽은 동학 창도주 최제우의 죄를 사면시키기 위해 동학교도들이 수 차에 걸쳐 전개한 종교 사회운동. 처음에는 순수한 종교적 운동으로 출발했으나, 차츰 체제 개혁을 지향하는 사회운동으로 발전을 거듭하여 마침내 동학농민혁명으로 불타올랐다.

의 대표적인 동학 지도자였다. 그는 최시형의 온건 노선을 따르면서도 동창을 습격하여 군량을 조달하는 한편 학정에 시달리던 농민들을 모아 악덕 상인들에게서 포목 어곽 화우貨羽 등 재물을 빼앗아 물자를 충당하는 등의 적극적인 활동을 통해 세력을 결집해 나갔다.

차기석은 강원도 동학농민군의 총두령으로 홍천을 비롯하여 평창·영월·정선·강릉·양양 등지의 동학농민군을 지휘했으며, 풍암리 자작고개 전투에서 800여 명의 사상자를 내고 후퇴를 거듭하면서도 굴하지 않고 끝까지 항전하였으나 끝내는 사로잡혀 처형되었다.

강릉 일장춘몽 같았던 동학 세상

『임영지』臨瀛志
강릉 지방의 풍속을 기록한 읍지 지역의 실정과 현황을 파악하여 행정 자료로 활용할 목적으로 씌어졌다. 동학농민혁명사도 단편적으로 기록되었다.

강릉 관아 점령, 열망하던 동학 세상 열어

어느 지역이나 그랬던 것처럼, 1894년 동학농민혁명 때 강릉 관아는 관동 지방 동학농민군의 일차적인 표적이었다. 동학농민군에 의해 강릉 관아가 점령된 것은 9월 4일이었다. 강릉의 향토지 『임영지』臨瀛誌에 당시 상황을 다음과 같이 기록하고 있다.

> … 9월 4일에 영월 · 평창 · 정선에서 동학군 수천 명이 강릉 관아로 쳐들어왔으며, 이를 막기 위해 이회원 부사가 군사를 이끌고 나와 싸웠다. 죽음을 당하고 부상당한 동학군이 많았다. 또 동학군 토벌에 강릉 지역의 많은 의려 지도자들이 참여했다.

강릉 관아를 점령한 동학 세력은 홍천 · 정선 · 평창 · 영월 · 원주 지역 동학농민군이 주축이었다. 이들은 단숨에 대관령을 넘어 강릉 관아를 점령했다. 특히 "원주의 동학 세력은 충청도 제천 · 충주 지역 동학농민군과 연합하여 대관령을 넘어 강릉 관아를 점령했다."는 각별한 기록이 눈에 띈다. 이로써 당시 동학농민군이 자신이 속한 지역 관아를 점령하는 단순한 원민이 아니라 '자신들이 열망하는 세상을 위해서' 라는 원대한 꿈을 실현하려는 혁명군이 었다는 사실이 명백해진다.

강릉 관아를 점령한 동학농민군은 그 기세를 살려 관동·관서 지역 동학농민군이 힘을 하나로 결집하는 계기로 삼았고, 뜻을 모아 보국안민·광제창생의 동학 세상을 열고자 했다. 먼저 현실적인 문제인 가혹한 세금을 감면하고, 악독한 지주들의 땅 문서를 빼앗는 한편 수탈에 앞장섰던 이서吏書들을 잡아 들였다. 뿐만 아니라 억울한 죄수들을 풀어 주는 등 옥사를 스스로 해결해 나갔다. 관아 동문에 '삼정의 폐단을 뜯어고치고 보국안민을 이룩한다.' 는 방문을 내걸어서 그동안 동학 민중들이 뜨겁게 열망하던 새 세상을 선포했다.

허망하게 붕괴된 열망의 세상

동학농민군 지도부는 폐정개혁 활동이 어느 정도 자리 잡히자 패

『임영토비소록』
臨瀛討匪小錄
강릉 이강용 집에 소장된 기록으로, 1894년 9월 3일~11월 22일까지의 동학혁명군의 동태와 전승지 이회원이 강릉대도호부사 겸 관동소모사로 임명받아 동학농민군 토벌과정을 수록하고 있다.

**강릉 관아
점령과 후퇴**
차기석은 강원도 동
학 세력을 이끈 총
수령이다. 차기석은
홍천·평창·영월·정
선·강릉 등지의 동
학농민군을 이끌고
9월 3일 대관령을
넘어 구산역에서 자
고 4일에 강릉 관아
를 점령했다. 성두한
이 이끄는 청풍 제
천 동학농민군이라
는 설도 있으나 일
부 세력은 포함되었
지만 중심 세력은
아닌 듯하다. 사진은
강릉 선교장이다.

악의 중심에 있던 강릉 유림을 상징하는 경포의 선교장 공격을 계
획했다. 당시 이회원은 강릉의 대표적인 부호 지주로서, 보수 유림
세력의 상징적인 인물이었다. 그러나 이회원은 동학농민군이 선
교장으로 쳐들어올 계획을 미리 간파하고, 먼저 동학농민군 진영
에 돈과 쌀을 보내 안심시켜 놓고 뒤로는 민보군 1,000여 명을 급
히 모아 강릉 관아의 동학농민군을 선제 기습 공격했다. 방심하고
있던 동학농민군들은 많은 사상자를 낸 채 대관령을 넘어 물러날
수밖에 없었다. 뒷날 이회원은 동학농민군 진압에 큰 공을 인정받
아 조정으로부터 강릉부사의 관직을 하사 받았다.

당시 기록 『동학당정토인록』東學黨征討人錄에는 이천군의 순무사
였던 이언묵李彦默 · 김도환金道煥, 삼척 김헌경金憲卿, 강릉 원세중元世
重 · 최돈민崔燉珉 · 최지집崔之集 · 박동의朴東儀, 양양 김익제金翼齋 · 노
정수盧鼎秀 · 장혁주張赫周 · 김준수金儁秀 · 최주하崔舟河, 횡성 정준시鄭
駿時, 평창 김충근金忠根, 원주 이철리李哲利 등이 동학농민군 토벌에

현재의 강릉여중
동학농민혁명 당시
이곳에 강릉 관아의
처형장인 교장絞場이
있었다. 차기석 등 강
원도 동학농민군 지
도자들이 이곳에서
처형되었다.

나섰다. 그리고 『갑오군공록』甲午軍功錄에 기록된 강원도 동학농민
군 토벌에 앞장선 인물로, 관동소모장 김태진金太鎭, 이천 장교 이
언묵李彦默 · 이시점李時漸, 관동 소모진군관 이시영李時榮 · 황기정黃基
鼎, 원주 진사 이철화李哲和, 평창 김충근金忠根, 양양 유학 이국범李國
範 · 이석범李錫範, 강릉 민보장 이수해李守海, 강릉 수교 이진석李震錫,
평창 군교 문도순文道淳 등이 확인된다. 이렇게 동학농민군 토벌전
에 많은 지휘자들이 등장하는 사실로도 강원도 지방의 동학 군세
를 짐작할 수 있다.

강릉 관아를 두고 이회원과 벌인 공방전에서 동학농민군은 30
여 명이 전사했고, 총 7자루, 칼 157자루를 빼앗긴 채 대관령을 넘
어 퇴각하고 말았다. 일장춘몽처럼 끝나 버린 동학 세상이었다.

재기를 위해 세력 결집

평창으로 퇴각한 동학농민군은 다시 강릉 관아를 점령할 기회를

강릉에서 본 대관령
강원도 동학농민군
이 이곳 대관령을 넘
어 강릉 관아를 점령
했다.

노리면서 세를 모아 갔다. 그러나 신무기로 무장한 2개 중대의 일
본군이 투입되어 본격적인 토벌전을 전개하고, 경기도와 강원도
전역에서 모집한 민보군이 보강되면서 동학농민군은 몇 차례 전
투 끝에 궤멸되고 말았다.

　이 전투에서 체포된 동학농민군은 대개 현장에서 처형되었으나
홍천의 차기석 대접주 등 강원도 동학 지도자들은 강릉 관아에 압
송되어 강릉 교장에서 처형되었다. 차기석 대접주가 처형된 교장
터에는 현재 강릉여자중학교가 들어섰고, 당시 동학농민군이 점
령했던 강릉 관아는 강릉시청 사옥으로 사용하다가 현재는 새 청
사로 옮겼다.

최시형의 고단한 38년 잠행이 마감된 곳 원주·횡성

원주·횡성 지역의 동학농민혁명 관련 사적은 동학의 포교 활동, 원주·횡성 동학교도의 보은 청산대회 참가, 동학농민혁명 시기 관동지역 투쟁 활동 등이다. 특히 동학농민혁명이 실패한 이후 원주·횡성 지역은 최시형의 중요 도피처가 되었다. 최시형은 1898년 1월 3일 원주 전거언리(현 경기도 여주군 강천면 도전2리)에 머물며 포교하고, 원주 수레너미에서 겨울을 보내면서 '3인 집단지도체제'를 확립한다. 지평 갈현 이강수李康洙 집으로 옮겼다가, 다시 홍천군 서면 오창섭吳昌燮 집으로 옮겼다. 2월 그믐에 최시형의 마지막 도피처인 원주군 호저면 송골마을로 옮겨 지내던 중 관군에 체포되며 고단한 38년의 긴 잠행을 마감한다.

원주·횡성 지역에 동학 활동이 활발했던 이유는 일찍이 최시형에 의해 동학이 직접 포교되었기 때문이다. 1869년경에 동학이 강원도에 전파된 뒤로부터 1894년 동학농민혁명이 일어나기까지 약 25년 동안 최시형에 의해 강원도 일대는 동학 교도의 세상이 되어 있었다. 일찍이 창도주 수운 최제우의 신원 운동 때에는 이철우가 관동 대접주로 임명되었고, 홍천에 차기석, 인제에 김치운 등이 접

『동학당정토인록』
東學黨征討人錄
동학농민혁명 당시 「亂軍」(동학농민군)을 진압하기 위해 편성한 정부군과 자발적으로 의병을 일으켜 정부군을 도운 「의려(義旅)」를 이끈 인물들의 신분 직위 계급, 활약한 지방 등을 기록한 책이다.

주로 임명되었다. 이렇게 강원도의 포접은 원주·횡성·홍천을 중심으로 설치되었고, 인근 지역인 경기도의 여주·이천·양근 지평 광주 고을과 연락이 빈번하여 포교에 큰 영향을 주었다.

원주·횡성·홍천의 동학교도 청산대회 참가

1894년 9월 18일, 교단에서 재기포를 선언하면서 이 지역도 상황이 긴박하게 돌아가기 시작했다. 전봉준이 이끄는 수만의 남접 동학농민군과 청산 보은에 집결했던 수만의 북접 동학농민군이 논산에서 연합군진을 형성하여 공주성을 향해 진격하고 있었다. 기록으로 전하는 청산대회에 참가한 강원도 지방 인물로는, 원주의 이화경李和卿·임순화林淳化, 횡성의 윤면호尹冕鎬, 홍천의 차기석車基錫·심상현沈相賢·오창섭吳昌燮 등이 거론되었다.

『갑오실기』甲午實記에도 원주·횡성·홍천 지역 동학농민군 활동이 비교적 상세히 기록되어 있다. "관동 지방에서도 역시 비적들이 출몰하고 있고, 횡성현감 유동근이 토포사를 겸했다."(關東亦有匪出沒云 橫城縣監柳東根旣兼討捕使)고 했으며, 소모관 맹영재가 올린 첩보에 "원주의 비적 두목은 김화보"(召募官孟英在牒報原州匪金化甫)라 했다.

영동 지역 동학농민군의 중심 세력 형성

강릉지방의 향토지인 『임영지』臨瀛誌에 따르면 1894년 9월 4일 강릉으로 진격한 수천 명의 동학농민군 세력은 영월·평창·정선·원주 등지에서 기포한 세력이라는 기록이 보인다. 동학농민군의 규모는 구체적인 기록이 없어서 알 수 없지만, 당시 기록인 『동학

『갑오실기』甲午實記
작자 미상의 책으로,
1894년 3월부터 12월
까지의 중요 역사적
사실을 기록했으며,
동학농민혁명과 청일
전쟁 및 갑오개혁 관
련기사가 수록되어
있다.

당정토인록』東學黨征討人錄에 따르면 강원도 지역 봉건 지배층이 동학농민군 토벌에 적극 참여했다는 사실을 알 수 있다. 이 토벌 기록에 횡성 정준시鄭駿時, 원주 이철리李哲利가 나오고, 『갑오군공록』甲午軍功錄에 기재된 동학농민군 정토에 참여한 인물로 원주 진사 이철화李哲和가 등장한다.

수레너미에서 보낸 겨울

최시형이 치악산 자락에 있는 수레너미(=水禮村, 현 횡성군 안흥면 강림리)에 머문 시기는 동학농민혁명의 폭풍이 지나간 1895년 12월부터 이듬해 2월초까지 1백 날 남짓이었다. 수레너미는 치악산의 주봉인 비로봉飛盧峯 북쪽에 위치한 매화산梅花山 아래에 있어서 은신처

원주 송곡마을 전경
송곡마을(송골)은 해월 최시형이 체포된 곳이다. '모든 이웃의 벗 최보따리 선생님을 기리며'라고 새겨진 돌 비석이 그 역사를 조용히 추억하고 있다.

로 적합한 지리적 조건을 갖추고 있었다. 원래 수레너미라는 지명은 조선 3대 임금인 태종이 자신의 옛 스승 원천석을 모시기 위해 친히 수레를 타고 이곳을 넘어왔다 해서 붙여진 이름이다.

최시형이 이곳에 들어오게 된 시기는 동학농민혁명의 폭풍이 지나가고 지리멸렬해진 동학교단을 수습하기 위해서였다. 동학농민혁명 뒤부터 관의 심한 지목을 피해 강원도 홍천·인제 등 깊은 산골에 은신하다가 동학에 대한 탄압이 잠시 누그러지는 듯하자 교단 수습을 시도한 것이다. 이는 오랜 세월 동안 잠행하며 포교해 온 최시형 특유의 신념을 엿볼 수 있는 부분이다.

수레너미는 지리적으로 인제나 홍천 쪽 교인들과의 소통이 원활한데다, 기도와 수련에 용이한 지역이었다.

『천도교회월보』와 『천도교서』에서는 수레너미에 대해 각각

정감록 鄭鑑錄
조선 중기 이후 민간에 성행하였던 국가의 운명, 개인의 생존에 관한 예언서·신앙서이다. 참위설, 풍수지리설 등이 종합적으로 반영되어 은어, 우의 시구, 파자를 사용하여 구성된 책으로, 조선 후기 동학 등의 신종교에 지대한 영향을 끼쳤다.

…十二月에 神師이 始定寓于原州郡 水禮村하시니 雉岳深處也라. 草茅三間이 可以篷遯이오 啖藷飮水에 足以卒歲하니 此一着이 全伏孫秉熙 周旋之力焉이라. 與秉熙 天民 秉欽(應三) 鶴仙 演局으로 同處하사 講貫道理하시며 探討時義러시니 終焉歲改러라….

…十二月에 神師 麟蹄로부터 原州郡 水禮村에 移居하실새 孫秉熙의 周旋에 의하여 三間草屋을 占得하시다….

라 하였다. 즉 최시형은 이곳에 초가삼간을 마련하여 거처를 옮겼고, 손병희·김연국·손천민·손병흠·임학선 등 수제자들이 함께 했다.

당시 손병희는 북방 지역에 장사를 다녀와 큰 이익을 얻었는데, 뒷날 최시형의 마지막 잠행에 경제적으로 큰 도움이 되었다고 회고했다. 당시 수레너미 마을은 전국 각지에서 모여든 『정감록』 신봉자들이 30여 호를 이루고 살았으며, 마을이 한창 번성할 때에는 1백여 호 가량 있었으나 현재는 몇 집만이 수레너미 마을을 지키고 있다.

수레너미에서 3인 집단체제 확립

최시형은 수레너미에 머물면서 1백일 기도를 봉행했다. 이를 위해 임학선으로 하여금 백리 밖에서 쌀을 구해 오도록 했으며, 손병희의 부인 홍씨에게는 조석을 공양케 했다. 그러나 최시형은 애석하게도 위험이 감지되어 1백일 기도를 마치지 못하고 이듬해(1896년) 2월 초에 충주 외서촌 마르택으로 떠나게 된다. 당시 매우 위급한 기운을 감지했던 것으로 보인다.

최시형은 수레너미에 기거하는 동안 여러 설법을 강론했지만 특히 '3인 집단지도 체제'의 교단 운영의 기틀을 마련했다. 당시 최시형은 70세의 고령에다 거듭되는 피신으로 몸이 지극히 쇠약해져 있어서 후계자를 염두에 두었던 것 같다. 1896년 1월 11일 손병희·김연국·손천민 3인을 불러 자리에 앉힌 다음 손천민으로 하여금 '하몽훈도전발은荷蒙薰陶傳鉢恩 수심훈도전발은守心薰陶傳鉢恩'의 글귀를 쓰게 했다. 이어 최시형은 "이것은 나의 사사로운 뜻이 아니요 한울의 뜻에서 나온 바니라." 라고 말한 뒤 "너희들 세 사람이 마음을 합하면 천하가 이 도를 흔들고자 할지라도 어찌 하지 못

3인 집단지도 체제
최시형은 자신의 최후가 가까워옴을 예감하고 도통을 전수하기 전에 과도적으로 한동안 의암 손병희, 구암 김연국, 송암 손천민 3인 집단지도체제로 동학교단을 이끌도록 했다.

하리라."고 하였다. 이때부터 교단은 3인 집단 체제로 운영되어 통유문은 3인의 연명으로 작성·시달되었다.

이 무렵 호남의 박치경朴致卿·허진許鎭·장경화張景化·조동현趙東賢·양기용梁琦容 등 주요 지도자들이 수레너미에 있는 최시형을 찾아왔으며, 각지의 교인 또한 빈번하게 출입하여 동학농민혁명 이후 위축되었던 교세가 다시 활기를 띠기 시작했다.

그렇지만 최시형은 겨울을 수레너미에서 보내고 1896년 2월 초 사방을 막고 있던 눈이 녹자 거처를 충주 마르택으로 옮겨야 했다. 관의 지목이 이곳까지 미쳐 왔기 때문이다.

당시 조정의 최시형에 대한 추적은 한층 가중되고 있었다. 『천도교창건사』 기록이 당시 정황을 잘 전해주고 있다. "…나라에서 동학 잔당을 진멸코자 하여, 우선 그 괴수 최시형을 체포하기 위해 각지에 수사망을 치고, 온 천하에 명하여 대색大索하는지라, 손병희·손병흠·손천민·김연국으로 더불어 홍천에 잠유하다가, 을미년 정월에 인제군 최영서崔永瑞 가家에 이르러 제인諸人에게 일러 가로대, 이때 두령된 자 가히 한곳에 구유하지 못할지라 하시고…"라 하여 당시 동학교단 지도부의 불안한 잠행 사정을 잘 보여 주고 있다.

이 시기에 최시형은 원주 일대를 전전하고 있었다. 1898년 1월 3일 원주 전거언리에서 포교하고, 지평 갈현 이강수李康洙 집으로 옮겼다가, 다시 홍천군 서면 오창섭吳昌燮 집으로 옮겼다. 2월 그믐에 여주 임학선林學善의 주선으로 최시형의 마지막 도피처인 원주군 송동(현재 원주군 호저면 송골마을)으로 옮겨왔다.

송골마을은 치악산을 둘러싸고 흐르는 섬강 상류에 위치하고 있다. 10여 호의 농가가 야트막한 산 아래 자리 잡은 전형적인 농촌이다. 이때 최시형은 72세의 고령이었으며, 손병희·손천민·김연국 등의 제자들의 호위를 받아 들것에 실리거나 업혀서 이곳에 들어왔다. 최시형은 송골마을 원진여의 집에 거처를 정한 뒤 제자들은 동서남북으로 접소를 설치하고 잡인 왕래를 엄중히 살폈다. 당시 손병희는 송골과 5리쯤 떨어진 섬배(현 원주시 소초면 의관리 윗섬배) 이화경李和卿의 집에 머물렀다. 김연국은 옥직리(玉稷·현 횡성군 서원면 옥계리 옥지기)에 살고 있었다.

최시형에게 용무가 있으면 먼저 손병희나 김연국이 거처하는 접소에 들러서 허락을 받은 다음 한밤중을 틈타 만날 수 있었다. 이처럼 수제자들이 송골과 10리 안팎 거리에 기거하면서 최시형을 보살피고 있었던 것이다.

최시형의 고단한 38년의 잠행이 마감된 원주 송골마을

최시형은 1898년 4월 5일 송골마을에서 새벽에 관군에 체포되었다. 이로써 1861년 동학에 입도하여 38년간 보따리 하나로 이 땅에 동학을 뿌리내리게 했던 최시형의 쉼없는 발길이 마침내 멈추게 되었다. 세계 종교지도자 중 어떤 이도 이런 기나긴 잠행을 한 사례가 없다.

최시형이 체포된 1898년 4월 5일 전후의 정황은 다음과 같이 전해지고 있다.

그날은 동학 창도주 수운 선생이 동학을 창도한 기념일이라 전

최시형의 체포
해월 최시형은 1898년 4월 5일 송골마을에서 새벽에 관군에 체포되었다. 이로써 1861년 동학에 입도하여 38년간 이 땅에 동학을 뿌리내리기 위해 노고근면하던 최시형의 쉼없는 발길이 마침내 멈추게 되었다.

날 저녁까지 여러 도인들이 최시형의 집에 모여 들었다. 그러나 최
시형이 제자들에게 "이번 향례는 각자 집으로 돌아가서 지내라."
고 말하자, 손병희가 "문도들이 모여서 향례를 지내는 것은 해마
다 해 온 일이온데 어찌 이런 말씀을 하십니까?" 하니 최시형이
"여하튼지 내 말을 어기지 말고 들어라."고 했다. 그 말에 따라서
손병희 김연국은 그날 저녁에 돌아가고, 손병흠·신응식·임순호
등 그 밖의 몇 사람은 5일 새벽바람에 돌아갔다.

최시형은 '혼자 앉아 마치 누구를 기다리는 듯이 계시다가' 그
날 아침 여섯시 경에 송경인이 거느린 관병에게 체포되었다. 마치
자신의 앞날을 내다보기라도 한 것처럼. 대신 많은 제자들을 온전

하게 보호한 것이다. 최시형은 곧바로 문막을 거쳐 여주 나루에서 물길을 타고 서울로 압송되었다.

"모든 이웃의 벗 최보따리 선생님을 기리며"
당시 최시형이 머물렀던 집은 최근에 새롭게 복원되었다. 당시 집의 구조는 안채와 사랑채로 되어 있었다고 했다. 안채는 아랫방과 윗방, 부엌과 툇마루로, 사랑채는 사랑방과 부엌, 외양간으로 꾸며져 있었다. 마당도 제법 큼직했고, 대문이 바른쪽으로 나 있었다고 했다.

  그러나 6·25 전쟁때 인민군이 이 마을에 숨어 지내다 아군에게 발각이 되어 서로 공방전을 벌이는 과정에서 안채가 폭격을 받아 파괴되었다. 파괴된 안채의 집터 우측에 큰 바위가 있을 뿐만 아니라 물이 나와 집을 지을 수 없어서 그냥 공터로 둔 채 사랑채를 안채 삼아 지냈다. 그 뒤로 이 사랑채마저 없어지고 공터만 남았다(故 표영삼 상주선도사 채록 증언 인용). 다행히 2008년에 이 지역의 고산리 대동회와 마을 주민들의 십시일반으로 이 가옥의 복원이 성사되었다. 이 복원 가옥은 대지면적 413㎡에 건축면적 46.29㎡ 규모로 내부에 최시형 선생 초상 사진, 지팡이, 책상 등을 갖추고 있다.

  또 송골마을 앞을 지나는 도로 가에는 〈해월선생추모비〉가 최시형의 온후한 인품처럼 순례자를 맞이한다. 이 추모비는 1990년 4월 12일 '치악고미술동우회'에서 최시형이 체포된 92주기를 맞아 그 참뜻을 기리기 위해 건립했는데, 무게 6톤의 흰 대리석 기단 위에 검은 돌을 올렸다. 하단 대리석 기단에는 최시형의 법설 중

유진만俞鎭萬
1895년 당시 서울 삼청동에 거주하던 전 낭천(화천)군수. 낭천 관아에 쳐들어온 동학을 진압하지 못한 죄를 묻는 재판이 1895년에 진행되었다.

'天地卽父母(천지즉부모)요 父母卽天地(부모즉천지)니 天地父母(천지부모)는 一體(일체)니라'를 새겼으며, 상단 검은 돌에는 '모든 이웃의 벗 최보따리 선생님을 기리며'라는 문구가 날아갈 듯 날렵하다. 뒷면에는 최시형의 행장이 기록되어 있다.

화천[狼川] 지방도 동학농민군 활동

동학농민혁명이 끝나고 진행된 재판 기록에 "전 낭천군수 유진만(兪鎭萬, 한성 북서 삼청동 거주)이 군수 재임시 동학농민군이 군아에 쳐들어와 곡물과 돈과 병기를 탈취했으나 피신했다."는 기록이 있는 것으로 보아 화천 지방도 동학의 수중에 들어갔던 사실을 알 수 있다. 이 재판에서 유진만은 동학농민군의 침탈을 방치한 죄로, 비교적 형이 무거운 편에 속하는 태笞 1백 대의 판결을 받았다.

최시형, 영월 직동 박용걸의 집에 은신

영월은 관동·관서의 통로로, 단양을 넘나들면서 충청도 동학 포
교의 문을 두들긴 곳이다. 영월 지역에 동학이 들어온 것은 1860년
대 중엽이다. 수운 최제우와 함께 관에 체포되었다가 1864년 이곳
에 귀양 온 이경화가 동학을 포교하여 뿌리내렸고, 최시형이 영해
교조신원운동 실패로 관에 쫓겨 영월 땅으로 들어오면서 포교의
꽃을 피운 곳이다. 최시형은 관의 지목을 받던 박씨 사모師母를 비
교적 안전한 소밀원으로 이주시켰고, 직동 박용걸의 집에 은신하
면서 '대인접물' 설법을 남겼다.

　동학농민혁명기인 1894년 9월 4일, 영월의 동학농민군은 영동
지역 동학농민군의 중심 세력을 형성하여 강릉으로 진격했다.

대인접물 對人接物
대인은 사람을 대할
때의 도리요, 접물은
물건을 접할(사용할)
때의 도리이니, 동학
에서 일상생활을 할
때의 예의 규범이 정
리된 해월의 법설이
다. 최시형은 대인에
서는 진실을 중시하
였고, 사물도 공경(아
낌)하라고 했다.

창도 초기, 귀양 온 이경화가 동학 포교

1864년 3월 10일 수운 최제우가 대구장대에서 좌도난정의 죄목으
로 순도하면서 당시 함께 체포된 제자 22명이 죄의 경중에 따라 각

지에 정배定配되었다. 그 중 이경화李慶化가 강원도 영월에 유배되었다. 이경화는 소밀원(蘇密院, 현 영월군 중동면 화원리)의 장기서에게 동학을 포교함으로써 강원도 지역에 동학이 뿌리내리게 되었다.

박씨 부인, 관의 지목을 피해 소밀원으로 이주

영월군 소밀원에는 창도주 최제우의 부인 박씨가 지목을 피해 1870년과 그 이듬해 1871년에 은거했다.

소밀원으로 오기 전 최제우의 부인 박씨는 친인척의 냉대와 관의 지목을 피해 경주를 떠나, 경북 울진군 죽변을 거쳐 경북 상주군 속리산 깊은 산자락인 동관음에 머물고 있었다.

그런데 양양의 도인 공생孔生이 찾아와 최세정에게 "지금 양양의 도인들이 선생님의 집안을 모시고 영월로 옮겨 오시기를 원하고 있습니다. 그곳은 출입하고 서로 만나기가 좋을뿐더러 생계 역시 이곳보다 나을 것이니 영월로 옮기심이 어떠합니까?" 하고 권유하자 최세정은 이 말을 따라 영월 소밀원으로 거처를 옮겼다.

1870년 당시 소밀원에는 장기서張奇瑞라는 도인이 살고 있었다.

최시형, 영해 교조신원운동 실패로 관에 쫓겨 영월 땅으로

도통을 전수 받은 최시형은 이필제의 제의로 영해 교조신원운동을 전개했으나 양자 최준이崔俊伊 등 다수의 희생자를 내고 막을 내렸다. 이때부터 관의 지목이 더욱 심해지자 최시형은 경북 영양 일월산, 강원도 태백산 등 산속을 전전했다. 당시 처지에 대해 "험난한 산길에 행리가 분분하고 간간이 좁은 길을 걸어 밤으로는 달빛

이 희미한데 호랑이 우는 소리, 원숭이 우는 소리가 들리고 계곡은 깊고 깊어 며칠을 주린 가운데 길을 가니 배에서는 우레 같은 소리가 났다."고 하여 그야말로 처절하고 절박한 당시 모습을 엿볼 수 있다.

이런 중에 최시형은 최제우의 가족이 영월 소밀원에 거주하고 있다는 소식을 들었다. 그야말로 "의관도 제대로 갖추지 못하고 신도 제대로 신지 못한 채" "하루의 노자를 겨우 얻어 주인(최시형)은 동구에 있고 강수만 홀로 가서 집을 찾았"으나 최제우의 아들 최세청(둘째 아들)으로부터 홀대받고 쓸쓸히 물러나왔다. 최시형과 강수는 낙망하여 곤한 몸을 이끌고 단양 정기현의 집으로 피신했다.

박용걸, 최시형의 든든한 후원자

최시형은 함백산 동굴에 숨어 들어가 지내다가 직동(현 강원도 영월군 중동면 직동리) 박용걸의 집에 은신하면서 교단의 재건을 모색했다.

뒷날 박씨 부인은 해월이 최세청으로부터 홀대받은 일을 전해 듣고 "그동안 어디에들 가 있어 목숨을 도모했습니까? 지난날에 괄시한 것을 지금까지 서운하게 생각하고 있습니까? 아이들이 불민했으니 아이들을 너무 과히 허물치 마시오." 하고 대신 사과했다.

관의 지목이 다시 심해지자 최시형은 사가師家의 보호를 위해 강수와 상의한 끝에 소밀월에 있던 박씨 부인을 직동 박용걸의 집에 머물도록 조치했다. 직동은 깊은 산골에 큰터 · 한밭골 · 자막동 · 막골 · 절등 등 5개의 자연부락으로 형성되어 있어서 은신하기 적당한 곳이다. 최시형이 은거했던 박용걸의 집은 현 중동면 직동리

강원도 영월 소밀원
수운 최제우 가족들의 고난의 역사가 고스란히 깃들어 있는 마을이다.

막골에 있었다. 하지만 이곳 생활 역시 불안의 연속이었다. 상황이 불리하게 되자 강수는 안시묵安時默에게 "이같이 된 것이 모두 양양 도인으로부터 비롯되었으니 어찌 하면 좋은가." 하고 질책했다. 이에 안시묵·김경순 등 양양 도인들은 돈을 준비하여 해월을 뒷바라지했다. 그 뒤로 정선 건천의 홍석범洪錫範의 집으로 옮겨서 1871년 3월부터 6월까지 3개월을 보냈다.

이후 박씨 부인은 유인상을 비롯하여 신석현辛錫鉉·최중섭崔重燮·최진섭崔振燮 등 정선 교인의 후원으로 1871년 6, 7월 무렵 영춘 장현곡(獐峴谷, 노루목, 현 영월군 하동면 와석리)으로 이주했다. 이곳으로 거처를 옮긴 것은 직동에 살던 박용걸이 영춘으로 이사를 왔는데, 가장 믿을 만한 사람이었기 때문이다. 이 시기에 최시형은 강수 등 많은 도인들과 함께 수운 최제우 득도향례를 지냈다. 그러나 이 무렵에 최제우의 둘째딸과 최세정의 처가 인제 옥에 갇히고, 세정 역시 인제 기린면 장춘보의 집에 있다가 체포되어 양양옥에 갇히는 비운을 겪기도 했다. 박씨 부인은 1872년 9월 정선 싸내(米川)로 이주하기 전까지 한 해 정도 이곳에서 지냈다.

중동면 직동에서 대인접물, 이천식천 설법

직동 박용걸의 집에서 새해를 맞이한 최시형은 서서히 활동을 재개했다. 최시형의 본격적인 활동은 1872년 1월 5일, 지난 날의 허물을 참회하는 고천식告天式으로부터 시작되었다. 최시형은 인근 접장들을 한 자리에 모아 지난해에 이필제의 권유로 참여한 신원운동을 올바르게 지도하지 못하고 많은 도인을 희생시킨 허물을

박용걸
초기 동학의 핵심 지도부에 대한 든든한 후원자였다. 그의 지원으로 해월은 동학의 맥을 보존하고 49일 기도에 임하여 도의 기운을 회복시킬 수 있었다.

직동 설법·이천식천
1872년 1월 5일 직동 박용걸의 집에서 고천식(참회식)을 거행하고 대인접물 설법, 이천식천 설법, 천주강림의 설법 등을 행하였다. 이천식천以天食天은 사람이 먹는 음식에도 한울님이 있으므로, 한울이 한울을 먹는다는 뜻을 담고 있으며, 약육강식의 먹이사슬이 아니라 이질적 기화와 동질적 기화의 논리로써 상생의 생명작용을 설명하고 있다.(직동 가는 길(왼쪽), 직동에 세워진 사적지비(오른쪽))

뉘우치는 참회식을 가졌다. 또한 이날 최시형은 고천식에 참석한 접장들에게 1865년 검곡의 만민평등의 법설 이후 처음으로 공식적인 설법을 재개하여 그동안의 쓰라린 체험을 바탕으로, "사람이 곧 한울이니, 사람 섬기기를 한울님 섬기듯이 하라."는 대인접물待人接物 설법, "한울이 한울을 먹는 것"이라는 이천식천以天食天 설법, "사람이 오는 것은 곧 한울님이 강림하는 것"이라는 천주강림天主降臨 설법 등을 했다.

이필제의 문경 작변이 있은 지 4개월이 지나면서 얼마간 지목도 느슨해지고 정선과 인제 등지의 주요 동학 지도자들의 방문도 늘어나 동학의 기운이 점차 회복되었다. 여기에 더하여 영월 관아 지달준의 지극한 보호로 최시형의 활동이 비교적 자유롭게 되었다. 지달준은 꿈에 최제우로부터 '나의 문제(門弟=최시형)'를 보호하라는 선몽을 꾸고 나서 포교捕校의 최시형의 체포 시도의 위험을 피했다는 이야기가 전해진다. 최시형은 직동에서 13개월 정도 지내다가 그곳으로부터 약 20리 떨어진 정선 무은담(霧隱潭, 현 강원도 정선군 남면 문곡리) 유시헌의 집으로 거처를 옮겼다. 현재 직동에 천도교에서 세운 사적지비가 서 있다.

정선 절망의 늪에서 동학의 불씨를 살리다

정선 무은담 1
해월 최시형은 정선
무은담에 수시로 들
렀는데, 이곳에서 설
법제·구성제·개접
등 동학교단에 중요
한 행적을 남겼다.

정선은 '정선 아리랑'의 한이 굽이굽이 흐르는 고을이다. 이곳은
최시형이 은거하며 각종 의례를 제정하여 시행하고, 49일 기도를
통해 동학의 불씨를 살려낸 곳이기도 하다. 또 1895년 정월, 정선
에서 충청도 청풍 대접주 성두한이 체포되었다.

정선 무은담 유인상의 집에 거처

정선 무은담은 별어곡을 중심으로 무은담·오실금·동막골 등 여
러 자연부락으로 형성되어 있다. 최시형은 이곳 무은담에 수시로
들렀는데 이곳에서 설법제·구성제·개접 등 동학교단에 중요한
행적을 남겼다. 최시형이 무은담에 처음 온 것은 1872년으로, 동학
에 대한 관의 지목이 가장 극심할 때였다. 직동 박용걸의 집에서
창도주 최제우의 득도향례를 지낸 뒤 강수 전성문과 더불어 무은
담 유인상의 집에 임시로 거처를 정했다. 최시형은 "우리가 이곳
에 와서 오랫동안 그대 집에 있으면 다른 사람들이 지목을 하게 되
어 일이 극히 어렵게 되고 난처하게 될 것"을 염려했으나 유인상
은 "제가 이미 다가올 뒷일에 관해서는 유념해 두었습니다. 만약

사람들이 지목을 하여 탄로가 나게 되면 제가 다만 정배定配 가기밖에 더 하겠습니까? 조금도 불안해하지 마시고 편안히 지내십시오." 하고 최시형과 강수·전성문을 위해 방을 따로 마련해 주었다.

최시형은 이곳에서 이해 10월 적조암 49일 기도를 봉행하러 가기 전까지 6개월 정도 지냈다. 또 창도주의 큰아들 최세정이 양양 관아에서 장사杖死로 순도하는 등 관의 지목이 수그러들지 않자 영춘 장현곡의 박씨 부인을 비롯하여 가솔을 이끌고 이곳 무은담으로 거처를 옮겼다. 최시형이 1873년 12월 10일 다시 유시헌의 집에 머문다. 태백산 적조암에서 49일 특별기도를 마친 뒤에도 최시형은 일정한 거처를 마련하지 못하고 전전하다가 유시헌(=인상)의 집에 다시 거처를 정했다. 이때 박씨 부인이 환원했다는 비보를 전해 듣고 최시형은 각처 도인들에게 부고를 띄우고 이듬해 2월 19일에 정선 미천에서 장례를 치렀다.

설법제·구성제 창설과 개접

최시형은 1875년 11월 13일 유인상의 집에서 유인상·신석현·홍석범 등 여러 동학 지도자들과 함께 처음으로 설법제說法祭를 봉행했다. 이 설법제는 이해 10월 18일, 인근의 송두둑에서 처음으로 시행하였던 것이다. 송두둑에서는 특히 해월이 '시'時의 중요성을 강조하면서, 자신의 이름을 최경상에서 최시형으로 개명하고 그 밖에 여러 제자들도 '시' 자를 넣어 이름을 바꾸면서 결의를 다지기도 했다. 이때 지도 체제를 정비한 것으로 보인다. 도주인 최시

정선 무은담 2
유시헌의 소개로 찾은 정선 무은담은 박용걸의 영월 직동과 더불어 동학 재건의 중요한 동력을 마련한 장소이다.

미천은 '싸내' 라고
불리는 곳으로, 1872
년 9월 수운의 부인
박씨가 가족들을 데
리고 들어와 은거했
던 곳이다. 그리고 오
랜 고생 끝에 박씨 부
인은 1873년 12월에
환원하였으며, 해월
을 비롯한 문도들이
이듬해 2월에 이곳
싸내에서 장례를 치
러 주었다.

형, 도차주 강시원, 도접주 유시헌 등으로 동학교단 핵심 지도부의
기초 조직을 갖추게 된 것이다.

1877년 10월 16일에는 역시 무은담 유시헌의 집에서 구성제九星
祭를 지낸다. 9명의 제관과 20명의 집사가 의례를 진행하고 구성계
안九星契案을 실행키로 하였다. 구성제는 이해 10월 3일 인제 접주
김연호의 집에서 창설된 것으로, 한번 올리면 49일 기도를 올린 것
과 같은 효과가 있다고 강조하였다. 또 이때 최시형은 개접開接의
뜻을 설명했다.

"우리 도에서 개접이라는 것은 무엇을 말하는가. 선생이 살아
계실 때에 파접罷接의 이치가 있었고, 그런 까닭에 지금에 와서 개
접開接하는 것이다…(중략)…선생께서 하늘로부터 도를 받았기 때
문에 행하는 것도 하늘로부터 했고, 닦는 것도 하늘로부터 하는 것

이다. 이러하기 때문에 하늘에서 개開하고 하늘에 접接하는 것이니, 하늘에서 운運을 받고 하늘에서 명命을 받는다는 개접의 이치를 이루는 것이다. 어찌 마땅한 이치가 아니겠는가?" 이어서 해월은 제자들에게 동학의 가장 중요한 개념인 '시' 侍 자의 뜻을 화두로 제시하였다. 당시 최시형이 개접을 했던 유시헌의 집은 1894년 동학농민혁명 당시 정선 지역 동학농민군들이 기포를 한 곳이기도 하다. 현재는 밭으로 변해 있어 당시의 흔적을 찾을 수 없다.

적조암에서 절망을 딛고 동학 재건의 기틀을 마련

함백산 자락에 있는 정선군 정암사(갈래사)의 말사인 적조암(현 정선군 고한읍 만항리)은 깊은 산속에 위치해 있다. 암자 뒤쪽에 불사를 위해 터를 다져 놓았다고 전해지고 있으나 현재는 흔적조차 없다. 최시형은 49일 기도를 위해 두 차례 찾았고 한 차례는 노승 철수좌哲首座에게 감사를 드리기 위해서 들렀는데, 뜻밖에 노승 철수좌의 임종을 지켜보게 되었고, 장례까지 치른다.

최시형은 관의 지목도 피하고 영해 교조신원운동으로 인해 와해된 동학교단에 활력을 불어넣기 위해 49일 특별기도를 작정하고 강수로 하여금 장소를 물색케 했다. 강수는 유인상·김해성의 추천을 통해 이곳 적조암을 기도 장소로 정했다. 깊은 산속에 있는 절이라 은신과 기도에 적합한 장소였다. 강수는 당시 적조암을 홀로 지키고 있던 철수좌에게 제안하여 승낙을 얻어냈다.

49일 기도에는 강수를 비롯한 전성문·유택진·김해성 등 다섯 명이 참여했다. 1872년 10월 15일, 적조암에 오른 최시형은 철수좌

개접開接
최시형은 설법제·구성제 등을 시범 운용한 끝에 개접을 하면서 "하늘에서 開하고 하늘에 接하는 것이니, 하늘에서 運을 받고 하늘에서 命을 받는다는 개접의 이치를 이루는 것이다." 접을 연다는 것은 동학의 講席을 개설한다는 의미이므로 가장 일상적인 공부 모임이라 할 수 있다.

적조암
적조암은 원래 열반에 들 스님이 마지막으로 거처하는 곳이다. 이곳에서 해월 최시형이 49일 기도를 두 차례 올렸다. 이 49일 기도는 절멸의 위기에까지 몰렸던 동학이 재도약하는데 결정적인 전환점이 되었다. (정선 무은담 유시헌의 집)

와 인사를 나누고 16일부터 하루 2~3만 독의 주문을 강독하는 고된 수련에 돌입했다. 49일 기도를 마치는 1872년 12월 5일(양, 1873.1.3) 새벽. 적조암을 둘러싸고 있는 산마다 눈이 내려 새하얀 눈꽃 세상이 열려 있었다. 최시형은 대자연 앞에서 희열의 경지에 도달하여 강시降詩를 받는다.

노승 철수좌의 입적을 지켜보다

최시형은 그로부터 두 달 후인 1873년 2월경 49일 기도를 할 수 있도록 배려를 해 준 노승에게 감사의 뜻을 전하기 위해 적조암을 다시 찾았다. 순흥 박봉한朴鳳漢(해월의 誼兄)의 집에서 옷 한 벌을 지어 찾아갔는데, 노승은 중병으로 누워 있다가 다음날 입적했으니 가져간 옷이 곧 수의가 되었다. 철수좌가 입적하기 전에 동학의 도를 받아들였다고 소개하는 자료도 있다. 최시형은 불교식으로 화장을 하여 장례를 치러 주었다. 적조암은 자장법사와 철수좌 등이 열반에 든 곳이니, 옛날부터 이곳은 스님들이 죽음을 맞이하는 장소였던 것 같다.

49일 기도로 동학을 재건하다

최시형은 1872년 적조암 49일 기도를 마친 뒤부터 한 해에 봄·가을 두 차례 혹은 춘하추동 네 차례씩 49일 기도를 정례화했다.

1887년 4월, 봄·가을 두 차례씩 49일 기도를 하라는 통문을 발송한 최시형은 춘계 49일 기도를 위해 다시 적조암을 찾았다. 이해에는 새로운 동학 지도자 서인주徐仁周·손천민孫天民과 함께 상주 전성촌을 떠나 정선 무은담 유시헌의 집에서 득도향례를 치르고 나서 49일 기도를 봉행했다. 충청도 동학 지도자들이 참여하여 동학의 터전이 경상도·강원도를 넘어 충청 지역으로 확장되었다는 사실을 알 수 있다. 이에 앞서 최시형은 보은 장내리에서 환갑을 맞아 제자들과 더불어 환갑잔치를 열었었다. 최시형은 각처에서 모여든 제자들과 도인들을 보며 각별한 생각이 있었던지 육임제를 구상하게 되었다. 이해의 적조암 49일 기도는 그 뜻을 좀 더 깊이 하는 의미도 있었다.

최시형은 이 기도 끝에 역시 강시를 받았는데, 이와 관련 지어 보면 그 뜻을 미루어 볼 수 있다.(不意思月四月來 金士玉士又玉士 今日明日 又明日 何何知知又何知 日去月來新日來 天地精神令我曉)

육임제
최시형이 동학의 본격적인 교단 조직인 육임제 구상을 시작한 것은 충청도 보은이었으나 그 개념을 심화하고 확정한 것은 적조암에서의 49일 기도 기간이었던 것으로 보인다.

관동 동학농민군 정선 관아로 몰려와

1894년 10월 20일경 강원도 영월·평창, 충청도 제천·청풍 지역의 동학농민군 수천 명이 정선 관아로 몰려들었다. 정선군수는 도주하였고, 동학농민군은 이방의 머리를 베고 지난 9월 강릉에서 당한 일을 복수한다고 큰소리쳤다. 정선 여량의 동학농민군 지도자 지왈길과 이중집은 강릉 임계 지역의 부자들을 잡아들여 재물을 탈취했다. 그러나 이내 향리들의 반격에 밀려 대관령을 넘어 평창으로 물러났다.

한편 재기포령이 떨어지자 이웃 고을인 봉평에서는 윤태열尹泰烈·정해창·조원중·정운심 등이 동학농민군을 모으고 창고 옆에 본부를 설치하고 싸움에 나섰다. 진부면에서는 안영달·김성칠 등이 기포했다. 반면에 대화면에서는 구도미의 김상오, 사전의 공계정, 웅미의 전순길, 계촌의 손영팔, 평창 진사 박재희 등이 도당과 포군을 불러 강릉부에서 퇴각한 동학농민군을 복수하기 위해 공격을 기도했다. 평창은 강원도 지역에서 동학농민군의 피해가 극심했던 지역 가운데 하나이지만 사료 연구도 미흡하고 기념 사업이 거의 이루어지지 못하고 있다.

제2부
충청북도

충청북도는 동학 2대 교주 최시형에 의해 영남·영동 지방에 이어 소백산맥에 의지하여 단양
괴산 지역을 시작으로 동학 포교의 물길이 퍼져나간 곳이다. 동학은 충청북도 전 지역으로 빠
르게 전파되어 나갔고, 동시에 동학을 서울 경기와 충청 내포 지역으로 유출시키는 역할을 했
다. 따라서 보은취회와 광화문 복합상소 등으로 동학교도의 활동이 어떤 고을보다 활발했다.
1894년 3월 전라도 무장에서 동학교도가 기포하자 충청도의 괴산 연풍, 충주 신당리, 문의, 회
인, 청산 작은뱀골, 금산, 진산, 진잠, 회덕, 홍주 등지에서도 이에 호응하여 기포했다.
9월 18일, 해월 최시형의 재기포령이 내려지자 경기·강원·충청·경상 지역 수만 명의 동학농
민군이 보은 장내리 대도소에 집결했다. 이들은 논산에서 호남의 전봉준 군과 연합하여 공주
성 전투를 치렀다. 공주성 전투에서 패하자 전라도까지 피신했다가 올라온 북접 동학농민군
은 보은 북실에서 민보군과 일본군에게 집단 학살 당한다. 이렇게 충청북도는 동학혁명사의
시작과 끝을 이루는 중심지였다.

충청북도 지역 분포

제천시
충주시
음성군
단양군
진천군
증평군
괴산군
청주시
청원군
보은군
옥천군
영동군

충청북도 동학의 흐름

충청북도 지역 동학농민혁명 전개 과정과 특징

1864년 3월, 최제우가 혹세무민의 죄로 대구감영의 사형장인 대구
장대에서 처형된 이후 최시형은 관의 추격을 피하여 잠행을 계속
하며 강원도를 거쳐 소백산맥을 넘어 충청도 단양으로 들어온다.
최시형은 한동안 소백산맥을 넘나들며 '잠행 포덕'으로 강원·충
청 지역에 교세를 확장시켜 나간다.

   충청북도에 교세가 빠르게 확장되어 가던 1871년, 이필제가 주
도하여 경북 영해에서 일어난 신미사변으로 최시형은 다시 관아
에 쫓기는 처지가 되었다. 이필제는 이해 8월 다시 정기현 등과 거
사를 모의하여 문경 관아를 습격하려다 관군에 붙잡혀 참형을 당

**청주↔청안 옛길인
숯고개**
동학농민혁명 시기
에 일본 상인이 이곳
에서 타살되었다.

했다. 당시 기록에 "문경 거사에 괴산 동학도들이 호응했다."는 내용이 보이는데, 이미 괴산 칠성 지방에 동학이 유입된 사실과 막강한 교세를 짐작케 한다.

최시형은 충북 지역을 교두보로 하여 경기·충남·전라 지역 경계를 넘어 활발한 포교 활동을 벌이게 된다. 말하자면 충북 지방은 동학이 유입되고 각지로 유출되는 통로가 되었던 것이다. (그림1 〈충청북도 동학 유출입 지도〉 참조)

충청도 동학
충청도는 '동학의 허브'라고 할 수 있다. 강원도에 은거했던 동학은 충청도에서 세를 확장하여 다시 강원·전라·경기·경상 지역으로 재확산 되어 갔다.

이렇게 충청북도가 동학 포교의 중심지가 되면서 동학 지도부는 '공주집회' '삼례집회'(1892), '광화문 복합상소' '보은취회'(1893) 등을 잇따라 전개하여 사회 운동의 역량을 과시하고 민중에 대한 영향력을 키워 나간다. (그림2 〈1894년 봄 충청도 동학교도 봉기 지도〉 참조)

1894년 3월 전라도에서 동학농민혁명이 일어나자 당시 충청도에 근거지를 두고 있던 동학 지도부는 전라도 지방 동학교도의 움직임을 예의주시하면서 긴박하게 대응하고, 일부 지역에서는 일찍부터 이에 호응하여 기포한다.

1894년 9월 18일, 청산에서 교단차원의 재기포령을 내리자 전국의 동학교도는 적극적으로 호응한다. 재기포 시기에는 손병희가 강원·경기·충청·경상·강원도에서 모여든 동학농민군을 이끌고 전봉준과 논산에서 연합하여 공주 전투에 참여하고, 참패를 당한 동학농민군은 남원 새목터까지 후퇴했다가 소백산맥을 따라 올라오면서 18차례의 전투를 치른 뒤 보은 북실에서 대학살의 참극을 겪게 된다.

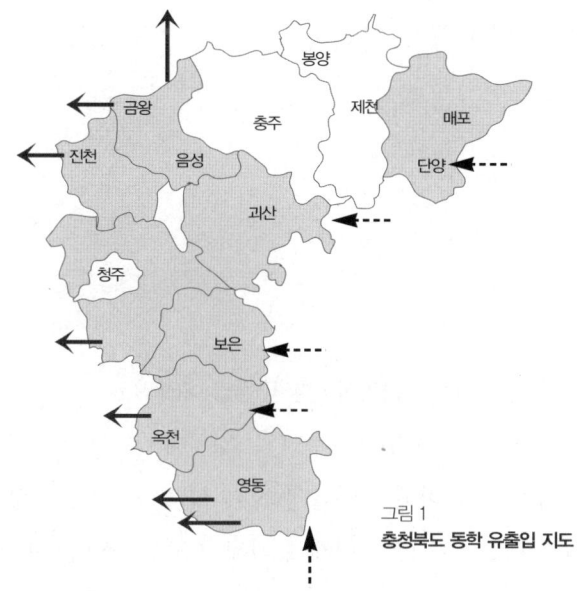

그림 1
충청북도 동학 유출입 지도

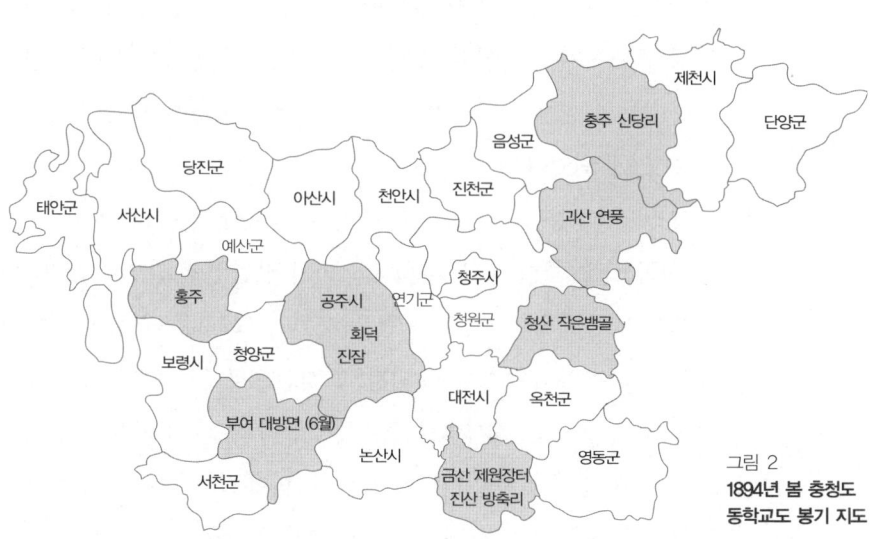

그림 2
1894년 봄 충청도
동학교도 봉기 지도

단양 소백산맥과 남한강을 따라 동학 유입

**단양 샘골,
『용담유사』 간행지**
가사체 경전인 『용담
유사』는 동학의 2대
경전 중 하나로, 단양
의 샘골泉洞에서 간
행되었다. 경전 간행
은 동학 재건의 밑거
름이 되었다.

소백산맥을 의지하고 단양과 남한강 물길 따라 포교

1864년 3월, 최제우가 혹세무민의 죄로 대구에서 처형되자 최시형
은 관의 탄압을 피해 소백산맥을 넘나들며 교세를 확장시켜 나간
다. 최시형은 1871년 이필제에 의해 주도된 '신미사변'으로 인하
여 다시 관의 지목을 받아 쫓기게 된다. 최시형은 이필제, 강수 등
과 소미원의 사가를 거쳐 단양 남면 가산리 정기현의 집에서 일단
일행과 헤어져 정석현의 집에서 신분을 속이고 머슴살이를 한다.
그곳에서 성실함을 인정 받아 손씨 부인을 비롯한 가족들도 데려
올 수 있게 되었다.

그러던 중 영춘으로 갔던 강수가 와서 관군이 몰려온다는 소식
을 전하므로, 급히 영월 직동稷洞(피골)의 정진일의 집으로 갔다. 이
곳에서 박용걸을 만난 것은 천운이었다. 그러나 8월경 이필제가
체포되고 관의 추적이 전개되자, 소백산으로 들어갔다. 그곳에서
죽을 고비를 넘긴 최시형과 강수는 2주 후에 다시 박용걸의 집으
로 가서 머물면서 49일 기도를 올렸다. 박용걸과 순흥에 사는 그의
가형은 곧 동학에 입도하고, 또 박용걸의 절친이자 영월읍 포청의

우두머리인 지달준과 더불어 최시형의 동학 재건의 든든한 후원
자가 되었다. 이런 도피 중에도 단양 남면 사동寺洞, 송두둑(葛川) 등
지에서 홍순일·김연순 등과 49일 수련을 하고, 설법제說法祭를 창
설한다. 그리고 도주인道主人 최시형, 차도주次道主 강시원(강수), 도접
주道接主 유시헌(인상) 등이 '시'時 자를 넣어 개명하면서 동학의 지도
체제를 새롭게 정비한다.

　이 시기에는 "各處道儒之來謁者 不計其數(각처도유지래알자 불계기수,
각 처에서 헤아릴 수 없이 많은 교도들이 찾아왔다)"라고 한 데서도 알 수 있듯
이 서인주·황하일·손천민·손병희·박인호·안교선·김영식·김
상호·김은경·윤상오·여규덕·여규신 등 충청도 지역의 걸출한
동학 지도자들이 수시로 최시형을 찾아온다. 말하자면 단양은 충
청도 동학 포교의 원천지였던 셈이다.

단양 샘골에서 『용담유사』 간행
교세가 어느 정도 안정세를 찾아가던 최시형은 1881년 6월에 단양

단양의 정기현
단양으로 들어온 최
시형은 정기현의 집
에서 신분을 숨기고
머슴으로 지내던 중
최시형에 감화를 입
은 정기현의 배려로
가족들을 데려와 함
께 살게 된다. 이곳에
서 강수를 재회하여
영월 직동으로 옮겨
가게 된다.

남면 샘골(泉洞) 여규덕呂圭德의 집에서 인제접에서 마련한 비용으로 『용담유사』를 간행한다. '동학가사'東學歌詞라고도 불리는 『용담유사』는 동학을 민중들이 쉽게 접할 수 있도록 한글 가사체로 쓴 경전이다. 이에 앞서 이해 4월 하순에는 인제 갑둔리에서 『동경대전』을 간행하였다.

민사엽 접주 단양 관아 습격

1894년 9월에 "단양 접주 민사엽이 이끄는 동학농민군이 단양 관아로 쳐들어갔다. 애초에 동학농민군은 군수 정의동을 징치하고 축출할 계획이었으나 미리 알고 도망을 쳐서 관아의 아리 관속의 집을 파괴했다."는 기록으로 보아 당시 활발했던 단양 동학교도의 움직임을 엿볼 수 있다.

그러나 민사엽 접주는 안타깝게도 이 거사 뒤에 병사病死했다.

청풍 민란과 동학교도 활동

임진(1892)년에 충청도에는 청풍·황간 두 지역에서 민란이 일어나 조정에서 안핵사가 파견된다. 결국 두 고을 모두 현감의 탐학 사실이 밝혀져 현감을 파직했다. 청풍과 황간 지역은 동학교도의 활동도 어느 고을 못지않게 성했는데, 성두한을 비롯하여 김용렴金用濂·황거복黃巨卜·김영진金榮鎭 같은 이들이 을미(1895)년에 재판을 받았다. 이 중에는 이방과 사령 신분도 있어서 주목을 끈다. 이 지역의 사례는 조선 말기에 전국적으로 일어났던 민란이 동학농민혁명과 결코 무관하지 않다는 사실을 보여준다. 그러나 이 지역의 동학 사적은 청풍 지역이 청풍호에 수장되면서 함께 사라지고 말았다.

『일기』日記, 성두한 대두령 활약 기록

1895년 3월 29일, 성두한은 전봉준·손화중·최경선·김덕명과 함께 서울에서 처형됨으로써 동학농민혁명이 막을 내린다. 성두한이 유일하게 충청도 청풍 사람으로 기록되어 있어서 많은 학자들

청풍 성두한 대접주
성두한 대접주는 1895년 3월 29일 전봉준·손화중·김덕명·최경선과 함께 서울에서 재판을 받고 처형되었다. 한동안 그의 행적이 학계에 별로 알려지지 않았으나 최근 충주·청풍·제천·단양·영춘 지역을 중심으로 전신선을 절단하거나 일본 병참을 공격하는 등 활발하게 투쟁활동을 벌인 사실이 밝혀지고 있다.

이 그의 행적에 지대한 관심을 보였지만 알 길이 없었다. 마침 1994년 필자가 동학농민혁명 1백주년 기념 기획 취재 중에 수몰 지역인 월악산 아래 마을인 북노리 출신 유생 이면재의 『일기』日記 를 발굴하여 소개함으로써 성두한 대접주의 동학 활동이 어느 정도 윤곽이 밝혀졌다.

『일기』에 나타난 주요 동학농민혁명 사적과 활동으로는 첫째, 월악산 아래에 인근 지역 수탈로 진행된 민비의 피난궁 공사 기록, 둘째, 1894년 봄 신당장터 집회, 셋째, 청일전쟁에서 패한 청군의 퇴각 행로와 수탈 만행, 넷째, 갑오년 9월 성두한이 동학교도를 모아 장자봉(北山)에 민간 보루를 쌓고 일본군에 저항한 내용 등을 들 수 있다.

청풍 팔영루
청풍부를 드나드는 관문이던 팔영루. 청풍이 수몰될 당시 청풍문화재단지로 옮겨 복원했다. 청풍 지역의 동학농민군은 성두한 대접주의 지휘에 따라 일본군의 전신선 절단 등을 포함한 치열한 항일 활동을 전개했다.

민비는 월악산 아래에 피난궁 조성을 시도했다

동학혁명 전후 시기의 『일기』 내용을 더 살펴보자.

제천군 송계면 월악산 아래에 민비의 지시에 따라 대대적인 토목공사로 피난 궁궐 조성사업이 진행되었는데, 월악산 아래 송계 골짜기에 공사 인부들을 대상으로 큰 장터가 생겼을 정도였다고 한다. 그리고 남한강을 통해서 들어오는 각종 목재나 석재는 그야말로 '돈덩어리'였다는 것이다. 궁 조성 공사가 어느 정도 규모로 벌여졌으며, 얼마만큼 공사가 진척되다가 중단되었는지 알 길이 없다. 현재의 송계 초·중학교 건물을 지을 때 월악궁터의 사적을 모두 운동장 밑에 매몰해 버렸다. 지금도 학교 운동장 가에 몇 개의 궁터 주춧돌이 놓여 있는데, 이를 발굴 복원하는 것도 고려해 볼 만하다.

그리고 『일기』에, 갑오년 봄에 신당장터(열두 신당리라 할 만큼 광범위

풍도해전豊島海戰
1894년 7월 25일, 풍도 앞바다에서 청나라가 영국으로부터 임차해 사용하던 순양함 2척이 일본군 함대의 포격을 받아 침몰하여 1,100여 명 사상자가 발생했다. 이 전투는 청일전쟁의 도화선이 됐다. 특히 이 전투에서 일본군은 해전의 수칙을 무시하고 청국군을 구하지 않고 수장시키는 만행을 저질렀다.(월악 궁터 주춧돌)

한 자연부락)에 동학교도의 집회가 있었던 사실이며, 청일전쟁에서 패한 청나라 군사들이 청주 가도를 거쳐 충주로 들어와 강원도로 들어가면서 저지른 패악悖惡 사실이 생생하게 기록되어 있다. 또, 당시 민심으로 "이때 시골에 사는 백성은 거의 모두가 동학에 들어가 원수도 갚고 돈도 징발하는 등 마음대로 하는데, 어리석은 백성을 선동하여…"라는 기록으로 당시 흉흉한 민심의 일면을 엿볼 수 있다. 비록 『일기』가 보수적인 유생의 편향적인 시각으로 기록되긴 했지만, 성두한의 행적이 비교적 객관적으로 상세하게 나타나 있다. 즉, "(성두한이) 어리석은 백성들을 선동하여 산내·산외(청풍, 단양, 제천, 영춘)에 무릇 6천 군사가 모였다."는 기록과, "동학접주 두한은 한 사람의 어리석은 백성에 지나지 않으나 모든 백성이 다 존경하니 이 역시 천운인지 알 수가 없다."는 기록으로 보아 성두한이 이끄는 군사력과 투쟁력, 그리고 그의 사람됨을 짐작하게 한

다. 즉 그는 인품 면으로나 동학혁명 지도자의 면목으로나 지역민들의 신망을 두루 얻고 있었던 것이다

동학농민군의 경부 전선電線 파괴와 일본군의 보복

1893년 무렵부터, 일본군이 한반도에 진출하면서 침략 수단의 일환으로 부산-낙동-안동-문경-가흥-이천-송파-서울로 이어지는 전선을 가설했다. 이 시기에 성두한포包에 속하는 동학교도에 의해 수안보 부근에서 전선이 자주 절단되었다는 기록은 주목할 만하다.

평양 전투를 끝으로 청일전쟁이 끝난 시기인 1894년 10월 14일, 충주 병참부의 일본군은 동학농민군 공격을 감행했다. 단월에서 동학농민군 두령 3명을 체포하였고, 15일 밤에는 청풍 부근의 동학농민군을 공격하여 4명을 체포하고, 동학 지도자 30여 명을 학살한다. 이에 대항하여 성두한은 청풍 서창에 동학농민군을 주둔시키고 있었으며, 가흥 병참부 남쪽의 남소에도 동학농민군이 집결하여 충주와 가흥 병참부 군사의 공격에 대비하고 있었다. 동학농민군은 먼저 전신선을 절단하여 충주·가흥·문경과의 연락을 두절시킨 다음 안보 병참부를 공격하여 소실시켰다.

가흥 병참부에서 급히 요청한 증원군이 이천을 거쳐 27일에 도착하여 동학농민군의 공격을 막아내는 한편 전신선을 복구하였고, 가흥과 안보 병참부를 공격했던 서창의 동학농민군을 보복 공격한다. 이 지역의 일본군과 동학농민군의 치열한 공방전은 결국 동학 지도부의 9월 재기포를 추동하는 결과로 이어지게 된다.

평양전투平壤戰鬪
풍도해전과 성환전투에서 연패한 청나라 군사들이 평양으로 후퇴하여 일본군과의 일전을 준비했다. 그러나 평양전투에서도 청군이 궤멸되어 한반도 내에서 청군 세력이 소멸된다. 이때부터 일본의 조선침략을 위한 동학농민군 토벌전이 본격화되었다.

충주 일찍부터 일본군이 주둔하여 동학교도와 대치

충주와 단양의 동학
충주는 단양과 함께
충북 지역 초기 동학
포교의 시발점이 되
었다. 동학농민혁명
당시에도 이 일대의
동학농민군 군세가
왕성했다.

일본군의 잔혹한 토벌전

1894년 11월 중순에 이르자 일본군은 괴산·충주·청주 부근의 동
학농민군에 대한 대대적인 토벌전에 나선다. 일본군은 신무기를
앞세워 동학농민군을 진압했지만 성두한이 이끄는 동학농민군 세
력은 충청도 동북부~강원 지역인 제천·단양·영춘·영월로 밀려
들어가 산악에 의지해 끈질기게 저항하였다. 한때 동학농민군은
일본군 제2중대를 궁지에 몰아넣었으나, 일본군의 우세한 화력과
근대적 전술 운영력 및 전신선 등을 활용한 정보력 등에서 밀리며
패퇴하게 된다. 특히 결정적으로 혹한기에 접어들면서 전투력이
극감한 이 지역 동학농민군은 결국 지도자들이 일본군에 체포되
면서 투쟁의 막을 내리게 된다. 성두한은 산악에 의존한 유격전으
로 마지막까지 저항하다가 정선 지방에서 일본군에 체포되어 서
울로 압송되었다.

일찍부터 동학교도에 맞서 일본군 주둔, 대치

천도교사에 의하면 1878년 충주에 교단을 총괄하는 법소法所를 두

었는데, 이는 동학 교세가 경상도를 넘어 전라·경상·강원·경기 도로 빠르게 확산되어 가던 시기이다. 일본은 남한강의 요충지인 가흥·충주·수안보에 군대를 주둔시켜 이에 대응하게 된다. 이는 충주가 동학 포교의 중추 역할을 한 지역이었다는 사실을 보여 준다. 당시 충주 관할 지역은 멀리 서쪽으로 음성의 되자니까지여서 동학 교세가 자못 컸다. 충주를 중심으로 동쪽으로는 청풍 지역에 성두한이 이끄는 강경파 동학농민군이 버티고 있었고, 서쪽으로는 서장옥·신재련·손병희가 괴산 음성 지역으로 교세를 장악하고 있었다. 9월 재기포 시기에는 동학농민군이 용수포에 집결함으로써 충주는 경기·충청 동학농민군의 군사 행동의 시발점이자 중심지가 되었다.

미륵댕이
충주시 신니면 원평리(일명 미륵댕이) 이 지역 한 골짜기에 동학농민군이 도피했다 학살되었다는 도둑골이 증언으로 전해지고 있다.

남한강 물줄기 따라 동학 유입

최시형은 단양을 교두보로 삼아 남한강의 요지인 충주를 빈번하게 드나들며 이 지역의 포덕에 힘쓰는 한편 충청도 내륙 지방으로 교세를 확장했다.

최시형은 1891년 12월 충주 외서촌外西村 신재련의 집으로 이주 했다가 이듬해 1월 진천 부창리로 이주하여 동학의 교세가 청주 내륙으로 확장하게 된다. 1892년 8월 21일, 최시형은 신재련에게 착실한 인재 40명을 골라 명부를 작성하여 9월 10일까지 도소로 보내라는 편지를 보낸다. 이는 본격적인 교조신원운동을 위한 준 비의 일환이었다. 이 지역 인사들을 중심으로 교조신원운동을 전 개해 나갈 바탕을 마련했던 셈이다.

충주 용수포
동학농민혁명 당시 이 지역에서는 허문 숙·서장옥이 이끄 는 강경파와 온건파 에 속하는 신재련의 동학농민군이 대치 했다고 하나 이는 실 증적으로 규명된 사 실이 아니다. 서장옥 은 북접 동학농민군 세력 중에서 강경파 였다. 이에 비해 허 문숙이 유생 접주(민 보군)이었는지, 동학 접주였는지에 대한 심화된 연구도 필요 하다.

동학농민혁명 초기부터 경부京釜 전신선 가설, 일본군 주둔

일본군은 청일전쟁이 일어나자 병참 보급로 확보와 병참 조달을 위해 후비보병 제6연대와 제10연대 및 후비보병 제18대대를 한반 도에 주둔시킴으로써 본격적인 대륙 침략 단계에 들어선다. 그 중 첫 단계가 전신선 가설인데, 부산-낙동-수안보-가흥-서울을 잇 는 '남로 전신선' 가설이 1894년 8월에 이미 끝나 있었으며, 일본 은 경부 통로에 21개의 병참부를 설치한다. 충주 지역에는 가흥· 하담·충주·수안보 지역에 병참부를 두었다. 병참부는 행군하는 일본 군대의 숙영지, 조선 인마의 고용, 식량 창고 설치 및 조선 돈 의 매수 등의 임무를 수행하다가 동학농민군의 활동이 시작되자 바로 동학농민군 진압에 투입되었다.

9월 21일에는 가흥 병참부에서 조선인 인부를 모집했으나 충청 도 하담·가흥 지방의 동학교도가 "일본 군대의 짐을 운반해 주는

놈은 모두 죽여야 한다."고 협박하여 충주 목사 민영기가 나서서 동학교도를 효유하기에 이른다.

초기부터 일본군과 대립

충주 지역 동학농민군은 일본군의 경복궁 침탈과 병참부 건설, 그리고 군용 전신선 건설로 일본 침략 야욕이 노골화되자 이를 저지하기 위한 항일 투쟁이 어느 지역보다 빨랐다. 동학농민군은 병참부를 공격하고 전신선을 파괴하는 투쟁 활동에 나선다. 이에 대응하여 일본군은 각 병참부에 병력을 증강한다. 일본군이 청일전쟁에서 승리할 수 있었던 것도 이 전신선을 통한 신속한 통신 능력 때문이며, 이 점은 당시 신식무기와 함께 동학농민군이 넘을 수 없는 거대한 벽이었다. 그렇지만 한반도 침략의 첫 단계로 진행된 전신선 가설에 대한 연구는 미흡한 편이다.

가흥 일본군 병영터
일본군은 가흥에 병참부를 설치하여 군 사작전에 필요한 병참 지원을 담당하게 했다. 병참부는 동학농민군들의 주요 공격 대상이었으며 그만큼 일본군의 경계도 삼엄하였다. 일본군은 병참부에 대한 공격이나 전신선 절단 등에 대해 무자비한 보복을 자행했다.

한편 일본군은 가흥 동학농민군이 북창나루에 주둔하고 있다는 첩보를 받고 충주 병참사령부의 사카이(酒井曹長)를 파견하였으며, 북창나루의 동학농민군 본거지라 할 천등산 다릿재 진터의 동학농민군 진지를 공격했다.

일본공사 이노우에(井上馨)가 '동학당 소탕'을 위해 본국 대본영에 전보로 병력을 요청한 때가 9월 28일(음력)이다. 10월 21일에 후비보병 독립 제19대대가 인천으로 들어와 충주·가흥 주둔군과 합류하여 곧장 동학농민군 섬멸작전에 돌입한다. 후비보병 19대대의 행적은 최근들어 구체적으로 조명되고 있다.

재기포 시기의 동학농민군 활동

9월 18일, 동학교단이 재기포를 선언함에 따라 이 지역의 동학농민군의 움직임이 한층 활발해진다. 충주 용수포에서 허문숙·서장옥이 이끄는 강경파와 온건파에 속하는 신재련의 동학농민군이 대치했다고 하나 이는 실증적으로 규명된 사실이 아니다. 서장옥은 북접 동학농민군 중에 강경파로, 전라도 동학 지도자 전봉준·손화중·최경선·김덕명·김개남 등의 정신적 스승으로 알려져 있다. 용수포에 모인 북접 동학농민군은 노은 신의실을 거쳐 용원리(미륵댕이)로 이동했다. 여기서 경기도 동학농민군과 합진하여 북접주력군의 전략에 따라 진천·괴산·청주·보은 등지로 이동한다.

이렇게 되자 충주에 주둔한 일본군은 다급해졌다. 11월 2일 괴산 관아가 공격을 당했다는 급보를 받은 하라다(原田) 소위는 2개 분대 병력을 이끌고 괴산으로 출동하여 전투를 치른다. 이 전투에

서 일본군 1명이 즉사하고 3명이 부상을 입는다. (괴산 편 참조)

이에 대응하여 일본 병참사령부에서는 지휘관을 야마무라(山村忠正) 중대장으로 교체하고, 이이모리(飯森) 소좌의 지휘를 받아 작전을 수행하도록 했다.

11월 10일 밤, 일본군은 충주에서 괴산으로 통하는 가도상의 남창과 월두동 부근에 동학농민군이 있다는 급보를 받고 출동하여 12일 오리동에서 동학농민군 10여 명을 체포하여 6명을 타살한다. 14일에도 동학농민군 몇 명을 체포했는데, 괴산군수 박용석이 동학농민군 2명을 괴산 장날 타살하도록 일본군에 요청한다.

동학농민군의 최후와 의병 활동으로의 전환

1894년 12월 말 보은 북실 전투에서 패배한 북접 동학농민군은 충주 외서촌 되자니에서 다시 한번 패전한 뒤 뿔뿔이 흩어지게 된다.

살아남은 동학농민군의 삶은 고단했다. '십가통규'+家統規라 하여 양반 사대부를 중심으로 감시를 받게 되자 살 길을 찾아 귀화하거나 동학을 배반하고 동지를 팔거나 숨어 지내게 된다. 지방 민보군에게 붙잡혀 가혹하게 도륙 당하는 경우도 많았다.

동학농민군은 정상적인 생활로의 복귀가 불가능해지자 의병이 되기도 했다. 당시 일본 신문기사에 "충청도의 적(의병)은 동학당이 섞여 있고, 군세가 성하여 충주를 함락하고 군수는 도망했다."는 보도는 일정한 동학농민군 세력이 의병으로 전환했다는 사실을 보여준다.

안핵사
조선 후기 지방에서 사건이 발생했을 때 처리를 위해 파견한 임시 직책. 대개 민란을 무마하거나 진정시킬 목적으로 파견되었다. 목사 군수 등 인근 지역의 수령이 주로 임명되었으나 때로는 경관京官이 임명되기도 했다. 이들의 임무는 사건의 원인과 진행 등의 전말과 상황에 대해 조사하고 이를 중앙 정부에 보고했다.

괴산 충청도 동학의 관문이자 충청 북부 지역 싸움터

괴산의 동학
괴산은 단양지방과 함께 1870년대 산악지대에 의존한 비밀 포교로 동학이 유입되었고, 1880년대 들어서는 평야지대로 동학이 확장되는 시발점이 되는, 충청지역 동학의 교두보였다.

괴산에 동학이 유입된 것은 충청도 어떤 고을보다 빨랐을 것으로 추측된다. 동학교도 박남朴南의 『일기』에 "신미년(1871)에 영해 접주 이필제가 영해현으로 쳐들어갔다가 실패하고 그해 8월에 문경 천마산성에서 재기를 모색할 때 괴산에서 12명의 동학교도가 군량을 거두어 호응했다."는 기록으로 미루어 최소한 1870년대 초에 동학이 유입되었으며, 최근까지 칠성면 일대에 동학교도의 후손이 확인되기도 했다.

많은 동학 지도자들의 활약

괴산에는 일찍이 양반 신분의 이헌표李憲表 접주가 활동했는데, 그는 동학 기록은 물론 관이나 일본 기록에도 언급되지 않은 인물이다. 그는 신니면 선당리와 음성읍 용산리로 이사 다니면서 최시형의 거처를 주선했다. 일본공사관 기록에는 "괴산 근동에는 충주 외서촌에 신재련, 청풍의 성두한, 괴산의 홍재길이 활약한다."는 기록만 보인다.

기축사화(1889, 己丑史禍)와 신양동

1885년에 충청 관찰사 심상훈과 단양군수 최희진은 동학이 조직을 확장해 나가는 사실을 알아차리고 동학 지도자 체포령을 내렸다. 최시형은 1889년 7월에 탄압이 가중되자 보은 장내리의 도소를 폐지하고 괴산 신양동에 들어와 은거한다. 관원이 이를 알아차리고 들이닥쳐 동학의 거두 강무경姜武卿·방병구方秉九·정영섭丁永爕·조상갑趙尙甲 등이 잡히고, 10월에는 서인주徐仁周(일명 徐章玉, 1852~1900)·강한형姜漢馨·신정엽申正燁 등이 체포된다. 특히 서인주는 최시형이 각별히 아끼는 인물이며, 호남 지방 동학 지도자들에게 영향력을 끼친 강경파다. 실제로 서장옥은 청주성 전투와 금산·진산 전투를 직접 주도했고, 신정엽은 서울 거주자로 1895년에 체포되어 경성에서 재판을 받은 인물이다.

현재까지 은거지 신양동은 구체적으로 어디인지 밝혀지지 않았다. 여러 정황으로 보아 신양동은 괴산 이헌표 접주가 살았던 선당리일 가능성이 크다. 이와 비슷한 시기에 선당리와 비교적 가까운

이헌표 접주
괴산 접주 이헌표는 양반 출신으로, 최시형으로부터 직집 접주 도첩을 받았다. 괴산·음성 등지에 최시형의 도피처를 마련하는 데 앞장선 인물이다. (이헌표 접주의 도첩을 보관 중인 후손)

거리에 있는 음성 되자니에 최시형이 은거했다는 기록이 이를 뒷
받침한다.

괴산 지역의 동학은 2차봉기 때만 활동했던 것은 아니다. '1894
년 4월 18일에 괴산·연풍 등지에서 동학교도가 봉기하여 토호들
의 재산을 빼앗고 구타했다.' 는 『나암수록』의 기록도 괴산 지역
동학 활동이 일찍부터 왕성했다는 사실을 보여주고 있다.

두 차례 참혹한 전화에 휘말린 괴산읍

괴산읍 전투 상황을 당시 일본군 측의 상세한 기록으로 확인할 수
있다. "10월 15일 하라다(原田) 소위가 이끄는 일본군 27명이 괴산
관아에 도착하자마자 다급히 싸움터로 출동했다. 괴산에서 음성
방면으로 약 6km쯤 떨어진 당동(唐洞, 음성군 원남면 상당·하당리)에 집결

해 있는 적군(동학농민군)과 접전을 벌였다. 일본군은 3만 명을 헤아리는 적군을 감당할 수가 없어서 괴산읍으로 후퇴하려 했지만 이미 읍이 동학농민군에 점령되어 오후 4시 30분까지 접전을 벌인 끝에 간신히 포위망을 뚫고 굴현(屈峴, 현 문광면과 청천면 경계인 지경고개) 오리동五里洞을 거쳐 다음날 새벽에야 충주 본대(가흥리)로 돌아왔다."고 기록하고 있다.

일본군의 동학농민군 토벌전 개입은 괴산군수 이용석이 충주 가흥리에 주둔해 있는 일본군 사령부에 동학농민군 토벌을 요청함으로써 이루어졌다. 동학교단 기록이나 『동학란기록』 『순무선봉진등록』에도 "이날(10월 6일) 음성 방면에서 2만 명, 보은 쪽에서 3만 명이 습격했다."고 적어 당시 동학농민군의 군세를 짐작할 수 있다. 이 전투에서 동학농민군 사상자는 200여 명이고, 일본군은 1명이 즉사하고 4명이 부상을 입었다.

괴산읍 전투 상황

가흥 병참사령부에서는 야마무라(山村忠正) 중대장으로 교체하고, 먼저 도착해 있던 이이모리(飯森) 소좌의 지휘를 받게 했다. 이이모리 소좌는 10일 밤 동학농민군이 충주와 괴산 사이에 위치한 남창과 월두동에 주둔하고 있다는 정탐 보고를 받고 출동하여 그날 동학농민군 1명을 붙잡아 사살하고, 다음날은 10명을 붙잡아 6명을 타살했다는 기록이 보인다.(충주편 내용 참조)

괴산 읍내 전투 상황은 관 기록에서도 만날 수 있다. 괴산군수 이용석의 첩정에 "대원군의 방시문榜示文을 국문과 한문으로 두 번

『나암수록』羅巖隨錄
『나암수록』은 구한말 유학자였던 박대주(羅巖 朴周大)가 구한말 격변하는 당시 세태와 사건을 연차적으로 기록한 책이다. 현재 함양 박씨 종중 미산 고택에 보관되어 있다. 동학농민혁명 당시 양반들의 동태와 대응 과정을 세세히 살펴볼 수 있는 귀중한 자료다.

내붙여 백성들을 효유했으며, 8월 이후 동학도들에게 위압과 형벌을 가한 일이 있었지만 모두 귀화했는데, 갑자기 금월 26일에 타처의 동도 수천 명이 괴산읍에 쳐들어 왔다."고 기록했다. 당동 전투에서 승리한 동학농민군이 물밀듯이 괴산읍으로 들이닥쳤을 것으로 보인다.

그 뒤로도 괴산 읍내는 다시 한 번 전화에 휩싸이게 되는데, 첩정에 "10월 6일에는 동도로 처형된 서徐 접주의 13세 아들이 보복 방화했다."면서 "괴산읍은 동학농민군에게 두 차례 습격을 받아 읍내가 초토화되었고, 동학농민군 희생도 컸다."고 적었다.

첩정牒呈
향교의 임원, 품관품官, 면임面任 및 두민頭民 등이 수령에게 보고하거나 하급 관청에서 상급 관청에 보고할 때 사용하는 모든 문서 형태를 말한다. 일명 첩보牒報

괴산 싸움은 최시형의 9월 기포령이 내려진 뒤 경기·충청 지역 동학교도로 형성된 북접 연합군이 최초로 치른 대규모의 전투인 셈이다. 이 전투 끝에 동학농민군은 보은 장내리로 이동, 다시 논산으로 진출하여 호남 동학농민군과 대연합군을 형성했다.

관군의 참혹한 보복 학살극

동학농민군 본진이 보은으로 옮겨간 뒤에는 관군의 참혹한 보복 학살이 자행된다. 관의 정토 기록에서는 "26일 괴산 싸움을 주도한 두령 우현관禹顯寬·백창수白昌洙를 잡아 처형하고, 10월 11일에는 청안 난매리蘭梅里에서 음죽 박만업朴萬業과 음성 접주 송병권宋秉權과 도인 곽영식郭永植 부자를 포살하고, 10월 26일에는 보은 청안 등지를 순회하다가 접사 안무현安武玄 등 4명을 붙잡아 사살했다."고 했다.

충청 동북부와 경기 지역 동학 활동의 중심지 음성

동학 전파와 투쟁 활동의 거점

음성 지역은 서울 경기와 인접하고, 길이 사통팔달로 통해 있어서 동학 전파와 투쟁의 거점이 되었다. 따라서 동학농민혁명 당시의 동학농민군 활동이 활발하게 전개되었다. 음성은 소백산맥 넘어로부터 동학을 전수받아 이를 경기와 충청 지역으로 전파하는 역할을 하였고, 보은취회와 9월 재기포 때는 경기와 충청 동북부 지방의 동학교도가 모이는 거점 역할을 하기도 했다. 이들은 보은으로 이동하여 공주 전투에 참가했다가 패하고 돌아오는 길에 보은 북실에서 공격을 받고 쫓겨 가면서 음성 되자니(道晴里)에서 다시 공격을 받아 뿔뿔이 흩어진다.

충청 북부 동학 교세의 주류 지역

일찍이 교단이나 관 기록에 '충주 미산에 거주하는 동학 대접주 신재련'(忠州 米山居 東學大接主 辛在蓮)의 활약상이 자주 나타나는데, 이곳의 현재 지명은 음성군 대소면 내산리 미산마을이다. 음성 지방의 동학 활동은 주로 '충주 외서촌外西村 지역'으로 기록되었는데,

외서촌外西村
신재련 대접주가 주로 활동한 외서촌은 당시에는 '충주 외서촌'이었는데 오늘날 충북 음성군 일대로, 1893년 의암 손병희의 도소가 이곳에 설치되기도 했다. 음성은 소백산맥을 경계로 동학이 유입되고 경기도와 충청 동북부 지역 동학 포교의 핵심 거점이 되었다.

오늘날 행정구역으로 음성군 금왕읍·삼성면·대소면·맹동면·감곡면·생극면 일대를 가리킨다. 1893년 교단의 조직 개편에서 "충주 외서촌 황산에 손병희와 이용구의 포소가 설치되고, 청풍에는 성두한 포소가 설치되어 교도를 관할했다."는 기록으로 보아 음성은 충주·청풍·괴산 지역과 함께 1880년대 초부터 동학 교세가 성했던 지역임을 알 수 있다.

황산 대도소
9월 재기포가 결정되자 손병희의 충의포 휘하 동학농민군들과 강원도 지역 일부 동학농민군들은 황산(현 음성군 금왕읍 황새마을)에 설치된 충의대도소로 모여들어 비봉산을 근거로 대치한 이두황의 관군을 압도하였다.(광혜원 전경)

동학 지도자 3인의 '음성 결의'

동학농민혁명 시기에 음성 지방에는 손병희(청주 금암리), 신재련(음성 대소), 이종석(진천 부창리) 세 사람이 모여 도탄에 빠진 나라를 구하기 위해 '의형제 결의'를 다져서 일찍부터 투쟁 기운이 감돌고 있었다. 9월 18일 교단의 재기포 선언이 있기 전부터 경기도 지방과 음성에 동학농민군이 집결하여 죽산의 관군과 대치하면서 차츰 세

력을 키워 가고 있었다. 재기포 선언이 있자 음성 지역으로 경기·강원·충청 북부 지역의 동학교도가 모여들기 시작한다.

관·일본군과의 급박한 대치와 전투

1894년 9월 9일, 동학농민군이 경기도 죽산과 안성에서 봉기하여 관아를 점거하자, 다급해진 조정에서는 동비東匪 토벌을 위해 9월 10일 죽산부사에 장위영 영관 이두황과 안성군수 성하영을 경리청 영관으로 임명하여 군사를 급파한다. 이는 동학교단의 9월 18일 재기포령이 있기 이전 상황이다.

이두황은 9월 20일 장위영병을 이끌고 서울을 출발한다. 당시 관군은 일본군의 경복궁 침탈 이후 경군으로부터 압수했던 모젤총 400정과 탄약 4만 발로 중무장하고 있었다. 이두황이 용인·양지를 거쳐 22일 죽산 백암장터를 거쳐, 다음날 죽산 관아에 도착하자 곧바로 비봉산에 진을 치고 광혜원과 음성 지역 동학농민군의 공격에 대비한다.

이 시기에 충주 용수포에는 5~6만을 거느린 서장옥이 웅거하고, 진천 광혜원에는 신재련이 4~5만을 거느리고 민보군 허문숙과 대치하여 접전 일보 직전에 있었다.

한편, 당시 황산에는 이종훈·이용구와 같은 이 지역 동학 지도자를 비롯하여 충주·안성·양지·여주·이천·지평·광주·원주·횡성·홍천 등 충청·경기·강원 지방의 동학도들로 구성된 농민군이 주둔하고 있었다. 그 위세는 비봉산에 주둔한 관군을 압도했다. 이에 관군이 사창리로 들어와 진을 쳐서 황산에 주둔한 동학농민군

음성 되자니
오늘날 음성군 도청리道晴里로, 동학농민군의 마지막 저항지 중 한 곳이다. 우금티 전투에서 패한 동학농민군 북접 세력은 남원 새목터까지 후퇴했다가 북상하던 중 보은 북실에서 다시 한번 괴멸의 위기를 겪고, 이곳 되자니로 들어왔다.

과 긴박하게 대치한다. 당시 선유사 정경원이 동학농민군과 담판을 벌였지만 성과가 없자 사창리에서 10리 밖 성산으로 후퇴한다.

경기·충청 북부 지역 동학농민군 집결

9월 26일에 음성읍이 동학농민군에 의해 함락되자 음죽 가도상에 있던 황산의 동학농민군은 허문숙의 민보군과 합세하여 진천을 공격하기 위해 이동을 시작하여 도청리 유포리를 지나 덕산 구만리장터에 주둔한다. 이들 동학농민군이 먼저 허문숙의 민보군 진영을 공격하여 패퇴시킨 뒤, 29일 진천 관아를 점령한다.

허문숙許文淑
동학농민혁명 당시 기록에 따르면 허문숙은 동학농민군이라는 신분과 이를 토벌하려는 유학 신분으로 서로 다르게 기술되었다. 여러 정황을 종합해 볼 때 동학농민군이라는 기록이 정확해 보인다.

10월 초 광혜원의 동학농민군은 일본군의 공격을 받아 삼호리에서 전투를 치르고 무극 방면으로 이동하였고, 진천 관아를 공격한 뒤 구만리장터에 주둔하고 있던 동학농민군도 일본군의 추격을 받아 무극 쪽으로 이동한다. 일본군이 계속 압박해 오자 동학농민군은 무극을 떠나 감우재를 넘어 괴산 당동으로 이동하여 일본군과 전투를 치르고 괴산을 거쳐 보은 장내리로 들어간다.

한편, 10월 24일에 무극 지역 동학교도 노백룡·정택진·전만철 등이 목천 세성산 전투 뒤에 붙잡혀 포살당한 기록이 보이는데 이는 음성 지역 주력 동학농민군이 보은으로 이동하고, 일부 세력은 목천 세성산 전투에 참가한 사실을 뒷받침해 주고 있다.

동학농민혁명의 마지막 싸움 되자니 전투

보은으로 이동해 온 동학농민군은 공주 전투에서 일본군의 신식 무기 앞에 패퇴하여 남원 새목터까지 후퇴했다가 소백산맥을 타고 북상 하던 중 보은 북실에서 다시 한번 일본군의 신무기 앞에 대량 학살을 당한다. 살아남은 동학농민군은 지칠대로 지쳐 괴산 화양동을 거쳐 음성 되자니로 들어온다.

이곳은 최시형이 1878년 육임소 박해 때 은거했던 곳으로, 12월 24일 동학농민군 지도자들은 관군의 공격을 받아 뿔뿔이 흩어지게 된다. 최시형은 마르택의 이상옥 집으로 피신하고, 손병희 · 홍병기 · 이승우 · 최영구 · 임학선 등은 죽산 칠장사로 들어갔다가 여기서 다시 관병의 공격을 받는다. 일

본 측 기록이 당시 되자니 전투의 참혹한 정황을 잘 보여 준다. "13일 가흥으로부터 파견된 정찰대는 17일 장호원과 음성 사이에서 제16대 이시모리(石森) 중위의 지대와 만났으며, 때마침 적도(賊徒=동학농민군: 필자주) 수백 명이 내습해 오므로 같이 협력해서 이를 맞받아 싸워 수십 명을 죽이고 우리 병사는 1명이 부상했으며, 적도는 사방으로 흩어져 달아났다."

동학농민혁명 뒤 향반 사회의 갈등 기록 『이곽포원록』李郭抱冤錄

동학농민혁명의 전화(戰禍)가 휩쓸고 지나간 뒤 관 · 민보군이 음성 지역 동학농민군에 가한 행위는 자못 처참하다. 가까스로 '살아남

은 자'들마저 관군과 민보군의 '추적 살해' 대상이 되었다. 신니면 원평리 내포에 사는 한 할머니의 증언에 따르면 "동학에 가담했던 수많은 동학농민군이 가섭산 도둑골로 피했다가 민보군의 습격을 받아 고스란히 도륙을 당했다."고 한다. 그 참상은 "오랜 세월 동안 해골이 발에 채일 지경"이었다고 한다.

수백 명의 동학농민군을 모아 보냈던 이헌표 접주는 그들이 희생되어 돌아오지 못하자 가족들의 원성 때문에 마을을 등지게 되었다. 이헌표 접주가 남긴 『이곽포원록』李郭抱寃錄(현 음성읍 용산리 이기준 씨 소장)은 동학농민혁명 이후 향반 사회의 동학교도와 비非동학교도, 그리고 관아와 민중이 계속 겪게 되는 갈등의 양상을 보여주는 중요한 역사 문헌이다.

『이곽포원록』
이헌표 접주가 남긴 기록인 『이곽포원록』은 동학농민혁명에 참가했던 동학농민군과 그 가족, 그리고 그들을 둘러싼 향촌 사회의 갈등이 적나라하게 묘사되어 있다.(음성 읍내의 중앙로)

충청 서북부 지역 동학농민군의 활동 무대 진천

금성동은 최시형의 도피처, 통유문 발표 장소

진천을 중심으로 한 충주·음성 지역에는 세 계통의 동학 조직이 포교 활동을 벌였다. 신재련은 충주와 인근 군현에 큰 세력을 가지고 있으면서 2세 교주 최시형의 지침을 따르고 있었다. 허문숙은 진천에 세력의 거점을 두었으나 교단의 온건 방침을 따르지 않고 강경한 활동을 펴나갔던 서장옥과 가까운 인물이었다. 손병희는 청주 출신으로 한동안 동학 내에서는 별스러운 기반 세력이 없다가 진천 부창리 이종석李鍾奭과 충주 이용구李容九를 예하로 맞아들이면서 대접주 반열에 오르게 된다.

『천도교서』에 따르면 최시형은 1891년 2월 이후 청주 금성동(金城洞·현 진천군 초평면 용산리 금성마을)과 충주 외서촌(현 음성군 대소면 내산리) 신재련의 집에 수 차례 머물렀다. 최시형은 이 지역의 대표적인 동학 지도자인 미산 대접주 신재련, 진천 부창리(현 초평면 용정리 부창목마을)의 이종석, 청주 금암리(현 청원군 북이면 대주리)의 손병희 등과 긴밀하게 교유하면서 포교 활동을 전개한 것은 물론 동학교도들에게 통유문을 발하여 여러 가지 교훈을 남겼다.

**동학농민군,
의병이 되다**
우금티 전투 패배 후 동학농민군은 산지 사방으로 흩어져 갔다. 그러나 계속되는 추적으로 정상적인 생활이 불가능했다. 그들 중 일부는 이듬해 을미년부터 전개된 의병전쟁에 유입되며 투쟁을 이어갔다.

첫째, 꿈 이야기를 통한 교훈인데, "꿈에 대신사(大神師, 동학 창도주 수운 최제우)께서 계란 500개를 주시므로 두 손으로 공손히 받아 그 계란을 깨어 보니 모두 부화하여 일제히 울었다. 그러나 오직 두 알이 썩어서 부화하지 못했는데, 후일 도를 이루게 될 사람은 마땅히 이 계란과 같으리라."는 이야기로, 여러 교도 중에 도를 이루지 못하는 교도에 대해 경계를 했다는 것이다.

둘째, 통유문 10개 조항을 발표하여 교도로서 나태해지기 쉬운 윤리 교육을 강화했다. 셋째는 수도修道에 대한 교훈으로 "도를 알고 닦으라. 도는 오직 성誠·경敬·신信 3자에 있으며 한울님을 받들어 섬겨야 한다."는 교훈으로 수도의 중요성을 가르쳤다. 금성동은 동학교도들의 이런 정신적인 훈육의 터전이자 고향인 셈이다.

진천군 금성동 1
진천은 충청남도와 경기도로 동학 포교의 가교 역할을 했다.(금성마을)

진천은 충청 서북부와 경기 지역 동학농민군 집결지

9월 18일, 최시형이 기포령을 내리자 이 지역의 동학 조직도 즉각 행동에 들어갔다. 9월 25일 음죽 관아를, 29일에는 진천 관아를 쳐서 무기를 확보한다. 이와 동시에 진천의 동학 지도자 허문숙은 일본 병참선의 요지였던 충주 용수포에, 충주 대접주 신재련은 진천 광혜원장터에 각각 '1만 명'에 달하는 동학농민군을 집결시킨다. 안성과 이천 등지에서 동학농민군이 넘어와 합류하자 군세는 점차 늘어 10월 초에는 무극장터와 광혜원장터에는 마침내 '수만의 군세'가 형성되었다.

죽산부사 겸 장위영 부영관 이두황이 입수한 24일 첩정에 따르면 "허문숙과 서장옥의 동학농민군 '5만 내지 6만'이 용수포에 집결해 있고, 신재련은 그보다 조금 못한 '4만 내지 5만'을 거느리고 진천 광혜원에 주둔해 있다."고 보고했다.

진천 관아를 습격, 무기 탈취

무극장터와 광혜원장터에 집결해 있던 '수만' 명의 동학농민군은 괴산을 거쳐 보은으로 향하려다 발길을 진천으로 돌린다. 9월 29일 오전 10시경, 동학농민군은 진천 관아를 여러 겹으로 둘러쌌다. 이어 동헌에 들이닥쳐 칼을 빼어 들고 현감을 비롯하여 공형과 여러 관속들을 결박한 다음 관아의 무기고를 부수고 병기를 탈취했다. 진천현감 안정수安鼎壽는 동학농민군이 물러간 뒤 한연수韓延洙·조학희趙學熙 두 가담자를 붙잡아 놓고 일본군에게 읍내를 보호해 달라는 급전을 보낸다.

진천 금성동 2
동학농민혁명 당시에는 청주에 속했던 금성동에서 최시형은 동학도들의 수행을 강조하였고, 10개 조항의 통유문을 발표하였다.
－명륜明倫
－수신守信
－수업守業
－임사지공任事至公
－빈궁상휼貧窮相恤
－남녀엄별男女嚴別
－중예법重禮法
－정연원正淵源
－강진리講眞理
－금효잡禁殽雜

진천 지역 중심으로 토벌전 전개

『양호선봉일기』 1894년 10월 6일자에 "동학농민군 수만 명이 충주 무극장터와 진천 구만리장터 두 곳에 모여 있으므로 이를 토벌하기 위해 대관 방영호·김진풍, 별군관 이겸래·윤지영, 교장 오순영 등이 2대의 병력을 이끌고 진천 광혜원과 구만리 등지로 떠났다."고 한 것으로 보아 이 지역의 동학 토벌전은 비교적 빠르게 진행된 듯하다.

진천 이곡면 노원리 출신 신정희申正熙는 일찍부터 동학의 고위 지도자를 지목해서 체포하는 데 공을 세워 왔고, 1893년 보은집회를 진압하는 과정에서 동학 지도자들의 동향을 낱낱이 꿰뚫고 있었다. 그리고 종사관 정인표鄭寅杓도 진천군 초평면 영구리 출신이어서 진천 지역 토벌전은 비교적 빠르게 진행되었다.

1894년 11월 25일자 정토 기록에 "관별군 최일환이 진천으로 들어와 동학접주 박명숙 외 1인을 지석부락 천변 숲속에서 총살했다."고 적었다. 그러나 답사 현장에서는 김수진이란 동학 두령과 접주 박관희와 박주형 같은 인물이 새로이 언급되었다. 관의 토벌 기록에 언급된 박명숙이란 인물은 여러 정황으로 미루어 박주형과 동일인으로 보인다. 정토 기록에 11월 29일에 직산에서 박명숙을 처형했다는 중복된 기록이 보인다. 박명숙은 정보 수집을 위해 압송해 가다가 총살시킨 듯하다. 따라서 진천 박명숙 접주가 총살당한 곳은 지식부락이 아닌 직산이 맞을 듯하다.

관의 토벌 기록에 "안성으로 넘어가는 신계리에서 당시 접주 서상종, 이태홍, 정운화·정운목 형제가 동학 때 희생되었다."는 역사적 사실도 마을 주민의 증언으로 확인되었다.

최근까지 맥을 이어온 천도교인

진천 지역에는 동학교도가 많았던 만큼 최근까지 천도교의 맥을 잇고 있는 것으로 알려졌다. 특히 성석리에는 최종록 씨가 6대째 천도교를 이어온 교도이고, 합목리(목골) 출신 염상철 씨도 누대에 걸친 천도교인이다.

그리고 1900년, 서장옥과 함께 피신 다니던 동학 지도자 손천민(손사문)이 체포되어 교수형에 처해진 뒤 초평면 어댕이 골짜기에 묻혔다는 증언이 있어 확인에 나섰으나 숲이 우거져 확인할 길이 없었다.

신정희 申正熙
무과에 급제한 후 좌·우포도대장을 역임하고 어영대장, 형조판서 등을 역임한 조선 말기의 대표적인 무장이다. 동학농민혁명이 일어나자 양호초토사에 임명되어 동학농민군 토벌을 지휘했다. 우금티 전투에도 참여하였으며 갑오년 이후에는 한성부윤으로 임명되었으며, 갑오개혁으로 등장한 친일 내각에도 참여하였다.

청주·청원 충청 지역 동학 지도자의 산실

청주·청원의 지도자
청주, 청원은 13인의 동학 대두목이 배출될 만큼 동학이 왕성했다. 그 중에 강경파 '남접'의 원류로 지목되는 '서장옥'도 있으나, 그는 해월의 애제자 중 한 명이었다. 이로 미루어 '남북접 대립설'은 허구이거나 과장된 것이다.

청주·청원 지역은 일찍부터 손병희·서장옥·손천민 등 많은 동학 지도자들이 등장하여 활동했다. 동학 사적으로는 광화문 복합상소 당시 총본부였던 솔뫼 마을, 강외면 병마산 전투지, 세 차례에 걸쳐 전개된 청주성 전투지, 최시형의 직포설법織布說法 터 등이 있다.

13 동학 지도자들의 활동

청주는 손병희 탄생지인 금암의 대주리를 비롯하여 많은 동학 지도자들이 배출된 지역이다. 이들 지역에는 최시형이 관아의 감시를 피해 잠행하며 포교할 때 수시로 머물렀으며, 거물급 동학 지도자들이 연락부절로 드나들곤 했다. 이 지역이 배출한 대표적인 13인의 동학 지도자 중 서우순·서장옥이 먼저 입도하고, 뒤이어 손천민·손병희가 입도한다. 서장옥은 남접 동학 지도자의 스승으로 알려졌으며, 강경파에 속한 인물이면서도 최시형의 절대적인 신임을 받았다. 이로 보아도 남접과 북접은 서로 적대적인 조직의 명칭이 아닌 것이다.

서장옥은 동학농민혁명의 국면 전환기인 9월 이후 홀연 자취를 감췄다가 1900년에 체포되어 교수형에 처해진, 일정 부분 행적이 베일에 가려진 인물이다. 서장옥에 대해 일본공사관 기록에 "서병학·장두재 등 중요한 동학교도들이 석방될 때, 며칠 늦은 6월 28일에 서장옥이 석방"되었고, "서병학은 관군 앞잡이 노릇을 했고 서장옥·장두재는 대원군을 찾아가 청국 군대와 합세하여 일본군을 공격하기로 밀의한 바 있다."고 되어 있다. 이는 황현의 『오하기문』에서도 비슷한 내용으로 소개되고 있어서 어느 정도 사실에 가까워 보인다. 손병희는 동학농민혁명 이후 최시형으로부터 도통을 이어받아 3대 교주가 되었으며, 후에 동학의 후신인 천도교를 재건하고, 3·1운동을 이끌면서 동학의 혁명 정신을 계승하였다. 이 밖에 손천민·서우순·최동석·정필수·음선장·정석복·장봉운·이종묵·김자선·권병덕·강영휴·장봉운 등 동학 지도자들은 동학농민혁명 시기를 전후하여 광화문 복합상소, 공주집회, 삼례집회, 보은집회 등 교단이 주도하는 각종 집회와 동학농민혁명 시기에 각종 전투를 이끈 핵심 지도자들이다.

광화문 복합상소 준비 본부 솔뫼

솔뫼(신송리)에 조상 대대로 터잡고 살아온 동학 후손 강순원 씨의 증언에 의하면 당시 진주 강씨들은 이 지역 동학의 주축을 이루고 있었다. 동학교도가 가난하고 천한 핍박받는 신분이라는 인식과 달리 강씨의 고조할아버지는 오위장 벼슬을 지낸 양반 출신이었다. 강씨 집안은 가산을 털어 무기를 대었고, 결국 그 일로 인하여

서장옥, 일명 서인주
호는 일해. 청주 출신, 간혹 수원 출신으로 언급되기도 했지만 이는 초기에 수원 지방에서 포접 활동을 했기 때문으로 보인다. 강원도 인제로 최시형을 찾아가 제자가 되었다. 1880년대 말 그가 관에 체포되었을 때, 최시형이 그를 생각하며 식음과 잠자리를 삼가며 정성을 들일 만큼 중용하였다. 충청도 지방의 강경파 인물로 알려졌으며, 조재벽과 함께 1894년 봄. 금산 진산 동학봉기를 주도했다. 1900년 9월 20일 손사문과 함께 체포되어 교수형에 처해졌다.

집안에 세 형제가 죽음을 당하는 참화를 입었다.

1893년 광화문 복합상소의 총본부격인 동학 대도소는 현재 신송교회 자리인데, 손천민·서병학 등 지도자들이 모여 상소문을 짓고 참가자들을 선발하는 등 복합상소 활동을 지휘했던 곳이다. 새로 지은 대도소는 안채 대신 사랑채를 크게 지어 방문객을 맞이했다. 이 마을에는 동학접주 강영문의 후손이 살고 있다. 강씨 집안은 복합상소와 두 차례의 청주성 전투에 주도적인 역할을 했다. 당시 동학농민군들은 솔뫼마을 뒷산 새터(新垈)에서 무기를 제작하고 군사훈련을 했으며, 훈련터 유적이 확인되었다.

쌍다리와 청주성 전투

청주성 전투는 9월 20일경부터 28일까지, 10월 26일부터 29일까지, 11월 13일 등 세 차례에 걸쳐 전개되었다. 동학농민군 쪽에서 볼 때 서울을 공략할 교두보를 확보한다는 점에서 청주성은 중요한 의미를 지니고 있었고, 이와 반대로 정부 쪽에서도 공주성과 서울을 지키는 데 절대적인 요충지였다.

첫 번째 청주성 전투는 9월 24일 쌍다리장터(현 북일면 세교리) 싸움과 청주성 공격이 동시에 일어난 것 같다. 9월 28일 관보에 "청주읍성(현 도청 부근)을 닷새 동안 공격했으나 28일 패퇴했다." "충청도 관찰사의 장계에 의하면 9월 24일 동학교도 수만 명이 청주를 습격하여 병마절도사 이장회가 동학농민군과 전투를 벌여 동학농민군 수십 명을 살해했다." "9월 30일, 동학농민군이 청주성을 습격했으나 성공치 못했다." "10월 1일, 병마절도사 이장회, 군관 이용정 등이 동학두령 이종묵·정필수·정석복鄭石卜·장봉운張奉云을 체포하여 무심천변에서 군중 앞에서 효수하여 경계했다.”는 기록 등이 이 같은 사실을 뒷받침한다. 전투를 이끈 주체도 서로 다른 동학농민군 세력으로 보인다. 이와 관련된 내용은 뒷날 상주 화령에서 체포된 김자선 두령이 쌍다리 전투에 대해서 자백하는 데서도 알 수 있고, 대주리 출신 최동석 장군의 쌍다리장터 싸움 회고에서도 잘 나타나고 있다.

청주 영병 69명이 몰살된 병마산 전투

청주성 전투가 끝난 뒤인 10월 1일, 동학 두령 세 사람이 무심천변에서 효수된다. 그 이

틀 뒤인 10월 3일에 강외면 병마산 전투가 치러졌다. 청주영관 염도희와 대관 이종구, 교장 박춘빈 등 69명의 청주영 장졸 군사는 대전 방면에 집결해 있던 동학농민군을 진압할 목적으로 대전 지방을 순찰하고 돌아오던 중 강외면 병마산에서 동학농민군과 맞닥뜨렸다. 영관 염도희는 윤음(綸音, 임금의 편지)을 가지고 동학농민군을 달래려고 접근했다가 전투가 벌어져 69명의 장졸 전원이 몰살당한다.

그러나 이런 관변기록과 달리 야사野史에 따르면 관군들이 술에 취해 곯아떨어진 상태에서 동학농민군의 공격을 받아 몰살당했다고 전한다. 현재의 사료만으로는 사실 규명이 어렵지만, 전날 무심천변에서 동학 두령들이 효수당한 데 따른 동학농민군의 보복일 가능성이 크다. 이 전투를 주도한 동학농민군들이 어느 지역의 동학농민군인지는 알 길이 없다. 그러나 영병 군사의 장례에 부조扶助한 청주·청안·문의 등 근동의 양반 사대부들의 이름과 물목物目이 전해지고 있어서, 정황으로 미루어 청주 지역의 동학농민군 세력임이 분명하다.

강외면 병마산 전투에서 희생된 장졸에 대해 관에서는 모충사를 지어 위무했지만 이곳 저곳으로 전전하다가 현재 청주시 모충동 고개(당시 배티, 배고개)에 쇠락한 시설로 밀려나 있다.

2차, 청주성 공격, 16명이 체포당해

두 번째 청주성 전투는 기록이 많지 않아서 추정하기 어려우나 정황으로 보아 소규모 전투였던 것 같다. 청주 진남영병이 청산 석성 중약 전투를 치르는 동안 동학농민군이 청주성 공격을 시도한 듯하다. 진남 영병 기록에 "진남 영병이 문의에 머물고 있었는데 그 대장이 와서 말하기를, 적(동학농민군)의 한 부대가 연기 길을 막고 한 부대는 청주를 치려 한다."고 보고한다. 또 "진남 영병이 적을 막으려고 급히 청주성으로 돌아오니 남문 밖에 소수의 적이 있었다. 진남 영병이 이 전투에서 접주 이하 16명을 붙잡았다."는 기록이 있다. 정황으로 보아 동학농민군이 청주성을 공격하다가 진남 영병과 일본군이 들어오는 것을 보고 퇴각했는데, 이 과정에서 체포된 듯하다.

김개남金開南
(1853~1895)
태인 대접주로, 동학농민혁명의 대표적인 지도자. 1890년에 동학에 입도하여 1892년 삼례취회 때부터 지도력을 발휘했다. 1893년 보은집회에 참가하여 태인 포泰仁包라는 포명을 받고 대접주에 임명되었다. 한때 남원에 웅거하여 전라우도를 호령했으나 청주성 전투에서 패한 뒤 붙잡혀 효수되었다.

3차, 청주성 공격, 호남 맹장 김개남의 패퇴

3차 청주성 전투는 호남의 맹장 김개남이 벌인 전투다. 남원에서 웅거하고 있던 김개남 장군이 이끄는 5천의 동학농민군은 전봉준의 주력이 공주성 전투를 벌이고 있을 때 금산을 우회하여 공주성으로 들어가려 했다. 그러나 진잠에 이르렀을 때 손병희·전봉준이 이끄는 남북접 연합군이 공주 우금티에서 패했다는 전보를 접하고 청주성 공격으로 목표를 바꿨다.

11월 13일 기록에 "김개남이 이끄는 5천여 호남 동학농민군이

의암 손병희 기념관
청원군 북이면 금암리에 있다. 주로 3·1운동 민족대표 33인을 영도한 민족지도자로 조명되어 있으나, 동학혁명의 지도자, 천도교의 교주로서의 면모도 재조명되고, 주변지역 동학 인물과 역사도 총체적으로 소개되어야 한다.

성 밖 3리 지경까지 진격해 와서 청주영병과 일본군이 출동하여 1 백 명을 살상하는 전과를 올리면서 물리쳤다."는 내용과 "김개남의 주력은 전부 흩어지고 김개남은 홀몸으로 물러났다."는 내용으로 미루어 김개남은 청주성에서 완전히 전투력을 상실할 정도로 궤멸된 것으로 보인다. 이는 충주(가흥)와 수안보에 주둔해 있던 신식 무기로 무장한 일본군이 청주성에 집중 투입되었기 때문이다. 이 밖에 1895년 5월 24일에 청주의 민섭호閔燮鎬가 재판을 받았고, 1896년 1월 9일에 오일상吳一相이 청주 친위대에서 붙잡혀 포살되었다는 기록이 있다.

김개남 최후의 패전 김개남은 공주로 향하던 중 동학연합군 주력이 우금티 전투에서 패했다는 소식을 듣고 우회, 청주성을 공격하여 3차 청주성 전투를 치렀다.

동학 정신의 산실 금암리 손병희 생가 터

청주에서 증평 가는 큰 도로 가에 손병희 생가 터 작은 안내판이 눈에 들어온다. 넓은 터에 3세 교주 손병희의 생가와 동상과 기념관을 세웠지만 그 내용은 공허하기 짝이 없다. 필자의 견해로는 기념관에 보다 많은 이 지역의 동학사적을 담아내야 한다. 최시형의 "며느리가 베를 짜는 것이 아니라 한울님이 베를 짠다 하라."는 '직포설법'織布說法과 같은 정신적 유산도 여기에 함께 담아야 한다. 또 이 지역 출신 지도자들이 벌인 청주성 전투도 심화된 연구가 뒤따라야 한다. 즉, 손병희의 생가터에 동학농민혁명사의 총체적인 의미를 담는 동학농민혁명 기념관으로 거듭나야 한다.

민란에서 동학농민혁명까지 끈질긴 저항 회인

회인의 동학의 뿌리는 민란

청주에서 험하고 가파른 피반령을 넘으면 바로 회인이다. 깊은 골짜기 아래 평평한 들이 넓고 기름져 옛적부터 양반 토호들이 터잡고 살아서 민중과의 갈등이 잦았다. 회인은 갑오년(1894)보다 한 해 전인 계사년(1893)에 '회인 민란'이 일어나 농민군이 관아를 점령했고, 조정에서 안핵사를 파견하여 주동자를 색출하여 처형했던 고을이다.

옛 고을의 영화, 회인

회인은 갑오년 이전부터 민란이 빈번하게 발생하는 등 농민들의 봉기가 성행했고 그 당시에는 공주부 회인현으로 동헌, 객사, 향교 등을 두루 갖춘 규모가 큰 고을이었다.

　　회인은 동학농민혁명 당시만 해도 공주부 회인현으로서 현감이 상주하며 동헌과 객사는 물론 향교(대성전과 명륜당 등을 갖춘 규모) 등 유서 깊은 시설들을 갖춘 규모 있는 고장이었다. 동학농민혁명 이후 교통로 변경 등 환경 변화에 따라 퇴락하여 군내의 여러 면이 통폐

회인의 동학 활동
회인은 동학 대도소가 있는 보은의 이웃 고을이어서 동학교도의 활동이 초기부터 비교적 활발하게 전개되었고, 관군의 토벌전 역시 잔혹하게 전개되었다.

합을 거듭한 끝에 오늘날에는 보은군 회북면으로 남아 있다. 특히
회인 향교의 대성전에는 공자를 비롯하여 중국과 우리나라 유학
자들의 위패를 모시고 있으며, 독특한 건축 양식을 갖추고 있다.
발전이 더딘 만큼, 옛 풍취가 비교적 많이 남아 있으나, 동학과 관
련된 구체적인 자료의 발굴이 필요한 지역이다.

　우리 역사에서 아직 조선 후기의 민란과 동학농민혁명의 연결
고리를 뚜렷이 규명하지 못하고 있지만, 회인 민란과 동학농민혁
명은 그 연결 고리가 뚜렷이 보인다. 강병뢰(姜炳雷, 취재 당시 73세) 노
인의 증언에 따르면 "계사(1893)년 민란 때 탐학했던 원님을 묶어서
여러 마을로 끌고 다니다가 신궁리에서 풀어줬다."고 한다. 이어
"우리 증조부가 회북면 용곡리 사람인데, 갑오년 동학 때 싸움을
했다는데 늘 늘씬한 말을 타고 댕겼다는 말을 들었다."고 증언한
다. 이 밖에도 "회인에 동학 접주는 박만갑 장군이었다." 등의 증
언과 함께 민란과 동학을 같은 인물과 사건으로 이해하고 있었다.
대략 조선 후기의 민란과 동학농민혁명의 연결 고리를 엿볼 수 있

는 대목이다.

　뿐만 아니라 회인은 동학 대도소가 있는 보은의 이웃 고을이어서 동학교도의 활동이 초기부터 비교적 활발하게 전개되었고, 반면에 관군의 토벌전 역시 치열하게 전개되었다.

참혹한 동학교도 토벌전

이두황의 정토 기록에 따르면 10월 13일 회인에서 유홍구柳鴻九·윤경선尹敬善·이승일李承一·우범손禹範孫 접주를 포박했고, 다음날인 14일에는 보은 대령大嶺과 풍취점風吹店에서 포살했다. 15일에는 보은 동학교도 최윤백崔允伯·최명백崔明伯을, 16일에 다시 회인으로 들어와 보은 신촌新村 방갑준方甲俊·권망아지權亡兒之·이광직李光直, 이천 노곡老谷의 홍복용洪卜用, 안성 기좌촌基佐村 신덕보申悳甫, 충주 모두원毛豆院 안재용安在用, 17일에는 용인 접주 이청학李靑學 등 동학 지도자들을 붙잡아 포살했다.

　이 지역의 동학농민군 토벌 시기는 주력 북접 동학농민군이 논산으로 이동하여 전라도에서 올라온 전봉준군과 연합하여 공주 대접전을 벌이던 시기다. 이로 미루어 볼 때, 동학농민군 일부 세력은 주력 부대의 전투 전개와 조응하며, 지역에 남아 방어 임무를 수행했던 것 같다.

동학농민혁명 관변 기록 2
〈선봉진일기先鋒陣日記〉(고려대학교 소장)부터 〈선봉진각읍료발관급감결先鋒陣各邑了發關及甘結〉(1책)까지는 순무사巡撫使 신정희申正熙, 순무선봉장巡撫先鋒將 이규태李圭泰, 우선봉장 이두황李斗璜 등이 동학농민군을 완전 진압할 때까지 전투상황을 기록하고 있다.(청주에서 피반령을 넘으면 회인이다.)

문의 갑오년 봄 동학교도 봉기와 문의장터 싸움

문청대접주 임정준
문의는 보은취회 당시 문청文淸 대접주로 참여한 임정준 관내에 속한다. 임정준은 최시형이 주관한 최제우 향례(1893.3.10)에도 수차례 참석하였다. 이 밖에도 문의접주 서상호 형제들이 대거 참여했다.

문의 지역 동학도, 갑오년 봄부터 활약

문의 지역은 1894년 봄부터 구체적인 동학교도 활동 기록이 보인다. 갑오년 4월에 작성한 문건에 "동학도들에게 습격을 받은 양반 토호들이 '동학 토벌대'를 조직하는데 협력했다." 또, "문의 서면 등동登洞·신대新垈·검소黔沼·우모실牛母實 등지의 오씨, 최씨 등이 양곡을 조달했으며, 화산花山의 신참판댁이 협력했다."는 기록으로 당시 문의 지역의 동학교도와 양반 토호 세력의 극단적인 대결 양상을 엿볼 수 있다. 이 같은 문의 지방의 동학교도 활동은 지금까지 잘 알려지지 않은 역사적 사실이다.

갑오년 봄 동학교도 봉기와 문의장터 싸움

문의 지방에 동학교도의 최초 활동 기록은 보은취회 뒤인 1893년 10월 경에 교단 조직을 대대적으로 개편하는 시기에 "문의 임정재(任貞宰, 일명 任貞準)포"가 나온다.

이는 충청·호남·강원 16개 지역 중 하나인데, 그만큼 문의 지역 동학 교세가 성했다는 사실을 반증한다. 이들이 보은취회에 주

도적인 활동을 벌였다는 기록이 보이고, 『동비토록』東匪討錄과 『주한일본공사관기록』에 "소사전(小巳田, 청산 작은뱀골)에 집결한 동학교도가 4월 8일에는 회덕 관아를 공격하여 무기를 빼앗고, 4월 9일에는 진잠으로 향했다. 4월 10일 회덕·진잠 일대에 머물던 동학교도는 청주 진남영병과 옥천 병정의 공격을 받아 격파당했다. 그러나 이들 동학교도는 4월 13~15일 경에 옥천·회덕·진잠·문의·청산·보은·목천 일대에 무리를 지어 이동하고 있었다."는 기록으로 미루어 문의 지역 동학교도는 이 일대의 동학교도와 연계하여 활동했던 사실을 보여준다.

또, "옛적부터 문의는 양반 관료의 늑탈을 많이 받아 원한이 누적되어 왔던 고을이라 갑오년 4월 28일경에 청산·보은·옥천·회인·진잠·목천 지역과 마찬가지로 관아와 양반 토호의 집을 습격

문의문화재 단지
문의 지역에서는 동학혁명 후기에 치열한 전투와 참혹한 토벌전이 벌어졌다. 문의는 대청댐 건설로 당시의 관아와 향교가 산 아래 쪽으로 옮겨져 복원되었지만 동학혁명 사적은 어디에서도 찾아보기 어렵다.(문의문화재 단지와 대청호)

하고, 혹은 전곡錢穀을 빼앗아 농민들에게 나누어 주었다."는 기록
도 보인다. 이는 갑오년 봄부터 문의 동학교도가 관아를 점령하고
양반 토호들을 공격하는 등 초기 활동이 치열했던 역사적 사실을
보여준다.

문의장터 싸움

문의 지역에서는 역시 동학농민혁명 후기에 치열한 전투와 참혹
한 토벌전이 벌어졌다. 즉 "동학농민군 토벌전에 나선 일본군은
11월 10일 청산에서 동학농민군과 전투를 벌였고, 12일에 문의로
들어왔다. 당시 문의 지방에는 수많은 동학농민군이 집결해 있었
는데, 마침내 13일 아침에 전투가 벌어졌다."

당시 문의 지역 전투의 구체적인 상황은 알 수 없지만, 일본군의
기록에 따르면 "20여 명의 동학농민군 전사자와 무수한 부상자를

냈으며 대포 2문, 화승총 40여 정, 그 밖에 화약과 창 등을 노획했다."는 기록으로 동학농민군의 군세와, 치열한 전투를 벌였던 사실을 짐작할 수 있다.

문의 지역 전투는 공주 우금티 전투와 관련이 있다. 동학농민혁명이 막바지로 치닫던 1894년 10월, 11월 경에 이 지역을 중심으로 강력한 세력을 형성함으로써 일본군 중로군은 인근의 지명과 증약에서 동학농민군과 전투를 벌이면서 보름 이상을 머물게 된다. 11월 들어 동학농민군과 일본-관군의 공주 대회전이 벌어지고 있었으나 일본군 중로군은 문의 일대의 동학농민군을 견제하느라 공주성 전투에 합류하지 못하였다. 문의 지역에 웅거하던 동학농민군은 남쪽에서 올라오는 김개남 등 동학농민군 세력을 위한 이동로를 확보하려는 데 주된 목적이 있었으나 공주 대회전의 패배 소식과 더불어 이 지역에서도 일본군으로부터 강력한 신무기 공격을 받고 패산하게 된다.

문의장터 싸움과 지명장터 싸움은 거의 비슷한 시기에 벌어졌다. 그러나 지명장터 싸움에서는 동학농민군이 지방군을 물리쳤다. 지명장터(현 대전시 삼정동)에 살던 동학 후손 강봉식 씨로부터 "증조부 대에 강풍주姜豊柱, 그의 아들 강우경姜禹卿, 6촌 아우 강덕주姜德柱 등 세 사람이 붙잡혀 문의 남장에서 총살당했다."는 실증적인 증언을 확보했다.

문의장터와 지명장터는 대청댐에 수몰되었다.

삼로포위토멸작전
일본군은 애초부터 동학농민군을 섬멸할 작전을 수립하고 있었다. 동로는 가흥-충주-문경-대구, 중로는 용안-죽산-청주-성주, 서로는 수원-천안-공주-전주를 기본으로 동학농민군을 포위 압박하여 전라도 해안지역으로 몰아넣어 일거에 초멸코자 하였다.

보은 동학농민혁명사의 처음과 끝이 있는 땅

보은 동학 사적
보은에는 크게 네 개의 동학 사적이 있다. 수운이 한양에 압송될 당시 보은관아를 거쳐 갔고, 해월이 장내리에 '대도소'를 꾸려 동학의 근거지로 삼고 '보은취회'를 열었으며, 동학농민혁명 당시에는 북부 지역에서 동학농민군이 모여 처절한 전투를 치렀고, 북실에서 대학살이 있었다.

창도 초기부터 동학이 뿌리내렸다

1863년 동학 창도주 최제우가 선전관 정운구에게 잡혀 서울로 압송될 때 호송 행렬이 상주 화령을 거쳐 보은 관아로 들어왔을 때 "동학교도인 이방이 최제우에게 은밀히 예물을 바쳤다."는 기록으로 보아 보은 지방에 동학이 유입된 시기는 창도 초기인 듯하다. 경주에서 핍박을 받던 동학교도 상당수가 속리산 아래 상주 왕실촌으로 피신했는데, 모든 지역은 이들이 속리산을 넘어와 포교한 것으로 보인다.

동학교단의 중심지 장내리 대도소

당시 보은은 상주에서 팔음산을 넘어 청산으로 통하는 길이나 추풍령을 넘어 황간·청산으로 통하는 길, 영동·무주로 통하는 사통팔달의 지리적인 조건 때문에 동학 유입과 유출이 활발하게 이루어졌다. 이에 따라 보은 장내리에 대도소가 자리 잡은 것으로 보인다. 애초부터 장내리는 최시형의 도피처였고, 이곳은 동학교단의 중심지가 되었다. 1886년에 육임제를 두어 포 조직 강화와 함께 동

학 교세가 확장되면서 보은은 공주집회와 삼례집회, 광화문 복합
상소, 보은취회를 주도하는 동학교단의 핵심지가 된다.

민중의 역량이 집결된 보은취회

1893년 3월, 최시형은 창도주 최제우의 조난향례일을 맞아 '보은취
회'를 결정하고 통유문을 낸다. 당시 장내리에는 충청·전라·경
상·경기·강원 등 전국 각지에서 수만 명의 동학교도가 운집했는
데, 그 기세가 자못 커서 이웃 고을 청산 문바위까지 뻗쳤다.

　동학교도들은 "반 장 높이의 돌성을 쌓고, 각 포에는 대접주가
있어서 질서정연하게 포를 통솔하여 주문을 암송했다."는 기록이
당시의 비폭력적인 평화 시위의 단면을 잘 보여 주고 있다.

　그러면 보은취회는 전에 있었던 공주집회, 삼례취회, 광화문 복
합상소 운동과 어떻게 다른가. 먼저, 군수에게 보내는 집회 통문과
충청 감사에게 보낸 방문 내용에서 성격이 바뀐 사실을 쉽게 알 수
있다. 그 전까지 교조신원에 치중했던 것과 달리 "보국안민" "척
양척왜"와 같은 민중들의 현실 문제를 다루고 있다는 점이다. 즉,
안으로는 부패한 탐관오리에 저항하면서, 밖으로 외세 침략에 대
한 경계를 내세운 사회운동으로 발전하면서 사회적인 명분까지
얻게 되었다. 이렇게 보은취회는 지배 질서에 대한 민중의 불만을
총체적으로 결집하여 봉건 지배 계층에 저항할 이념을 제공함으
로써 민중운동의 전환기적 국면을 맞게 한 역사적인 사건이 되었
던 것이다.

**보은취회의 역사적
인 의미**
보은취회는 지배 질
서에 대한 민중의 불
만을 총체적으로 결
집하여 봉건 지배 계
층에 저항할 이념을
제공함으로써 민중
운동의 전환기적 국
면을 맞게 한 역사적
인 사건이다.

9월 재기포와 보은 장내리 동학농민군 집결

1894년 9월 18일, 최시형이 마침내 "지금은 앉아서 죽음을 당하기
보다는 일어나 힘을 합하여 싸울 때"라며 무력 봉기를 선언하자,
경기·충청·강원 지역에서 봉기한 동학농민군이 장내리에 집결
한다. 1년 6개월 만에 다시 옥녀봉 아래 삼가천 가에 400여 개소의
초막을 짓고 유숙하게 된 것이다. 여기에 보은·문의·청주 근동의
동학농민군이 합류하여 2만여 명으로 늘었고, 영동·옥천·청산
지역의 1만여 명이 청산 작은뱀골에 모였다.

최시형은 손병희를 북접통령北接統領으로 임명하여 출전을 명한
다. 손병희는 1만 명의 동학농민군을 이끌고 논산을 향해 출발하
여 호남의 전봉준 동학농민군과 합류하여 공주성을 압박한다.

옥천·황간·영동의 동학농민군은 회덕 지명장터 싸움(현 대전시 대덕구 삼정동, 대청댐에 수몰)에서 관군을 물리친 뒤 공주 동북쪽 대교(大橋, 한다리)로 진출하여 공주성을 포위 공격할 태세를 갖춘다.

이두황군에 의해 희생된 동학농민군

이두황이 이끄는 관군은 보은 지역을 집중 순회하면서 동학교도를 색출하여 포살했는데, 10월 12일에는 구기점龜基店에서 보은 출신 김해경金海京·김기환金基煥·이태우李泰友·문학만文學萬·이원중李元中·최일봉崔一奉을, 10월 14일에는 이천에서 내려온 서수영徐壽永·조인이趙仁伊·원석만元石萬·김석재金石才를 포살한다. 같은 날 보은 대령에서 강동회姜同會·이희영李喜永·안성민安性敏이, 풍취점에서 안성 박공선朴公善이 포살된다.

이 밖에 동학농민혁명이 끝난 뒤인 1895년 5월 24일에 보은 출신 지도자 황하일黃河一이 서울에서 재판을 받아 태일백도징역삼년笞一百徒懲役三年 징역형을 받는다.

원혼이 깃든 북실 학살지

주력이 보은 장내리를 떠난 뒤, 11월 5일에는 청산 석성리에서, 11월 8일에는 양산장터에서 싸움이 벌어지고, 관·유회군의 숨가쁜 토벌전이 벌어져 보은 일대는 온통 전화戰禍에 휘말리게 된다.

한편, 보은을 떠나 공주에서 합류한 남·북접 동학 연합군은 공주성을 바로 눈앞에 둔 우금티에서 패하고 만다. 전봉준이 이끄는 남접군은 금구·원평 전투를 잇따라 치르나 패배를 거듭하며 뿔뿔이 흩어지고, 손병희가 이끄는 북접군은 임실 새목터까지 후퇴한다. 여기서 최시형과 합류하여 소백산맥을 따라 충청도를 향해 북상한다.

12월 9일, 동학농민군은 장수·무주를 거쳐 영동까지 올라오는 동안 18차례나 싸움을 벌여 지칠대로 지쳐 있었다. 날은 춥고 눈보라까지 몰아쳤다. 이들은 용산장터 싸움 끝에 13일 청산으로 들어가 15일까지 머물다가 김석중이 이끄는 민보군과 일본군이 추격해 온다는 소식을 접하고 12월 17일 저녁에 비운의 땅 북실로 들어온다.

황하일
보은 출신이지만 서장옥과 함께 전라도 동학 지도자들에 큰 영향을 끼쳤다. 동학농민혁명 이후 속리산으로 숨어들었으나 관군의 끈질긴 추격에 체포되어 태형을 당한 후 그 종적이 묘연해졌다.

살을 에는 추위와 굶주림에 지친 동학농민군은 북실마을에서 야숙을 하던 중에 민보군과 일본군의 기습을 받아 비참한 살육을 당한다. 동학농민군은 다음날 아침까지 격렬하게 저항했으나 총탄이 떨어져 전투력을 상실했다. 전투가 끝난 뒤 일본군의 눈에 비친 당시의 참상을 "시체는 눈덮인 북실 곳곳에 서로 베개를 삼듯 겹쳐져서 골짜기를 가득 메워 몇백 명인지 그 수를 헤아릴 수가 없었다."고 적었다.

그렇다면 동학농민군 희생자는 얼마나 될까. 일본군 기록은 전투 중에 총을 맞고 죽은 수를 300명으로, 『소모사실』에는 395명, 『토비대략』에 "爲亂砲所斃者 二千二百餘人 夜戰所殺 爲三百九十三人(난포에 죽임을 당한 수가 2,200여 인이고 야간 전투에서 살해된 수는 393인)"이라 쓰고 있다.

고향으로 돌아가지 못한 시신은 북실 곳곳에 집단 매장되어 지금까지 원혼이 되어 떠돌고 있다.

북실마을의 고목
공주 우금티 전투에서 패한 동학농민군 중 손병희가 이끄는 동학농민군은 임실 새목터까지 후퇴하여 최시형과 합류하고,
충청도를 향해 북상하던 중 이곳 북실에 들어와 유숙하게 되었으나, 일본군의 급습을 받고 2,600여명이 학살당하는 비극
을 겪었다.

'역사'가 없는 북실 동학공원

그런데 보은군은 이런 비운의 땅 북실에는 2003년부터 많은 공사
비를 들여 역사와는 거리가 먼 이상한 '동학공원' 조성 사업이 진
행되었다. 국적이 없는 돌성이 구축되고, 공원의 위치나 공사 방
법, 내부 시설의 역사적 고증에 대한 이의 제기가 끊이지 않고 있
다.

최근 충북 지역 동학농민혁명기념사업회가 발족되면서 보은군
에 "장내리 취회지"와 "북실 동학농민군 집단 매장지"가 국가 및
도 사적지로 지정되도록 필요한 행정 절차에 임할 것을 촉구하고
나섰지만 아직 성사되지 않고 있다.

먼저, 장내리와 북실이 사적지로 지정되어야 한다. 학계에 의해 이미 두 지역에 대한 사적史蹟은 물론 역사적 의의가 실증적으로 평가된 곳이다. 특히 공주집회·삼례집회는 보은취회의 전사前史로, 사적지 지정은 물론 이미 기념사업까지 진행됐다. 이렇게 우물쭈물하는 사이 그나마 북실 매장지를 비롯한 보은취회지 등 동학 사적지는 돌이킬 수 없도록 훼손되었고, 지금도 진행 중이다.

『토비대략』討匪大略
『토비대략』은 동적(東賊:동학농민군)을 토벌한 기록을 뜻한다. 『동비기략東匪紀略』은 매천 황현이 지은 것으로, 초고본이 발견되어 번역되었다. 여기서는 경상도 상주 출신 김석중이 제 공을 내세우기 위해 기록한 동학농민군 토벌 기록을 뜻한다.(보은 동학공원 동학농민군 像)

옥천 청산 문바윗골은 작은 장안

작은장안
당시 작은장안은 청
산면 한곡리의 긴
골짜기 마을을 총칭
한다. 문바윗골 저수
지 위에 최봉주 묘
와 동학농민군 훈련
터, 최시형의 은거지
였던 김성원의 집터
가 있다. 그 아래로
큰뱀골 작은뱀골 자
연부락이 펼쳐지고
있다. 1894년 9월
18일 최시형이 전국
동학교도에게 재기
포령을 내린 역사적
인 장소이기도 하다.

옥천 지방 동학은 창도 시기부터 유입되었고, 장내리 집회 때 청산 문바윗골은 동학교도의 출입이 빈번하여 '작은 장안'이라고 불릴 만큼 동학교도들의 출입이 비번했다. 문바윗골은 동학교단의 주요 문제를 결정하던 중심지이며, 9월 재기포령을 내렸던 역사의 현장이다. 이 밖에 청산 문바윗골 사적으로는 갑오년 4월 작은뱀골 취회 터, 최시형이 은거했던 집터, 9월 재기포 시기에 동학농민군이 둔취하고 출정 준비를 했다는 훈련터, 병사한 최시형의 아들 '최덕기(솔봉)의 묘'가 전해지고 있다.

창도기에 유입된 동학

동학 창도 시기에 최제우가 옥천 이웃 고을인 금산·진산·지례·김산 등지에 직접 포교하였고, 창도기에 상주 왕실촌에 피신했던 동학교도가 상주 모서率西 팔음산八音山을 넘어 보은·청산으로 넘나드는 통로였기 때문에 옥천과 청산은 일찍부터 동학교도의 왕래가 빈번했다.

특히 옥천은 황간 조재벽趙在壁 대접주의 관할 지역이었는데, 조재벽은 동학농민혁명 초기인 4월에는 황간·영동·옥천 지역의 동학농민군을 이끌고 금산으로 진출하여 금산장 진산 싸움을 이끌었던 혁신적인 인물이다.

최시형이 청주 손병희와 황간 조재벽의 주선으로 문바윗골 김성원金聖元의 집으로 들어온 시기는 1893년이었는데, "3월 최제우의 조난일을 맞아 청산군 포전리 김연국의 집에서 손병희·이관영·권재조·권병덕·임정준·이원팔 등과 제례祭禮를 지냈다."는 기록으로 보아 이 시기에 청산 문바위는 보은 장내리와 함께 동학교단의 중심지였음을 알 수 있다.

전설의 땅 문바윗골
문바윗골 초입의 냇가에는 지금도 버드나무 숲이 일부 남아 있는데, 당시 전국의 동학교도들이 타고 온 말을 맸던 버드나무 말뚝이 살아나서 숲을 이루게 되었다는 이야기가 전한다.(청산읍을 나와 작은장안 문바윗골 가는 표지판)

갑오년 봄, 청산 작은뱀골에서 동학교도 봉기

보은 장내리 집회 때에도 문바위 골짜기는 전국의 동학교도 출입이 빈번했다. 그 지역에서는 "물가에 버드나무 숲은 당시 전국 각지에서 말을 끌고 온 동학교도가 고삐를 맸던 버드나무 말뚝이 살아 뒷날 버드나무 숲이 되었다."는 이야기가 전해진다(故 표영삼 천도교 상주선도사의 취재).

1894년 3월 무장 기포가 일어나자 충청도에서도 산발적으로 동학교도의 활발한 움직임을 보였다. 4월 9일자 『금백보고』錦伯報告와 『동비토록』東匪討錄에 "문바위 작은뱀골 골짜기에도 동학교도가 모여 소요를 벌였다."고 했다. 바위에 주동자 박희근朴晦根·김정섭金

定燮·박맹호朴孟浩·김영규金永圭·김재섭金在燮·박창근朴昌根·신필우申弼雨 7명의 이름이 음각되어 있다고 알려졌지만 이는 확실하지 않다.

청산 문바윗골, 9월 재기포 선언

1894년 9월 18일, 최시형이 마침내 문바윗골에 동학 지도자들을 모아놓고 무력 봉기를 선언하자 전국의 동학농민군이 장내리와 청산 문바위로 모여들었다.

특히 "영동·옥천·청산 동학농민군 1만 명이 청산 일대 여러 마을에 포진하고 있었다."고 전한다. 청산 문바위 저수지 위 갯밭에서 충청·경상·경기·강원 지역에서 온 동학농민군들이 전라도 동학농민군과 논산에서 합류하러 갈 때까지 군사 훈련을 했다고 전한다.

동학농민군 주력이 공주 대회전 중이던 11월 8일에는 양산장터 싸움이, 11월 5일에는 청산 석성리 싸움이 벌어져 이 일대는 한바탕 전화戰禍에 휘말렸다. 교도대 대관 이겸제李謙濟가 "청산 석성리에서 동학농민군 수만 명과 접전하여 40명을 포살하였고, 8일에는 옥천 양산장에서 수천 명과 접전하여 50명을 포살했다."고 한 기록으로 당시 싸움의 규모를 어렴풋이나마 짐작할 수 있다.

옥천 지역 곳곳에서 자행된 토벌전

당시 상주 소모영장 김석중은 정탐꾼으로부터 옥천 고관리 등지에 최시형이 은거해 있다는 보고가 들어오자 큰 공을 세우려고 이

문바윗골 유적
옥천군 청산면
한곡리 문바위에 음각된 인물이 정말 동학 주동자인가에 대한 논란이 있다. 어떤 경위로 유래되었는지 알 수 없으나 본문에서 밝힌 것처럼 확실한 증거는 없다. 이는 자칫 이 부근의 다른 동학 유적에 대한 불신으로 번질 우려가 있다. 그렇지만 최시형 은거터와 최봉주 묘, 훈련터 유적은 여러 정황으로 미루어 모두 사실이다.

일대의 동학농민군에 대한 대대적인 토벌전에 나선다. 이와 동시에 옥천 지역 유림으로 구성된 민보군 12명의 지도자(김재빈, 박주양, 김규항, 김재소, 김중현, 송병기, 전맹호, 김영희, 민치용, 유형로, 박성환, 박정빈)가 토벌전에 나섰다. 이는 옥천 고을 양반 지배 세력과 동학교도 사이의 갈등의 골이 그만큼 깊었다는 사실을 보여 준다.

청산 문바윗골
이곳은 최시형의 도 피처이자 작은 장안 집회가 있었다. 동학 혁명 말기에는 전화에 휘말려 골짜기에 많은 집들이 소실되었다. 동학농민군 훈련지인 장군재 아래 갯밭(저수지 위에서 내려다 본 문바윗골)

    다음은 경리청군, 김석중이 이끄는 상주 소모영군, 일본 후비보병 19대대 병력과 민보군의 정토 기록을 날짜별로 정리한 것이다.

    ① 1894. 11. 18, 화서 대골(垈谷)에서 청주 대접주 김자선金子先(청주성 전투 지도자), 접사 서치대徐致大, 접주 정항여鄭項汝를 체포, 이튿날 화령에서 포살. ② 1894. 11. 19, 보은 장내리 뒷동네에서 거괴巨魁 김민이金民伊 · 원성팔元性八을 체포. ③ 1894. 11. 20, 광주원廣周院 장수리에서 김달문金達文 · 김철명金哲命 포살. 연기군 서면 봉암동

에서 김민이 포살. ④ 1894.11.23, 청산 박부만朴富萬·이치오李致五·김순천金順天 외 3인을 청산에서 포살. ⑤ 1894.11.24, 가항(駕項, 멍어목이)에서 김항우金項羽·박여창朴始昌 체포, 묘막墓幕에서 정한鄭汗 체포. ⑥ 1894.11.27, 와지(瓦池, 청산면 대성리)에서 접사 여성도呂聖度 체포. ⑦ 1894.11.28, 남진갑南進甲을 월남점月南店에서 포살. ⑧ 1894.11.30, 팔로 도성찰 강경중(姜敬重, 副省察) 허용을 청산동시(東市, 청산면 법화리)에서 포살. ⑨ 1894.12.2, 차남리(車南里, 청산면 삼남리)에서 대장 서오덕徐五德을 체포, 전날 생포한 김경연과 서오덕을 소사동(小巳洞, 작은 뱀티)에서 포살. ⑩ 1895.1.9, 옥천 이대철(李大哲, 利原驛 省察) 장명용張命用·이오룡李五龍·고덕현(高德賢, 梧井洞 接司)·고원행(高遠行, 接司)·고경일高敬一을 무주에서 포살.

이 밖에도 1895년 5월 24일, 청산 출신 동학교도 김순영金順永이 72세의 고령으로 재판을 받았다.

숨죽이며 살았던 동학 후손들

청산 문바윗골 근동에는 동학농민군 후손들이 많다. 큰뱀티(삼남리)에서 서오덕 대장의 후손 서정희 씨를 만나 "큰할아버지(서오덕)가 동학농민군으로 총을 맞아 고생 끝에 돌아가셨다."는 증언을 들은 바 있다. 족보에 서석규(徐錫奎, 1856-1894)의 사망 일시는 1894년 12월 1일로, 상주 소모영의 포살 기록과 일치한다. 서오덕은 동학농민군 주력이 공주로 이동하고 나서 지역 방어 임무를 맡았던 것으로 보인다. 서제촌 숯먹이(수묵이) 삼실(麻谷) 등지에도 배안순裵安順·이판석李判石 접사를 처형했다는 관 기록과 일치하는 동학농민군 유족들이 살고 있었지만, 자신이 동학농민군 후손이라고 선뜻 나설 수 있게 된 것은 최근이다.

또 청산을 대표하는 천도교 인물 가운데 어린이 노래 짝짜꿍, 졸업식의 노래 등을 만든 정순철이 있다. 정순철이 청산의 인물이 되기까지에도 동학농민혁명으로부터 유래하는 비극적인 역사적인 사연이 있다. 최시형은 최씨 부인이 실종된 이후 안동 김씨를 둘째 부인으로 맞이하여 아들 덕기와 딸 윤을 두었다. 덕기는 이곳 청산에서 일찍이 병사하였고, 딸 윤은 옥천에서 큰 싸움이 벌어질 당시에 체포되어 옥천 동헌 감옥에 갇혔다가 혁명이 끝난 후에 옥천의 아전 정주현과 결혼을 시켜버렸다. 정순철은 이렇게 기구한 연을 맺은 최윤과 정주현 사이에서 1901년에 태어난 최시형의 외손자이다. 정순철은 이후 손병희의 사위인 방정환 등과 색동회를 결성하고 특히 동요와 동극 등을 통해 암울한 일제 시대에 어린이 운동을 전개하는 데 앞장섰다.

청산 작은장안 대도소 위치
청산면 한곡리의 대도소는 임시 거처로, 동학지도부는 상황에 따라 여러 곳을 옮겨 다녔을 것으로 추정한다. 동학농민혁명 당시 작은장안에는 전국의 동학 접주들이 연락부절로 드나들었다. 현재 대도소는 문바윗골 김성원 가(현재 박승재 씨 소유)의 위치만 확인되고 있다. 이곳에서 최시형은 수시로 강석講席을 펼치기도 했다.

황간·영동 걸출한 동학 두령들의 활약과 희생

황간은 창도 초기에 동학이 유입되었다

동학 창도주 최제우가 선전관 정운구에게 잡혀 서울로 압송될 때 압송단이 추풍령 아래에 이르렀을 때 (최제우에 대한) 탄압에 불만을 품은 황간 지역 동학교도가 모여 있다는 소문을 전해 듣고 보은 쪽으로 압송 방향을 바꾸었다. 이 기록이 말해 주듯, 창도 초기부터 황간 지역 동학교도 활동은 각별했던 것으로 보인다.

일찍이 황간 지역은 조재벽 접주가 포교를 주도한 것으로 알려졌는데, 1894년 봄에는 옥천·금산·진산 등지에서 활약하고, 9월 기포 이후에는 황간의 동학교도가 김산·상주 등 경상도로 넘어가 활약했다는 기록도 보인다. 이보다 앞서, 삼정 문란으로 민중 봉기가 끊임없이 이어지던 임진년(1892) 8월에 황간 원민들이 일어나 현아를 습격했다. 조정에서 안핵사를 파견하여 조사한 결과 황간 현감 민영후의 탐학 사실이 밝혀져 파직했다.

영동·황간 관아 점령

공주 전투에서 패한 뒤 남원까지 후퇴했던 손병희가 이끄는 북접

동학농민군이 남원 새목터에서 최시형과 합류, 관·일본군 추격이 용이한 평야지대를 피해 소백산맥 줄기를 타고 북상하면서 18차 례에 걸쳐 크고 작은 전투를 치렀다. 이들은 장수와 무주 관아를 차례로 점령하고, 영동의 관문인 달밭재(월전리)에서 관군과 전투를 벌여 물리쳤다. 또 여세를 몰아 영동과 황간 관아를 점령했다.

상주 소모영장 김석중의 토벌전

동학농민군 주력이 공주성을 공략하기 위해 떠난 뒤에 상주 소모 영장 김석중은 영동 땅으로 들어와 수많은 동학교도를 색출하여 포살했다. 그는 최시형이 영동에 은둔해 있다는 밀고가 들어와 최 시형을 체포하기 위해 긴밀하게 움직였다. 당시 체포되어 포살 당한 영동 지역 두령급 인물은 이판석(李判石, 西濟村 接主), 김철중(金哲中, 接司), 김태평金太平, 김고미金古味, 배안순(裵安順, 三室村 接司), 이관봉李寬奉, 박추호朴秋浩 등이다. 이 시기에 김석중은 무주와 10여 리 떨어 진 영동 고관리에서 동학 두령 정윤서를 체포하여 포살했는데, 7

김석중의 최후
북실 싸움의 순절 동 학농민군을 2,600 명으로 추정하는 것 은 김석중의 증언(토 비대략)을 통해서다. 김석중은 동학농민 군의 핏값으로 1894 년 안동군수로 부임 하지만, 친일에 앞장 선 죄로 1895년 의 병대장 이강년에게 붙잡혀 농암장터에 운집한 군중 앞에서 효시되었다.(고종의 6촌 이용강 대감이 귀양살이 하던 곳. 이곳서 농민들에 게 온갖 패악을 저질 렀다.)

천여 동학농민군이 온다는 급보를 받고 황급히 철군한다. 상주 소모영군을 이끌던 김석중은 급히 상주로 철군하면서 수석리에서 동학 두령 정여진(鄭汝振)을 체포하여 포살하고 세작(첩자)을 보내 용산장터 싸움에 대비했다. 김석중은 뒷날 토벌의 공(功)을 인정받아 안동군수로 부임했지만 이듬해(1895)에 의병대장 이강년에게 붙잡혀 문경 농암장터 군중들 앞에서 효수되었다.

왕손 이용강 대감과 지역 동학교도의 알력

조재벽 대접주
1887년에 동학에 입도한 황간의 조재벽은 1890년대 들면서 옥천, 영동, 청산 지역 포덕에 힘썼고, 광화문복소에도 대표자로 참여했다. 서장옥의 후계 역할을 했으며, 청산의 김성원(해월의 도소가 설치된 집)도 조재벽 관내 교인이다.

한편, 영동과 황간 관아를 파죽지세로 점령한 동학농민군은 충청도와 경상도 두 진출 방향을 두고 갈등이 있었던 듯하다. 하지만 고와하라(桑原榮次郞)가 지휘하는 낙동병참부에서 일본군이 출동했다는 전보를 받고 경상도 길을 포기하고 불과 한 달 전에 모여 큰 뜻을 품고 떠났던 보은 장내리로 방향을 바꾼다. 동학농민군은 황간 수석리를 거쳐 용산장터로 들어가 전투를 벌였다.

　수석리는 보은과 상주로 들어가는 길목인데, 이곳에는 일찍이 경상 감사를 지내다 탐학 사실이 밝혀져 유배를 당한 고종의 6촌 형 이용석(용강)이 귀양살이를 하고 있었다. 처음에는 경상도 칠곡에서 유배살이를 하다가 영동 밀골로 거처를 옮겼다가 이곳 수석리로 들어왔다. 이용강은 어찌나 포악했던지 갑오년을 전후하여 이 지역 동학도들로부터 수차례 습격을 받았다는 기록이 보인다. 그가 사망했을 때 고종이 화려한 왕족 상여를 하사했는데, 상여조차 원민의 공격을 받았다. 현재 당시 그가 탔던 왕족 상여가 용산면 신항리에 남아 전해져 내려오고 있다.

치열했던 용산장터 싸움

용산장터 싸움이 벌어진 현장은 현재 용문중학교 자리인데, 장터는 병자년 장마 때 쓸려 내려가 현재의 위치로 옮겼다. 당시 용산장터 싸움 상황은 상주 소모영장 김석중의 『소모일기』와 『토비대략』에 비교적 상세하게 기록되었다. 『순무선봉진등록』에 따르면, "1894년 12월 11일 아침, 청주영 군사와 용산장터에 진을 치고 있던 동학농민군이 치열한 전투를

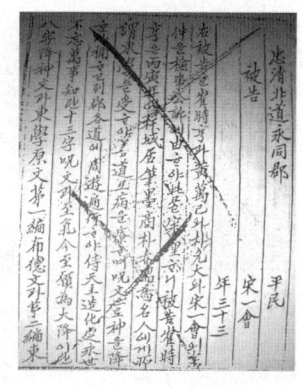

영동 출신 송일회
영동 출신으로 갑오년에 입도하였으며, 해월 최시형과 함께 강원도 원주 송골에서 체포되어 서울에서 재판을 받았다. 해월 체포에 빌미를 제공했다는 기록도 있으나, 어떤 활동을 벌였는지 좀 더 고증이 필요한 부분이다.

벌였다. 상주 소모영 유격병대 소모장 김석중은 세작을 보내 전투 상황을 보고 받고 용산 후곡後谷으로 들어가 협공했다. 산 위까지 진을 치고 있던 동학농민군은 상주 유격병이 사방이 산으로 둘러싸인 골짜기 깊숙이 공격해 들어오자 반격을 가했다. 동학농민군의 공격이 워낙 조직적이고 막강하여 대열을 흩지 않고 서서히 후퇴했다가 다시 포위 공격하는 전략으로 크게 이겼다. 다음날(12일) 아침에는 전직 군수 박정빈이 주도하는 옥천의 민보군과 청주병이 다시 공격을 해왔고, 상주 소모영군이 협공하여 동학농민군이 이들을 맞아 싸우느라 주춤해진 틈에 급기야 청주 옥천병이 밤재를 넘어 청산 방면으로 달아나기 시작했다."는 상세한 전황 기록을 만날 수 있다. 동학농민군이 이를 계속 추격, 문바위와 한곡리를 거쳐 청산 관아까지 점령했다. 한편, 김석중이 이끈 상주 유격병대는 일단 후퇴하여 일본군과 합세했다.

기록으로는 용산장터 싸움이 동학농민군의 일방적인 승리로 보이지만 피아간 희생이 컸던 것만큼은 사실인 것 같다.

**용산장터
군수 선정비**
용산장터 입구에 즐
비하게 서 있는 여러
선정비 가운데 오영
근 영동군수의 선정
비가 있다. 오영근
군수는 정부군이 보
은 관아에 들어왔을
때, 영동 출신의 동
학교도들을 살려달
라며 땅에 엎드려
'수염에 고드름이 맺
힐 정도'로 청원했다
고 전한다.

동학농민군은 14, 15일 이틀간 청산 문바윗골과 읍내에 머물다
보은 북실로 들어갔으나 추격해 온 김석중이 이끄는 소모영군과
일본군에게 무참히 학살당한다.

용산장터 한켠의 군수 선정비의 정체

현재 용산장터 입구에 오영근 군수의 '선정비'가 서 있다. 이는 동
학농민혁명이 끝나고 토벌 대상이 된 영동 지역 동학농민군을 온몸
으로 감싸 안아 희생을 막은 공 때문이라 한다. 1994년 답사 때 만난
정태선 옹(작고)의 말에 의하면 "당시 보은 관아에 정부군이 내려와
있었는데 영동 오영근 군수가 한겨울임에도 밤낮으로 관아 마당에
엎드려 "끌려온 영동 고을 동학교도를 살려 달라."고 턱수염에 고
드름이 맺히도록 간청해서 많은 군민의 인명을 살려냈다고 증언했
다. 그러나 선정비를 둘러싼 역사적 진실을 확인할 길이 없다. 원래
선정비는 아부하려는 자들의 발상에서 빚어진 산물이기 때문이다.

충청남도

충청남도의 동학 포교의 통로는 지리적인 조건이나 연원 관계로 볼 때 충청북도 북부·중부·남부 통로를 통해 충청남도 전 지역으로 일시에 확장되었다. 이렇게 유입된 충청남도 동학은 북으로는 경기도, 남으로는 전라도 지역 포교에 큰 영향을 미쳤다. 충청남도 동학혁명사는 이 같은 동학의 유입 과정과 함께 1893년 12월에 일어난 노성 민란과 1893년 12월 공주취회를 주목할 수 있고, 1894년 봄 동학혁명기 초기에 금산·진산·진잠·회덕·홍주 지역 동학교도의 소요를 주목할 필요가 있다.

특히, 동학혁명 중심 시기에는 충청남도 모든 지역에서 동학교도가 기포하였고, 논산에서 남북접 동학 연합군이 합진하여 공주성으로 진격한다. 이에 따라 충청남도 지역 곳곳이 싸움터가 되었는데, 특히 목천 세성산 전투와 공주 우금티 전투는 동학혁명사의 분수령이 되었다. 결국 동학 연합군이 공주 우금티에서 일본의 무라타 스나이더 소총을 주축으로 한 신무기 앞에 처절하게 패하게 되었고, 충청남도 곳곳에서 참혹한 토벌전이 자행되었다.

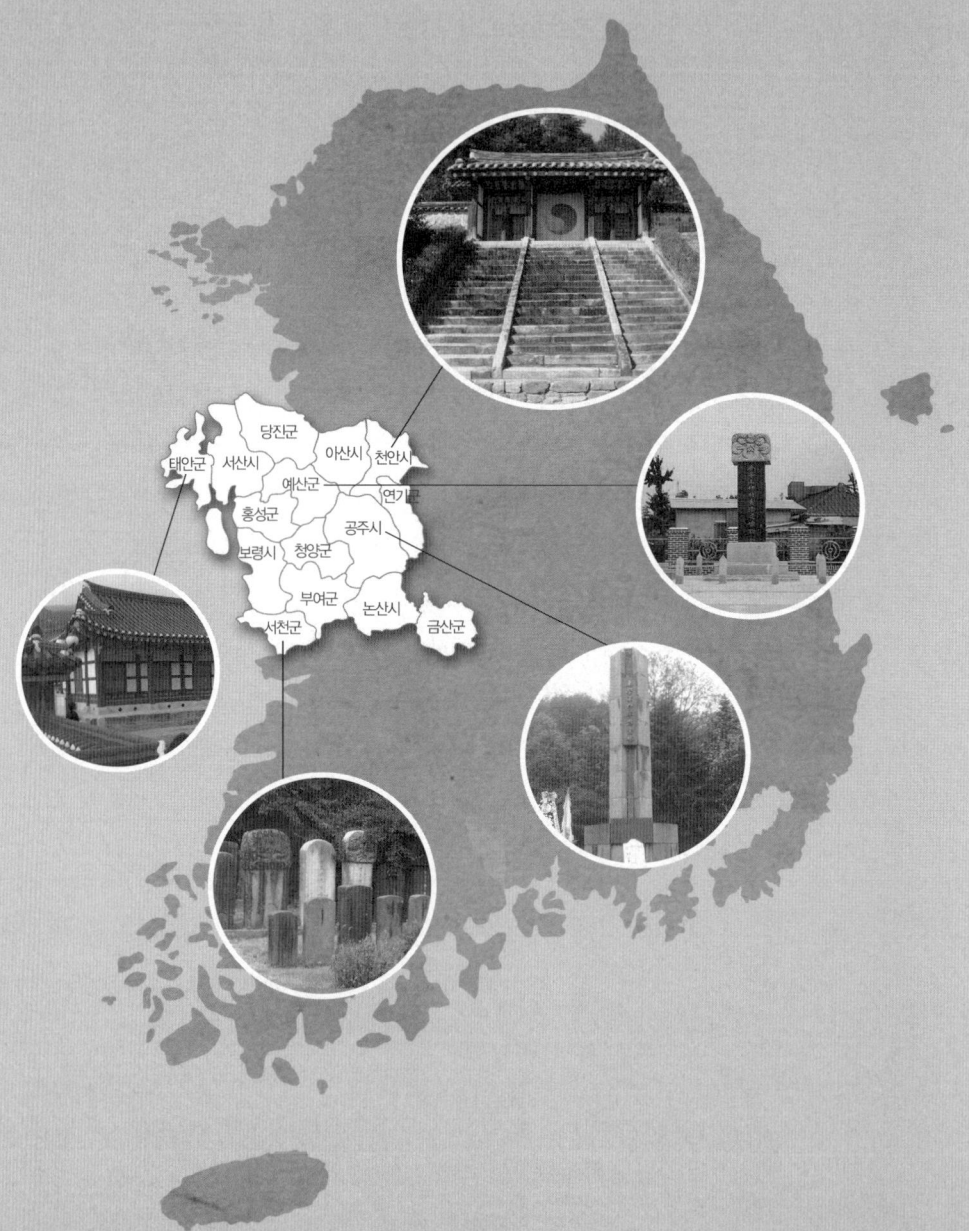

충청남도 동학의 흐름

충청남도 동학은 강원·충북 지역을 거쳐 차령산맥을 넘어 들어왔으며, 이어 경기·전라 지역으로 교세가 확장되는, 일종의 동학 포교의 교두보 역할을 했다. 충남의 동학 포교의 통로는 연원 조직으로 미루어 볼 때 음성·진천 통로를 통해 아산·천안·목천·직산·예산·당진·홍성·서산·태안으로 확장되었으며, 청주·조치원 통로로 회덕·진잠·연기·공주·청양·보령·서천·한산·부여로, 옥천·영동 통로를 통해 논산·금산 지역으로 확장되었을 것으로 추측된다. 이렇게 충남 지역으로 유입된 동학은 전라·경기도 지역 포교에 큰 영향을 끼쳤다.

교조신원운동 단계와 2차 봉기 단계에 적극 참여

1892년 공주에서는 근대 시민 사회 운동의 시효라 할 공주취회가 열리게 되고, 이어 전개된 '삼례집회'(1892), '광화문 복합상소', '보은취회'(1893)와 같은 일련의 사회운동에 충남 지역 동학 지도자들이 전면에 등장한다.

1894년 봄, 동학농민혁명기 초기에는 금산·진산·진잠·회덕 지역의 동학교도 기포와 같은 사회운동으로 이어졌고, 9월 재기포 시기가 되자 수많은 동학 지도자들이 충남 전 지역에서 기포하여 각종 전투를 이끌게 된다.

덕산포, 충남 지역 동학의 중심 연원

충청남도 지역의 주요 싸움터로는 동학농민혁명사에서 최대 격전지로 꼽히는 공주 우금티를 비롯하여 공주 서북쪽으로 예산·덕산·유구 지역, 서산·태안·해미 등에서 동학농민군의 투쟁 활동이 격렬하게 전개되었다. 이들의 투쟁은 남쪽으로 전라도 동학농민군의 영향을 강하게 받던 서천·한산 지역의 동학농민군 활동에도 영향을 미치게 되었다. 특히 충남 서북쪽의 동학농민군은 9월 그믐 무렵부터 예산 이북 포지리와 원북 방갈리 지역을 중심으로 일어나기 시작했다. 10월 1일에는 수천 명의 동학농민군이 서산관아를 공격하여 군수 박정기와 이방 송봉훈을 참수하고 인부를 압수했으며, 관아의 문서를 불사르고 군기와 재물과 곡식을 접수하여 한 달여 동안 관아를 점령하고 있었다.

같은 날, 태안에서도 수천 명의 동학농민군이 태안 관아에 쳐들어가 단숨에 점령했으며, 11일에는 홍주 관군과 일본군이 합세하여 태안을 공격하자 예산 목소리에서 접전하여 대승을 거두었다. 10월 5일에는 덕산포의 동학농민군 수천 명이 방포하며 아산 읍내로 들어와 관아를 파괴하고 군기고의 무기를 모조리 탈취했다.

세성산 전투와 홍주성 전투, 동학농민혁명의 변곡점

이렇게 충남 지역 동학농민군 활동이 활발하게 전개될 무렵, 9월 중순부터 삼례에 집결한 전봉준이 이끄는 호남의 동학농민군이 북상하여 여산·은진을 거쳐 강경에 도착한 것은 10월 초순이었다. 10월 9일에는 논산에서 손병희가 이끄는 충청·경기·강원·경상 지역에서 모인 주력부대와 호남의 동학농민군이 연합하여 10월 말에는 공주 방면으로 진출하여 공주성을 압박하고 있었다.

한편 충청도 계통의 다른 한 동학농민군 부대는 청산에 집결하여 10월 11일 청산대회를 개최하고 나서 공주를 향해 이동, 10월 23일에는 공주 동북쪽에 있는 대교(大橋, 현 충남 공주시 장기면 대교리)에 진출하여 논산에서 북상하는 동학연합군과 포위 진영을 펼쳤다.

이에 따라 충청남도 전 지역이 싸움터가 되었는데, 예산 관작리 전투, 목천 세성산 전투, 홍주성 전투, 해미성 전투를 잇달아 치렀으나 11월부터 본격 투입된 신무기로 무장한 일본군과 관군의 공격에 패퇴한다. 특히 목천 세성산 전투와 홍주성 전투 패배는 동학농민혁명사의 변곡점이 되는 뼈아픈 것이었다.

남북접 동학연합군의 공주성 공격은 10월 23일 이인에서 전투가 시작되어, 24일 대교전투, 25일 효포전투·능치전투, 그리고 최후의 일전인 11월 9일 우금티 전투로 이어졌다. 그러나 동학연합군은 공주 우금티에서 일본의 신무기인 무라타 스나이더 소총 앞에 무기력하게 패배하게 되었고, 동학농민군은 엄청난 희생자를 낸 채 패퇴하고 말았다.

이후부터 충청남도 전역에서 관·일본군의 동학농민군 토벌 학

일본의 신무기 무라타 소총
일본 무라타 쓰네요시가 서양 총을 개량하여 1889년에 제작한 무라타 스나이더 소총. 청일전쟁 때 위력을 발휘했고, 동학농민혁명군을 물리치는데 사용했다. 아라사카 소총이 1897년 일본제국 육군에 정식 채용될 때까지 사용된 총기를 말한다.

살이 자행되었다. 1894년 11월부터 1895년 3월까지 일본군에 의해 학살된 동학농민군의 숫자는 최소 5만~10만 명에 달하는 것으로 추산되고 있다. 당시 충청남도 전역에 동학농민군 학살 사적이 확인되고 있다.

충청남도 동학의 특징은 연원이나 활동으로 보아 다음 다섯 지역으로 나누어 고찰할 수 있다.

① 동북부 지역 : 아산·천안·목천·직산 ② 서북부 지역 : 예산·당진·홍성·서산·태안 ③ 중동부 지역 : 공주·연기·청양·회덕·진잠 ④ 동남부 지역 : 논산·금산 ⑤ 서남부 지역 : 보령·서천·한산·부여 (그림3 〈충청남도 동학 활동에 따른 지역 구분도〉 참조)

충북에서 충남으로
충청남도의 동학은 주로 충북에서 유입되는데, 제1로 음성, 진천, 제2로 청주, 조치원, 제3로 옥천, 영동을 경유하여 충남 각지로 퍼져 나가거나 전라도로 퍼져나갔다.

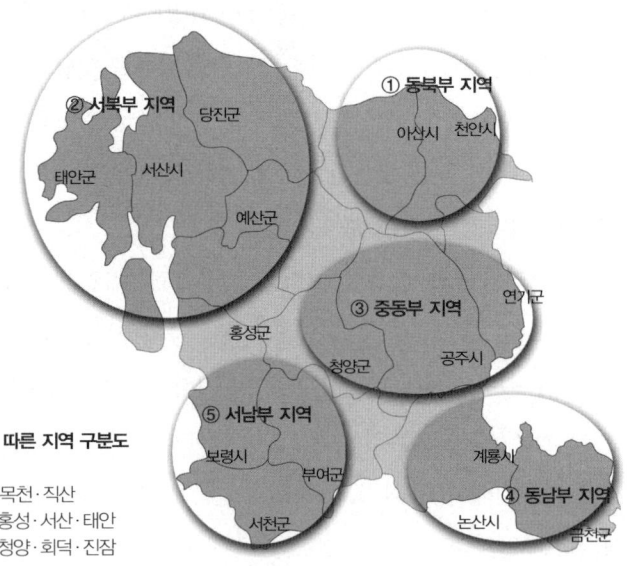

그림 3 **충청남도 동학 활동에 따른 지역 구분도**

① **동북부 지역** : 아산·천안·목천·직산
② **서북부 지역** : 예산·당진·홍성·서산·태안
③ **중동부 지역** : 공주·연기·청양·회덕·진잠
④ **동남부 지역** : 논산·금산
⑤ **서남부 지역** : 보령·서천·한산·부여

초기에 동학 유입, 경기·호서지방 포교의 교두보 아산

막강한 교세를 바탕으로 『동경대전』 간행 주도

아산 지역에서는 1883년 6월 『동경대전』 간행을 주도한다. 『최선생문집도원기서』 1878년 11월 조에 선생수단소先生修單所, 즉 『최선생문집도원기서』 간행 업무에 참여했던 안교일安敎─·안교상安敎常·안교백安敎伯·안교강安敎綱 등 안교선安敎善의 친인척들이 『동경대전』 경주판 간행 실무에 참여하고 있었다는 사실을 보여 준다. 당시 『아산교보』 기록에 따르면 온양면 용화리 334번지 이규호李圭鎬 부부는 1884년 11월 16일에 입도한 것으로 되어 있다. 『천도교회사초고』 포덕 24년(癸未, 1883년) 2월 조에도 "…박인호朴寅浩·안교선·안익명安益明·윤상오尹相五… 등이 신사께 배알했다."는 기록이 보이며, 내포 지역 동학 지도자들이 단양 남면 갈래골에 은거하고 있는 최시형을 찾아 왔다고 했다. 위의 정황으로 보아 아산 지역에는 비교적 이른 시기인 1878년경부터 많은 동학교도가 포교 활동하고 있었다.

공주 교조신원운동 시기인 1892년 무렵에 내포 지역의 주요 동학 지도자로 덕포의 박도일朴道─과 예포의 박희인(朴熙寅, 德七), 목포

경전 간행과 아산
아산 출신의 안교선安敎善과 그의 친척들이 동학에 입도함으로써 수운 선생의 문집(도원기서와 동경대전 용담유사) 간행을 위한 토대가 마련된 것으로 보인다. 이로써 박인호, 안교선 등이 충남 동학 포덕의 원류임을 확인할 수 있다.

木包의 이창구李昌九, 아산포牙山包의 안교선安敎善, 산천포山川包의 이동구李東求 대접주 등을 꼽고 있었다.

식량 확보를 위해 아산 관아 점령

9월 18일 재기포령이 내려지자 아산의 동학교도들도 봉기하여 총기를 방포하며 읍에 돌입하여 관아를 부수고 관리를 협박하여 군기고에서 병기를 탈취했으며, 민가의 재산을 약탈했다는 기록이 전해진다. 이들 동학농민군은 다음날 아침에 신창으로 향했고, 지루동地樓洞에 둔취했다. 이로써 덕포 대접주 박인호는 아산·신창·예산·당진·면천 일대를 장악하게 되었다.

10월 25일자 김윤식이 일본공사에게 보낸 글에 "내포 일대가 동학농민군의 수중에 들어갔으니 공격하여 달라."고 요청하고 있다. 또, "내포의 적 이창구李昌九는 많은 적도들을 옹호하고 숭학산崇鶴山의 민보를 탈취하였으므로 내포의 열읍들이 모두 그 해독을 입

태안의 학암포구
동학혁명 당시 아산 포구를 출발한 동학 교도가 태안 군아를 연합으로 공격하기 위해 이곳에 배를 대었다. 동학농민군 이수로를 이용한 사실은 흔치 않은 사례다.

게 되었다고 합니다. 내포로 말하면 곡물을 생산하는 곳이며, 겨울
과 봄 사이에 한양으로 식량을 공급하여 왔습니다. 그러나 적도들
이 이곳에 주재하자 조운漕運이 불통되고 있습니다."라고 하여 당
시 아산을 비롯한 내포의 긴박한 정세를 잘 보여 주고 있다. 아산
지역 동학농민군의 내포 장악은 곧 식량 확보를 의미한다. 10월
7~8일 경에는 내포의 중요 지역에 동학도소를 설치하고 준행정권
과 준사법권을 행사하기에 이른다.

가혹한 토벌전 전개

이렇게 충청도 서부 지역이 동학농민군에 의해 장악되자 정부와
일본군은 10월 10일부터 본격적인 동학농민군 토벌전에 돌입하게
된다. 이들의 토벌전 역시 가혹하게 전개되었다.

우선봉군에 의해 10월 14일에 온양에서 희생된 동학농민군은
김동운金東運・황천일黃千一・정구영鄭九永・유덕신劉德信・안완석安完
石・이구길李九吉・김일석金一石・백원손白元孫 등이다.

12월 5일에 신창 읍에서 희생된 동학농민군은 김기형金奇亨・김
호득金好得・이성오李成五・정군칠鄭君七・이우하李禹夏・권태진權泰
鎭・엄흥록嚴興綠이다. 그리고 12월 23일에는 박화서朴和西가 아산에
서 붙잡혀 처형되었다.

이듬 해 2월 3일에 온양군에서는 정정기鄭正己・정정용鄭正用・유
사능兪士能・김금손金金孫・맹금동孟金同이 붙잡혀 감영에 이송되어
효수되었다.

**내포 지역의 물적
토대와 토벌전**
해월의 재기포령이
전해지자마자 아산
지역에서 봉기한 동
학농민군은 관아를
점거하고 이 지역 곡
물 유통을 통제하게
됨으로서 동학농민
군의 식량을 확보하
게 되었다. 이러한
연유로 내포지역 동
학에 대한 관・일본
군의 토벌전도 이른
시기부터 전개된다.

천안·목천 『동경대전』 간행지와 세성산 전투

천안삼로天安三老
천안·목천·전의·고을의 동학 지도자 김용희·김화성·김성지 원로 3인을 가리킨다. 동경대전 간행에 앞장섰고, 포교에 힘써 이 지역의 교세가 막강했다. 이들이 이끄는 동학농민군은 8월부터 관아를 점령하여 무기를 탈취하여 9월 2일부터 세성산에 진지를 구축하여 전투를 준비했다.

『동경대전』東經大全 간행과 초기 동학 활동

천안·목천 지역에는 1882년부터 포덕 활동이 활발하게 진행되었다. 이른바 천안 삼로三老라 일컫는 김화성·김성지·김용희가 활발하게 포덕 활동을 벌여, 1883년에는 『동경대전』을 주도적으로 발간할 만큼 교세가 성장했다.

『동경대전』 간행 장소는 "목천군 장내리(帳內里=求內里) 김은경金殷卿 가家"로 기록되어 있는데, 여러 정황으로 보아 장내리는 현 천안시 동면 죽계리인 것으로 확인되었다. 최근 『동경대전』 1883년 계미판 목천판이 발견되어 화제가 되고 있다. 그렇다면 『동경대전』이 이곳 목천에서 간행된 이유가 뭘까. 먼저, 자금 확보가 용이했고, 종이 생산 지역, 인쇄 기술이 축적된 곳, 옛적부터 상감 세공 기술자가 많았던 것 등이 그 이유가 된다. 뒷날 천안 병천 지역에 인장업이 발달한 것도 같은 맥락이다.

일본인 6명, 동학교도가 살해

1894년 8월 12일(양 9월11일) 천안에서 동학교도 및 민간인이 일본인

6명을 살해한 사건이 일어났다. 당시 기록과 재판 기록을 종합해 정리하면, 천안군 읍내 남산南山(현 충남 천안시 서북구 직산읍 남산리) 아래에서 도로와 다리 공사를 하고 있었는데, 일본인 마츠모토(松本吉藏, 日本 廣島沼田 出身) 외 5명이 서울 쪽으로부터 내려와 대화를 시도했으나 말이 통하지 않아 마침내 격투가 벌어지게 되었다. 이때 일본인 한 사람이 장도粧刀로 조명운(趙明云, 42세)·김치선(金致先, 48세)의 등을 찌르자 함께 있던 동민들이 격분하여 달아나는 일본인을 뒤쫓아 1인은 10리 지점에서, 3인은 15리 지점에서, 2인은 30리 지점에서 각각 살해한 사건이 벌어졌다. 조명운과 김치선은 살인죄로 1895년 3월 법무아문권설재판소法務衙門權設裁判所에서 재판을 받아 장이백도에 유삼천리(終身刑)의 형을 받았다.

천안·목천 관아 점령, 세성산 진지 구축

천안·목천·전의 세 고을의 동학농민군 1,500여 명은 다른 지역보다 비교적 빠른 시기인 8월에 기포했다. 동학농민군은 관아를 쳐서 무기를 탈취하여 9월 2일 세성산에 진지를 구축했다. 세성산의 높이는 해발 220m가 좀 넘는 비교적 야트막한 산이지만, 예로부터 형상이 마치 사자 같아서 '만인을 잡아먹을 산'이라는 이야기가 전해 내려왔다. 산 중턱에는 삼한시대부터 내려오는 농성農城이 있었다. 전투 준비는 천안 삼로인 김용희·김화성·김성지가 맡았고, 총지휘는 김복용, 중군은 김영우, 화포대장은 원전옥이 맡았다. 당시 세성산 전투는 남북접 연합군의 공주성 진격을 앞두고 관군의 군사력을 분산시킬 수 있는 전략적으로 중요한 역할을 맡고 있었다.

전략적 요충지 세성산
천안, 목천, 전의 세 고을의 동학농민군은 8월부터 전열을 가다듬어 천안삼로의 지휘 아래 세성산에 진지를 구축했다. 세성산의 동학농민군은 공주를 둘러싼 관·일본군의 전력을 분산시킬 전략적 임무가 부여되었다.

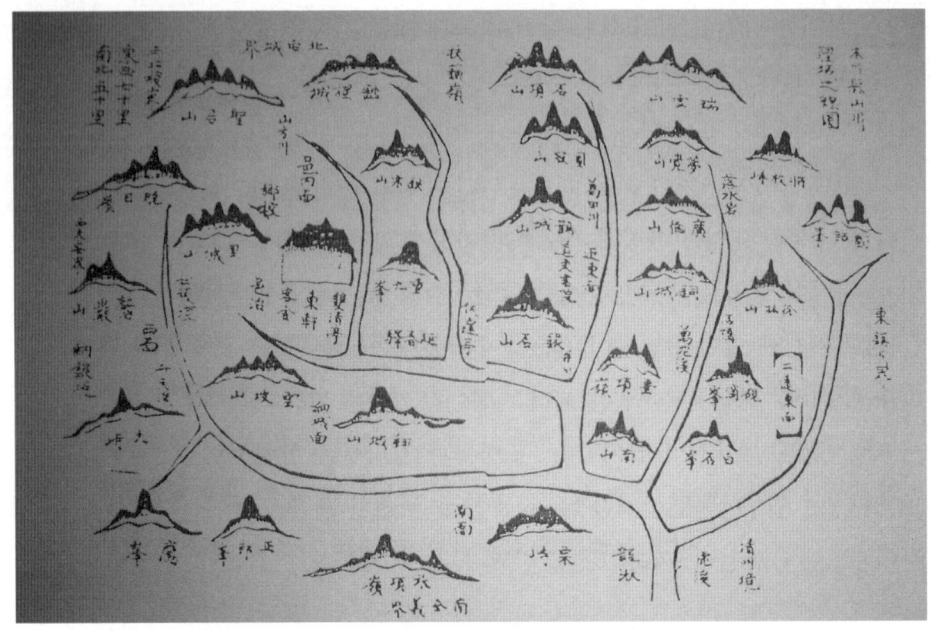

긴박했던 세성산 전투

세성산에 웅거한 동학농민군 토벌을 위해 나선 진압군 부대는 중로로 내려온 이두황李斗璜군과 청주 쪽에서 올라온 토벌군이었다. 토벌대에는 일본군이 합세해 있었다. 토벌군은 세성산의 북편에 2개 소대를 매복시키고, 동북편에 1개 소대, 동남편에 1개 소대를 배치하고 공격 명령을 기다렸다. 이윽고 동학농민군이 깊이 잠든 새벽 5시, 먼동이 트기 직전에 관군은 일제히 공격을 개시했다. 동학농민군으로서는 예상치 못한 기습이었다.

10월 18일부터 21일까지 나흘 밤낮에 걸쳐 진행된 전투는 조직적인 훈련을 받고 신식 무기로 무장한 관·일본군에 의한 일방적인 학살이나 다름없었다. 기록에 "제대로 훈련을 받지 못한 동학농민군은 죽창으로 대결하다가 오합지졸로 퇴각하니 김복용은 주문을 외우도록 권한다. 총탄이 빗발치는 산정에서 짚신을 신은 동학농민군은 두 눈을 감고 주문을 외우면서 하나 둘씩 쓰러져 갔고, 토벌군의 일방적인 학살 속에 세성산 전투는 막을 내렸다."고 하여 당시의 처참한 전투 정황을 짐작할 수 있게 한다.

또 『문화유적총람』文化遺蹟總攬에 "치열한 싸움으로 피가 성城을 씻으며 흘렀다는 구전에서 세성洗城이라고 하였고, 시체가 쌓여서 시성산屍城山이라 부른다."고 했다. 동학농민군의 피해는 "사망자 370명, 중경상자 770명, 포로 17명"이라고 기록하고 있다. 세성산 전투가 끝나고 김복용은 그 자리에서, 김화성·나채익·홍치엽·이선일은 24일 천안 남소거리에서 처형되었다. 김용희·김춘일은 27일 처형되고, 원전옥·김영우는 공주로 압송되어 처형되었다.

당시 진압군의 전리품으로는 "소총 140정, 나팔 2개, 창 288본, 장전長箭 3천2백 개, 청국제 탄환 2만6천5백 발, 대소기大小旗 30개, 백미 226석, 현미 367석, 잡곡 13석"으로, 많은 군량과 무기가 남아 있었다. 세성산 전투는 동학농민혁명사의 분수령이 된 싸움으로, 공주 우금티 전투에서 동학농민군이 패하게 된 원인 중 하나였다. 세성산에서 전과를 올린 관군 일본군은 곧장 공주로 이동하여 성을 방어하는 관·일본군과 합세할 수 있었기 때문이다.

일본군 병참·전신선
일본군의 전력에서 중요한 부분을 차지하는 것이 병참을 확보하는 것과 전신선을 통한 신속한 정보 전달이었다. 당시 전신선은 부산–낙동을 거쳐 충주의 수안보를 거쳐 서울로 이어졌다. 그러므로 전신선은 동학농민군의 주요 공격 목표가 되었다.

천안·목천 동학농민군 토벌 및 희생 일지

지역별 주요 토벌 일지를 요약하면 다음과 같다. (부록 〈지역별 동학농민

군 정토 기록 충청, 서울·경기 편) 참조)

군 정토 기록 충청, 서울·경기 편) 참조)

**동학농민군의
시성산屍城山**

나흘 밤낮 동안 진행
된 세성산의 전투는
신식 무기로 무장하
고 전술 훈련을 받은
관·일본군의 일방
적인 학살전쟁이었
다. 동학농민군은 오
로지 주문의 힘에 의
지하여 나흘을 버텨
냈으나, 결과는 '시
체가 쌓이고 피가 내
를 이루어 흐를만큼'
참담했다.(세성산 정
상에서 본 아우내)

○북면 사담리(사기실) : 세성산 전투가 끝난 다음 날인 22일 세성산
전투 지도자 이희인·한철영 등 62명을 포살하고 50여 명은 훈방
조치한다.

○병천 도원리 광터골 : 세성산 전투의 효장 김복용 외 20여 명과
성명 불상의 다른 지역 출신 동학농민군이 처형을 당한 곳이다.

○병천 서원말(일명 개목고개) : 세성산 전투의 지도자 이희인이 체포
된 마을로, 관·일본군이 마을을 전소시켰다.

○광덕 댓거리 : 김화성이 살았던 마을로, 이 일대의 동학교도 10
여 명을 체포하여 야산에 목만 남기고 생매장해 버렸다. 일부는 사
망했으나 지역 주민들이 이들을 구조하거나 장례를 치러 주었다.

이 사실을 안 관·일본군이 온 마을을 휩쓸었다.

ㅇ동면 구도1리(보평 마을) : 한유길(본명 한치삼)은 세성산 전투 당시 보급을 담당했던 인물로, 마을 사람들의 원성을 사 타살당했다.

이 밖에도 1895년 5월 24일에 일본인 6명을 살해한 죄로 천안 조명운趙明云·김치광金致光, 목천 한연수韓延洙가 재판을 받아 두 사람은 각각 장일백유삼천리杖一百流三千里와 무죄를 선고 받았다.

직산 동학 두령들, 입장천변에서 공개 처형

직산은 경기에서 호서로 넘어오는 관문 지역이다. 1597년 정유재
란 때 명나라 군사가 일본 군사를 물리친 직산 소사평 전투가 유명
하다. 동학농민혁명 당시인 1894년 6월 27일에는 일본군과 청나라
섭사성이 거느리는 청국군 4, 5천 명이 직산현 성환에서 전투를 벌
였으며, 청군이 크게 패하여 공주성으로 물러났다.

성환 전투, 일본 제국주의 침략전쟁의 시발점

성환 전투는 이에 앞선 풍도 앞바다에서의 전투와 더불어 청일전
쟁의 초기 전세를 결정 짓는 중요 전투라고 할 수 있다. 풍도 해전
과 성환 전투에 이은 평양 전투, 황해 해전에서 일본이 잇따라 승
리를 거두면서 청국은 한반도 내에서의 세력을 상실하고, 일본군
이 한반도에서 패권을 차지하게 된 것이다. 일본군은 여세를 몰아
요동 지역으로 청일전쟁의 전선을 북상시키는 한편 한반도 내에
서는 동학농민군 토벌을 위한 준비를 착착 진행하게 된다.

직산 지역에서 거명되는 동학 접주는 황성도黃聖道 · 이천여李千
汝 · 서성만徐成萬 · 김성범金成凡 · 신일석申日石 등이다. 일본인 순사 3

명이 작성한 보고서에 따르면 "직산은 김형식金瀅植·김구섭金九燮 두령이 관할하고 있다."고 했다.

직산 마정리에 당도한 별기군 부대는 김성범과 신일석을 체포 즉시(10월 18일) 처형하고, 황성도는 관련자를 알아내기 위해 수원에 있는 중군영으로 압송했다. 결국 황성도 역시 처형되었다. 관의 토벌 기록에 "그날 직산 읍내에 당도하여 동학 두령 이천여를 체포하고 집을 수색하여 총 17정·창 89정·철환 500여 점,『동경대전』 판각을 압수했다."고 했다.

10월 22일에는 황성도·이천여·서성만 등을 판정리 앞 입장천 모래사장에서 고을 백성들이 지켜보는 가운데 처형했다. 여기서 황성도의 이름이 다시 언급되는 것은 공을 내세우기 위한 관군의 의도적인 착오로 보인다.

예산 내포 동학 포교의 중심 지역

홍양기사洪陽記事
구한말 청양 출신 임
한주林翰周가 쓴 의
병활동 기록. 주로
1896년과 1905년에
홍주성을 중심으로
활동한 의병의 활약
을 적고 있다. 이를
토대로 의병총으로
추정하고 있으나 동
학농민혁명군의 무
덤일 가능성이 훨씬
크다.

예산 지역에 동학이 유입된 시기는 1880년 쯤으로 보인다. 『천도
교회사초고』 계미(癸未, 1883) 2월 조條에 "박인호, 안교선, 안익명, 윤
상호… 등이 차례로 신사(神師, 최시형)께 배알했다."는 기록이 보이
며, "내포와 공주 지역 지도자들이 단양 남면 갈래골에 있는 최시
형을 찾아왔다."고 했다. 이로써 일찍이 예산 일대 동학 도인들이
초기부터 왕성한 활동을 했던 사실을 알 수 있다.

목시 예포 동학 대도소 전투

동학농민혁명 당시 이 지역 동학교도의 움직임은 『홍양기사』洪陽紀
事에서 비교적 자세하게 파악할 수 있다. 우선 "홍주에서는 이미 4
월부터 동학교도의 소요가 있었고, 7월이 되면서 충청도 전역에
걸쳐 동학교도의 활동이 본격적으로 이루어지고 있었다." 또 "덕
산·예산·대흥·보령·남포·면천 등에 선무사의 효유 대상인 동
학 거괴가 존재했다."는 기록으로 보아 동학교단의 9월 재기포 선
언 이전부터 동학교도의 활동이 두드러졌던 사실을 알 수 있다.

박인호가 이끄는 예산 지역 동학교도를 중심으로 한 내포 지역

동학농민군은 9월 교단의 무력 봉기 선언 전부터 기포 단계에 들어가 있었다. 삽교 하포리 박인호 대접주의 집 위쪽 목시(현재 삽교 성리 1)는 당시 장이 크게 섰던 곳으로, 일찍부터 동학농민군이 기포하여 주둔하고 있었다. 이 상황은 동학농민군 진압 기록에서 확인할 수 있는데, "동비東匪에 대한 공격에 나선 것은 10월 8일이었다. 이들은 수영에서 군기를 탈취한 동비를 뒤쫓아 광천으로 진출, 광천시장에서 전투를 벌여 동비 수십 명을 죽이고 9명을 체포했다. 이어 11일에는 중군 김병돈이 각 진에서 뽑은 용장 500명을 거느리고 목시로 출군하여 동비를 격파하고 군기와 말을 거두어 왔다."는 기록이 보인다.

이로 인해 목시에 둔취했던 예산 지역 동학교도의 핵심 근거지가 큰 타격을 입었고, 유회군에게는 동비를 토벌할 절호의 기회가 되었던 것으로 보인다. 당시 주한 일공사관 기록에도 "7·8월쯤에 벌써 내포의 어민 농민에 의해 해상이 봉쇄됐다."고 했다. 따라서 관군과 일본군은 토벌전 초기부터 내포 동학농민군의 공주 전투 합류를 차단할 계획이었음을 알 수 있다. 그만큼 내포 동학농민군이 예산·홍주·서산·태안을 중심으로 막강한 세력을 형성하고 있었던 것이다.

동비東匪
동학 무리를 이르는 용어는 연구자나 주체에 따라 다양했다. 동학농민혁명 당시 동학농민군 토벌 세력인 보수 봉건 층에서는 동비東匪, 비도匪徒, 동도東徒, 진보 계층에서는 동학농민군, 동학농민군, 동학농민혁명군 등으로 사용되었다.

관작 전투, 전설적인 승리

관작리 전투는 전설 형태로도 전해지는데, "홍주 목사 이승우가 이끄는 관군이 예산 목소리에 있는 동학 대도소를 치고 나서 승리에 도취되어 용골에 진을 치고 깊은 밤까지 술을 마시고 잠들었다.

그때 주막 할멈이 대포마다 몰래 물을 붓고 이를 동학농민군에 알려서 기습하여 대승을 거두었다.”는 것이다. 그러나 이는 전설일 뿐이다.

당진 면천 승전곡 싸움에서 승리한 동학농민군이 기세등등하게 고덕 구만포까지 진출하고, 유숙한 다음날인 25일 저녁에 신례원 뒷편(後坪)인 관작리 일대에 진을 쳤다. 『천도교회사초고』에 그 위세를 “약 3km에 걸쳐 볏짚을 이용한 초막이 세워졌으며, 동학농민군 수효가 약 5만”이라 했다.

관작리 전투,
빛나는 승리
승전곡의 전투가 일
본군에 대한 승리로
서 의미가 있다면,
뒤이어 벌어진 관작
리 전투는 내포 동학
농민군이 거둔 최대
의 승리 전투로 평가
된다.

한편, 홍주성에서 출발한 1천 명의 관·일본군은 미리 약속한 예산·대흥 지역에서 모집한 유회군과 합류하여 4, 5천 명의 대 군진을 형성하고 있었다. 26일 아침부터 관·일본군은 신례원 앞 얼음재 상봉에 대포를 설치하고 사격을 했다. 이에 놀란 동학농민군이 흩어졌다 다시 모여드는 등 한나절 동안 치열한 공방전을 벌였다. 그러나 먼저 동학농민군의 공격으로 예산 유회군이 붕괴되었고, 이에 놀린 관·일본군이 달아나 동학농민군의 승리로 끝났다.

이두황의 『양호선봉일지』에도 당시 정황을 “(동학농민군이) 홍주 관군과 접전하여 관군이 참패하여 1백여 명이 전사하고, 동학농민군은 해미로 떠났다고 한다…천변에 홍주 사람들이 몰려와 시체를 찾느라 아우성인데 차마 눈으로 볼 수 없었다.”고 하여 당시 관작 전투에서 패한 관·일본군의 참상을 잘 보여주고 있다.

내포 동학농민군의 최대 승전으로 평가되는 관작리 전투에서 관군 중군대장 김병돈, 영관 이창욱, 주홍섭·창섭 형제, 한량 한기경, 예산 유생 홍경후 등 30여 명의 관·유회군 지도자가 이 전투에

천도교 4세 대도주 박인호 유허비
예산 지역에 동학이 유입된 시기는 1880년쯤이다. 이 지역 동학교세 확장의 핵심적인 인물이 훗날 손병희를 이어 천도교 4세 대도주가 되는 박인호다. 갑오년 봄부터 이 지역 동학교도의 활동이 두드러졌다. 즉 박인호가 이끄는 내포 지역 동학 농민군은 예산 지역을 중심으로 9월 교단의 무력봉기 선언 전부터 이미 기포 단계에 들어가 있었다.

서 희생되었다. 이렇게되어 예산 전 지역이 동학농민군에 의해 점령되었고, 유회군을 모집하여 보냈던 대흥과 예산의 수령들은 미리 겁을 먹고 홍주성으로 급히 도피했다는 기록이 보인다.

1894년 11월 6일에 이두황군이 동학농민군 정토에 나선다. 신창 동학교도 임경화林京化·이문옥李文玉·차기성車己成·차도련車道練·차득윤車得允·이승실李升實·김보일金甫一·유진국兪鎭國이, 예산 동학교도 이판용李板用·이계춘李季春·김용산金龍山·김정기金正己·정봉산鄭奉山·원학도元學道를 체포하여 신례원역에서 포살했다.

내포 동학의 거두 박인호

내포 동학농민혁명사의 중심에 천도교 4세 교주 박인호가 자리한다. 박인호는 29세 때 예산읍 오리장터 주막에서 동학에 관한 소문을 듣고 동학이 이 시대의 민중을 바로 이끌 진정한 진리임을 확신하고 1882년에 동학에 입도한다. 1892년 광화문 복합상소 당시 소수疏首 자리에 사촌동생 박광호를 내세우고 참가하였으며, 이듬해에는 보은 장내리 집회에서는 덕의德義 대접주가 되어 참가했다. 박인호는 덕산 하포리를 중심으로 육임제의 접 조직 방식으로 포덕에 힘써 덕포德包라는 전국에서 가장 큰 교단 조직을 갖추게 되었으며, 내포는 물론 경기 지역인 진위·죽산, 심지어 경기 북부 지역인 연천까지 연원 조직 영역을 넓혔던 인물이다. 동학농민혁명 이후 동학이 천도교로 개편되자 의암 손병희에 이어 1908년 천도교 4세 대도주의 직을 승임하게 된다.

승전곡 전투, 일본군에 대한 유일한 승전 기록 당진

험한 협곡으로 일본군 유인

일본군과 관군이 내포의 동학농민군을 토벌하기 위해 내려온다는 소문을 들은 덕포·예포의 동학농민군 지도자 및 아산의 안교선 대접주는 태안에 모여 대책을 논의하게 되었다. 이때는 전라도의 전봉준이 이끄는 동학농민군과 충청도의 손병희가 이끄는 동학농민군이 논산에서 합진하여 공주성 공략을 위해 북상하고 있었다.

신창·아산을 비롯한 충청 서북부 지역 동학농민군은 해미 여미벌에 집결했다. 동학농민군은 북상을 시도하기 위해 덕산 방향보다 위험 부담이 적고 세 규합이 쉬운 면천 방향을 선택한다. 승전곡은 비교적 험한 협곡이어서 이곳 지리에 밝은 동학농민군에게 유리한 지형이라 여기고 선점했다.

승전곡 전투, 일본군을 상대로 승전

홍종식과 조석헌의 『역사』에도 승전곡 전투에서 일본군이 대패한 상황을 기록하고 있지만 상세하지 않다. 승전곡 전투를 조석헌의 기록과 일본군의 기록을 종합하여 재구성해 보면 다음과 같다.

승전곡 전투
동학농민군이 신무기로 무장한 일본군을 상대로 한 전투에서 유일하게 승리를 거둔 승전곡 전투는 동학농민군이 지형지물을 십분 이용하여 거둔 것으로, 이를 계기로 동학농민군은 관작리 전투의 승세를 이어갔다.

右金性元에對ㅎ는私捆人塚ㅎ
事의公訴에由ㅎ야此를審理ㅎ니被告는
開國五百三年七月에唐津郡에서東徒에
投人ㅎ야同郡居ㅎ는孫炳一의妻塚이不
當禁ㅎ는地어늘被告의山이라稱ㅎ고潛黨
私捆ㅎ야시니其事實은孫炳一의告訴와

判決宣告書
忠清南道唐津郡居
被告
平民
金性元
年四十六

**당진 고을 동학교도
김성원의 판결문**
이처럼 동학 지도자
중에는 전혀 행적이
알려지지 않은 인물
이 많다.

"산상에 포진하고 있던 2만여 동학농민군과 계곡으로 공격해 들어오던 80여 명 정도의 일본군이 12시 30분부터 3시 30분까지 약 3시간에 걸쳐 공방을 거듭했다. 신식 무기로 무장한 일본군은 동학농민군을 얕잡아보고 좁고 깊은 계곡을 따라 공격하여 들어왔다. 일본군이 계곡 아래 능선에 있던 동학농민군은 쉽게 물리칠 수 있었으나 산상에 배치된 동학농민군을 당해 낼 수가 없었다. 일본군은 동학농민군의 집중 공격을 받게 되자 장비까지 버려두고 면천읍으로 달아났다. 동학농민군이 맹렬하게 추격하자 합덕으로 퇴진했다가 마침내 26일(양 22일)에 홍주성으로 후퇴했다."

승전곡 전투는 동학농민군이 산악을 이용한 유격전으로 신무기로 무장한 일본군을 물리친 유일한 전투였다.

승전곡에서 승리한 동학농민군은 25일에 기세당당하게 예산군 고덕면 구만리까지 진출하고, 저녁에는 신례원新禮院 뒤 관작리 들판에 진을 치고, 이곳에서 또 다시 승리를 거둔다. (상세한 내용은 예산 편 참조)

동학농민혁명사의 분수령이 된 홍주성 전투 **홍성**

홍성지방은 동학농민혁명 초기인 4월부터 동학교도들이 집회를 열어 각별한 위세를 떨치고 있었다. 홍주성 전투는 장차 남북접 연합군이 서울을 향해 올라갈 교두보를 확보하는 중요한 전투였다. 그러나 홍주성 전투 패배로 내포 동학농민군이 치명타를 입었고, 결국 동학농민혁명사가 내리막길로 접어드는 분수령이 되었다.

초기부터 동학 교세가 성했다

홍성 지역의 동학 지도자로는 김영필·김두열·한규하 등이었다. 홍성의 동학교도는 동학농민혁명 초기인 4월부터 집회를 벌여 위세를 떨치고 있었다. 기록에, "7월로 접어들면서 동학농민군이 재봉기하여 읍내는 물론 인근 지역이 동학 주문 외는 소리로 넘쳐 났을 뿐 아니라 심지어 이교吏校와 노령奴令들도 동학에 가입했다."고 한 데서 당시 홍성 지역 동학 교세를 짐작할 수 있다.

충청감사 조병호도 관군을 소요 지역에 급히 파견하려 했지만 감영군 충원이 뜻대로 되지 않아 방치하고 있었다. 사정이 이렇게 되자 "홍주 목사 이승우는 7월 13일부터 관내의 치안 질서를 복구

홍주성 전투 1
동학농민군은 승전곡에서의 승리와 신례원 관작리의 대승으로 사기가 오를 대로 올랐으나, 화력이 앞서는 관·일본군과 맞선 홍주성 전투에서는 크나큰 패배로 귀결되었다.

하고 동학농민군을 해산할 계획으로 홍주 및 인근 지역의 동학접
주들을 불러들여 해산하도록 설득했지만 뜻대로 되지 않았고, 8월
19일까지도 성 안에는 동학농민군들로 가득 차서, 접주들은 말을
타고 거리낌 없이 다녔다."고 하여 7, 8월의 홍주는 지배층과 동학
교도 사이에 긴장감이 감돌고 있었음을 보여준다.

긴박했던 홍주성 전투

세성산과 홍주성
목천의 세성산이 공주 동북부에서 관·일본군의 전력을 분산시킬 요충지였다면 홍주성은 공주성 서북쪽에서 그 역할을 할 요충이었고, 동학농민군이 서울로 진격할 때 후방을 확보한다는 의미도 컸다.

10월 27일, 박인호 대접주가 이끄는 동학농민군은 신례원 관작리
전투와 덕산에서 연거푸 승리를 거둔 뒤 홍주성을 향해 진군했다.

당시 홍주성은 동학농민군이나 관군 쪽 모두 중요한 의미를 지
니고 있었다. 동학농민군 입장에서 보면 공주성 방어하러 내려오
던 관·일본군 전력을 홍주로 분산시킬 수 있고, 동학농민군이 홍
주를 차지하면 장차 남북접 연합군이 서울로 올라갈 교두보를 확
보하는 중요한 전투였다. 그러나 관·일본군은 21일 목천 세성산에
서 격파한 동학농민군 잔여 세력을 추격하기 시작했고, 패배한 일
부 동학농민군은 쫓겨서 내포 지역 동학농민군에 합류했다.

한편 일본 토벌대는 내포의 동학농민군이 공주성으로 향하는
발목을 잡는 일이 시급해서 홍주성 지키기가 여의치 않으면 동학
농민군을 성 안에 가두고 장기전에 돌입할 계획을 세우고 있었다.

박인호 대접주는 예산 관작 전투로 관군의 전력이 큰 타격을 입
어 홍주성의 전력이 크게 약화되었다고 판단하고 곧장 홍주성 공
략을 위해 진격했다.

10월 28일, 동학농민군은 홍주 성문 밖 향교촌 뒤편에 진을 치고

적군에게 노획한 신무기로 총공격을 개시했으나 관·보부상대·일본군 연합 세력이 완강하게 항전함으로써 피아간 팽팽한 공방전이 계속되었다. 성 안팎에서 서로 퍼붓는 총과 포탄 터지는 소리가 천지를 진동하고 화약 냄새가 코를 찔렀다. 이렇게 치열하게 공방전이 계속되는 동안 수십 명의 동학농민군 사상자가 나자 점차 사기가 떨어져 가고 있었다. 동학농민군 쪽에서는 후퇴를 고려하지 않을 수 없었다. 당시 일본군 측 기록에 의해 전황을 재구성해 보면 다음과 같다.

…10월 28일 오후 4시 동학농민군은 덕산 가도 좌측의 고지를 점령하고 4시 25분에는 그 한 부대가 빙고치(현 홍성읍)를 향해 전진하고 있었다. 400m 밭두둑에 이르렀을 때 빙고치 위의 일본군이 몇 차례의 집중사격을 가하자 동학농민군 수 명이 쓰러졌다. 동학농민군은 주춤하다가 다시 전진해 왔다. 빙고치의 일본군은 중과부적으로 서문 좌측으로 후퇴하여 접근해 오는 동학농민군을 향

홍주성 전투 2
홍주성 전투는 관·일본군의 우세한 화력이 위력을 발휘한 전형적인 전투였으나 동학농민군도 춘암 박인호의 일사불란한 지휘 아래 체계적으로 전투에 임했다. 관·일본군의 위력적인 무력에 속수무책이었으나, 당당히 맞서 싸운 점은 특기할 만하다.

해 사격했다.

　북문의 일본군은 덕산 가도 서쪽에서 접근해 오는 고지의 동학농민군을 3회에 걸쳐 집중사격을 가했다. 동학농민군이 놀라 2대로 나누어 도로 동쪽 숲속으로 들어갔는데, 이때 북문의 홍주 관군이 대포를 쏘고 아울러 동북쪽에서 집중사격을 가하니 동학농민군의 공격이 주춤해졌다. 그런데 동학농민군의 한 부대가 동문 전방 600m쯤 떨어진 숲속에서 전진해 오며 방화하니 불길이 치솟고 성 밖 100m까지 접근하며 총공격을 가해 왔다. 따라서 온 병력을 동문으로 집결하여 응전했다. 밤이 되자 동학농민군은 더욱 맹렬하게 성 밖 40m까지 대포를 끌고 와서 동문에 난사하여 격전이 계속되다가 7시 30분쯤 포성이 멎었다….

　위의 상황을 종합하면 동학농민군은 몇 차례 승전으로 사기가 올라 있었으나 신무기를 갖추고 체계적으로 훈련된 일본군에 의해 패하고 만 것이다.

최후의 승부처 해미성
홍주성 공략에서 패퇴한 동학농민군은 해미성에 웅거하며 장기전에 대비했지만, 또다시 기습해 온 관·일본군과 하루 동안 접전한 끝에 패하고 매현으로 물러났다. 이로써 내포 지역의 동학농민군은 실질적인 전력을 상실하게 된다.

홍주의사총은 동학농민군총이다

기록에 의하면 홍주성 전투 때 동학농민군의 시체가 동문 밖과 숲속에 쌓였다고 했다. 게다가 홍주성 전투에서 생포된 동학농민군 수백 명이 북문인 망화문望華門에서 처형되었다. 그렇다면 그 많은 시신들을 어디다 치웠을까. 일본 측 기록에 "홍주성에 참여한 동학농민군은 약 3만 내지 5만 명이었으며, 전사자는 200여 명이었다."고 하여 비교적 사망자 숫자가 사실적이다. 따라서 당시의 전투 상황으로 보아 현재 홍주천변에 있는 '의사총'은 당시에 희생

된 동학농민군총일 가능성이 크다. 당시 관·일본군은 동학농민군의 가족까지 색출하여 참살하던 때라 시신을 찾아 장사 지낼 엄두조차 내지 못한 채 방치되었고, 1906년 의병 전투 희생자의 경우는 시신을 찾아가게 한 점이 이를 뒷받침한다. 실증적인 사료를 바탕으로 역사적 진실이 바르게 규명되어야 한다.

홍주성 안 홍주아문
홍주성은 동학농민혁명 초기에 동학농민군이 점령했으나 이후 홍주성의 주도권을 두고 치열한 공방전을 벌였다.

홍주성 전투 뒤에도 전투 여력이 있었다

홍주성에서 물러난 내포의 동학농민군은 천혜의 요새 해미성으로 들어왔다. 이때에도 동학농민군은 전투력이 완전히 상실된 상태가 아닌 것으로 보인다. 현대식 훈련을 받은 일본군의 신무기 앞에 어쩔 수 없이 패배했지만, 동학농민군은 여전히 천혜 요새인 해미성을 지켜 낼 만한 여력이 있었던 것이다. 해미 동쪽 가야산 일락

**홍주의사총은
동학농민군총이다**
홍성군 홍성읍 대교
리에 있는 홍주의사
총은 현재 공식적으
로 1906년의 2차 의
병전쟁 당시 순국한
의병의 무덤으로 알
려져 있으나, 실제로
는 동학농민혁명 당
시의 희생자들의 유
해가 묻힌 것으로 보
인다.

치로부터 기습해 온 관·일본군과 하루 동안 접전한 끝에 비록 패
하기는 했지만, 당시 빼앗긴 무기 및 물자를 보면 상당한 전투 능
력을 갖추고 있었음을 알 수 있다.

그 당시 관군이 노획한 무기류는 "불랑기佛狼機 11대, 대포 4문,
자포총子砲銃 22정, 천보총千步銃 10정, 조총鳥銃 43정, 창 85자루, 칼 9
개, 대정大鉦 3개, 소쟁小錚 3개, 북(大鼓) 2개, 포환砲丸 130발, 장전長箭
4개, 연환鉛丸 6살자, 함초화약陷硝火藥 500근, 침수기侵水器 8개, 수연
통水煙桶 4개, 말(馬) 8필, 당나귀(驪) 5필, 소 52두" 등으로, 여전히 막
강한 물자로 전투력을 지니고 있었다. 동학농민군 지도자들은 해
미성 전투에서 장비를 제대로 수습하지 못하고 후퇴한 것을 두고
땅을 쳤을 것이다.

어쨌건 홍주성 전투 패배로 내포 동학농민군이 치명타를 입었
고, 해미성 패퇴로 결국 내포를 비롯한 온 나라의 동학농민혁명의
전세가 내리막길로 접어들게 된다.

내포 동학농민혁명의 횃불이 타오른 곳 서산

군아 점령, 군수와 이방 처형

서산 동학농민군은 태안과 같은 날인 10월 초하룻날, 군아를 습격하여 군수 박정기朴鉦基 이방 송봉훈宋鳳勳을 율장촌에서 참수하고, 창고를 열어 그동안의 수탈로 쌓아 놓은 식량을 빈민들에게 골고루 나누어 주었다. 이렇게 동학농민군이 서산과 태안에서 승전하여 기세가 오르자 동학에 입도하는 사람이 폭발적으로 늘었다.

승전곡은 내포 동학농민군의 승전 터

10월 22일, 서산 태안 지역에서 봉기한 동학농민군이 집결하여 이동을 시작하여 23일에는 해미면 귀밀리에 진을 쳤다. 그러자 근동의 동학농민군이 대거 합류했고, 24일 오후 5시경 해미 승전곡에 이르렀을 때 미리 잠복 중이던 관군 500명, 유회군 수천 명, 일본군 400명과 마주치자 잠시 후퇴하여 골짜기로 유인한 뒤, 치열한 접전을 벌인 끝에 동학농민군이 대승을 거두게 된다. (당진 편 참조)

　당시 충청도 내포 전투를 지휘한 주요 동학농민군 지도자로는 태안 김병두金秉斗, 안면도 주병도朱炳道·최동빈崔東彬, 서산 장세화

장세화張世華
갑오년 3월에 대정이 되었으며, 그해 10월 박인호의 기포령에 호응하여, 면천·당진·덕산·홍주성 전투에 참전하였다. 동학농민혁명 이후 접주, 교수, 천도교 서산군교구 교구장 등을 역임하였으며, 1926년에 환원했다.

제3부 충청남도 **169**

해미성 전투와 군수품

홍주성-해미성 전투는 여러 측면에서 세성산 전투와 성격이 유사하다. 공주를 중심으로 관·일본군의 전력을 분산할 요충지였다는 점, 전투 후에 동학농민군이 상실한 무기와 각종 군수품이 충분히 남아 있었다는 점이 그렇다.(서산 군아 터)

張世華, 당진 박용태朴容台 김현구金顯玖, 홍성 김주열金周烈·한규복韓圭復, 면천 이창구李昌九, 남포 추용秋鏞, 신창 김경삼金敬三·곽원郭元·정태영丁泰榮, 덕산 이종호李鐘浩·최병헌崔秉憲 등이다.

홍주성 패배한 뒤 해미 일락치 전투

홍주성 전투에서 패한 동학농민군은 11월 5일 천혜의 요지인 해미성으로 들어왔으나 11월 7일 새벽에 이두황군이 일락치日落峙 쪽에서 기습해 오면서 전투가 시작되었다. 해미성에서 일진일퇴의 격전이 하루종일 계속되었다. 결국, 동학농민군은 사상자가 속출하여 후퇴하지 않을 수 없었다. 해미성 전투에서 동학농민군은 가지고 있던 무기도 제대로 수습하지 못한 채 도주한다. 이에 관군은 북쪽으로 패주하는 동학농민군을 추격하여 40여 명을 사살하고 10여 명을 생포한다.(일부 내용은 홍성편과 중복) 5백여 명의 다른 동학농민군 부대는 남쪽으로 10여 리 후퇴하여 저성리猪城里에 집결했다. 휴식을 취하며 대오를 점검하고 있을 때 추격해 온 관군과 다시 접전

이 벌어졌다. 동학농민군은 다시 전황이 불리하게 전개되자 태안 매현으로 후퇴했다.

마지막 매현 전투

11월 8일 저녁 8시, 동학농민군은 매현에 진을 치고 있었다. 이때 이두황이 이끄는 관군이 또 기습을 했다. 동학농민군은 사력을 다하여 항전했다. 이렇게 두어 시간쯤 접전이 계속되었는데, 역시 동학농민군 쪽의 전세가 불리하게 돌아가고 있었다. 바로 이때 동학농민군의 진중에서 예상치 못한 화약이 폭발하여 천지를 진동하고 화약 연기가 앞을 가려 지척을 분간할 수 없었다. 이로 인해 피아간 모두 당황했으나, 동학농민군은 연막을 이용하여 사방으로 흩어져 도주했다. 당시 이 전투에서 관군에게 빼앗긴 동학농민군의 무기는 대포 1문, 천보총 7정, 조총 7정, 창 16자루, 광검光劍 1자루, 칼 1자루, 포란砲卵 1되, 쟁錚 4개 등이다.

　매현 전투지는 현재의 서산군 인지면 화수리로 추정된다. 관 기

매현, 최후의 전투
오늘날 서산군 인지면 화수리 매봉재(매현) 일대에서 전개된 전투는 피아간 공방전이라기보다 일방적인 수세에 몰린 동학농민군의 최후의 전투라고 할 수 있다. 이 전투에서 동학농민군은 가지고 있던 화약이 폭발한 틈을 타 관군이 기습했고, 동학농민군은 태안 해안 방향으로 달아났다.

**참혹한 보복,
학살의 시간**
내포 지역의 전투를
주도했던 이두황이
이끄는 관군 주력은
매봉재 싸움을 끝으
로 동학농민군 잔여
세력 토벌을 지역 지
방군과 유회군(儒會
軍)에게 맡기고 공주
성 전투를 위해 급히
회군하였다. 전투에
서 패한 동학농민군
에 대한 유회군의 보
복 실상은 참혹한 것
이었다. (해미성)

록에 "해미에서 패한 동학농민군 수백 명이 노지면 수현리에 집결
했으나 패했다."와 "저녁 먹을 때쯤 싸움이 시작되어 초저녁에 동
학농민군이 완전 패했다."는 두 기록이 보이는데, 필자가 취재할
당시(1994년) 매봉재 아래에 살던 김현욱 옹(당시 84세)의 증언 내용이
기록과 거의 일치하고 있었다. 최근 일부에서 매봉재가 음암면 신
장리라는 이견도 있지만 필자의 견해로는 인지면 화수리 매봉재
가 맞다. 또 다른 이유를 들면, 태안 출신이 많았던 동학농민군은
낯선 지역보다 고향으로 돌아가려 했을 것이다. 즉 다급하게 쫓기
는 동학농민군이 당진 방향인 음암면 신장리로 갔다는 견해는 설
득력이 없어 보인다.

이두황군은 이 매봉재 싸움에서 서산 동학농민군 박치용朴致用 외
29명을, 해미 동학교도 김지희金芝凞 등 5명을 포살했다는 기록이 실
증적으로 남아 있다. 다음날(11월 10일)에는 대흥읍에서 장일관張一官
강도석姜道石 등 19명을 포살한다. (부록1 〈지역별 동학농민군 정토 기록-충청,
서울·경기 편〉 참조) 이두황은 유회군에게 참살 임무를 맡기고 급히 공
주로 회군했다. 그 뒤로 서산에서도 태안과 같이 유회군이 동학교
도를 색출하여 작두 참살이라는 참혹한 피의 보복이 자행된다.

호서 해안 지방 동학농민군의 저항과 좌절 태안

태안의 동학농민혁명사는 ① 경주로부터 직·간접으로 유입된 동학 포교사 ② 9월 재기포를 전후한 관아 습격 ③ 관군과 일본군 유회군儒會軍의 동학농민군에 대한 잔혹한 토벌전을 들 수 있다.

태안읍 백화산 어귀 교장絞杖바위 아래에는 전국에서 가장 먼저 동학농민군 위령탑이 세워졌다.

최형순 대접주와 방갈리 문씨 일가에 의해 동학이 전파되었다

태안 지역의 동학은 장현리 최형순崔亨淳이 경주 최씨로, 경주에 시제를 다니면서 1890년에 최시형으로부터 직접 동학을 전수 받아 포덕한 것으로 알려졌다. 최형순 대접주의 포덕으로 서산 태안에 동학이 들불처럼 번져갔다. 최형순 대접주는 애석하게도 1892년에 병사했고, 이듬 해에 예산의 박희인이 그릇 장수로 변장하여 방갈리에 들어와 조운삼曹雲三·문장준·문장로·문구석 등을 입도시킨다. 태안 지역에 동학교도가 성할 수 있었던 까닭이 뭘까. 너른 들판을 끼고 있으며, 풍부한 어장을 갖추었고, 중국의 장사꾼 사신들의 출입이 빈번했던 항구인 까닭으로 많은 배가 드나들면서 그

백화산 동학농민군 위령탑

백화산에 집결한 동학농민군은 태안 군아를 들이쳐 갇혀 있던 동학교도를 구출하면서 태안은 한때 동학 세상이 되었다. 그러나 홍주성 전투 이후 수세에 몰린 동학농민군은 이 백화산 교장바위에서 처참하게 학살되며 바위를 피로 물들여야 했다.

만큼 수탈도 극심했기 때문이다.

30여 명의 동학두령이 태안군아 옥에 갇혀 있을 때에도 "방갈리 문장로文章魯의 집에는 접주 장성국·김군집·최맹춘·안재엽·문장준, 도집 문장혁이 모였다."는 기록이 보인다. 접주 6명이 모인 사실은 이 지역의 동학 교세가 그만큼 막강했음을 알 수 있다.

9월 그믐날, 방갈리 포구에 동학교도 집결, 관아 습격

태안 지역 동학 활동은 조석헌 문장준이 서술한 『역사』에 비교적 소상하게 전해지는데, 이에 따르면 당시 관아의 동학교도에 대한 탄압이 어느 지방보다 가혹했다. 일찍부터 동학교도의 활발한 움직임을 감지한 태안군수 신백희申百熙는 중앙정부에 군사를 요청하였고, 순무사 김경제金景濟가 내려와 진두 지휘하여 동학 두령급 30여 명을 옥에 가두어 가혹한 매질로 생사를 넘나드는 참혹한 지경이 되었다. 게다가 동학농민군 지도자를 처형하겠다는 소식이 알려지자 위기에 처한 동학교도는 급박하게 구출에 나서게 된다.

9월 그믐날, 아산 포구를 떠난 수십 척의 배가 방갈리 포구(학암포)에 닻을 내리고, 미리 기다리던 방갈리 동학도들이 이에 합세했다. 기수대장에 안현묵, 서부대장에 박정백, 북부대장에 이치영으로 미리 대오를 치밀하게 편성해 놓았다. 동학농민군은 밤새 걸어서 오십여 리 떨어진 태안 뒷산 백화산으로 숨어들었다.

이튿날, 장터에는 원북면 방갈리에서 온 동학농민군뿐만 아니라 이원면 포지리, 근흥면 수룡리, 남면, 안면도 등 사방에서 동학교도가 모여들었다. 박희인 대접주의 함성을 시작으로 성난 동학

태안 동헌의 초기공방전
동학농민혁명 초기인 10월초, 태안에서는 옥에 갇힌 동학농민군을 구출하기 위해 태안 동헌을 급습하는 작전이 펼쳐졌다. 그 결과 동학농민군을 구출한 것은 물론 군수 신백희와 순무사 김경제 등을 체포하여 목을 베었다.

태안 동헌을 둘러싼 공방전과 참혹한 보복살상전은 역사에 충분히 밝혀지지 않은 더 깊은 이면사가 있음을 짐작케 한다. (목애당. 태안 동헌의 한 건물로, 동학혁명 당시 동학교도 탄압의 중심 장소였다.)

도들이 군아에 몰려가 옥에 갇혀 있던 동학교도들을 구출하고 군수 신백희와 순무사 김경제 및 군아 관원의 목을 쳤다. 태안 동학농민군의 기포는 이렇게 파죽지세의 승리로 시작되었다.

태안은 동학 세상

태안 군아를 치던 날, 서산에서도 관아를 공격하여 군수 박정기와 이방 송봉훈을 참수하고 인부를 압수했다. 문서를 불사르고 군기와 재물과 곡식을 접수하여 진을 치니 태안 서산 지역은 일시에 동학 세상이 되었다. 22일에 태안 동학농민군은 태안읍을 출발하여 서산을 경유하면서 점차 수가 늘었고, 해미면 귀밀리에 진을 치면서 다시 동학농민군의 수효가 늘어서 동학농민군의 사기가 하늘을 찌르고 있었다. 해미 승전곡에서 관군 일본군 유회군으로 형성된 연합군과 치열한 접전을 벌여 대승을 거두고, 신례원 관작리 전

투에서 다시 대승을 거둔다. 그러나 홍주성에
는 신식 무기로 무장한 일본군이 기다리고 있었
다. (이하 예산, 홍성 편 참조)

관군의 추격 · 토벌전

홍주성 전투에서 크게 패한 동학농민군은 쫓기
기 시작하고, 관군 일본군 유회군의 전공戰功 다
툼의 숨가쁜 추격전이 전개된다. 동학농민군은
해미 구산성과 저성에서, 서산 매현梅峴에서 연
달아 패한다. 태안으로 돌아왔으나 관 · 일 · 유

**조석헌의
역사 북접일지**
서산 출신의 동학 접
주 조석헌曺錫憲이
1894년부터 1918년
까지 자신이 경험한
내용을 정리한 일기.
1908년에 정리한 초
고본, 1931년에 이를
다시 정리한 개정본
이 있다. 2006년, 문
장준 역사를 포함하
여 현대어본이 발간
되었다.

회군의 습격을 받아 수많은 동학농민군이 포로가 되었고, 백화산
'교장바위'에서 교수형 · 총살형 타살로 바위를 피로 물들였다. 이
싸움 끝에 살아남은 동학농민군은 사방으로 흩어져 쫓기게 된다.

가혹한 관의 보복 탄압

"태안군 장작리에 사는 윤씨 부인은 남편이 동학한 죄로 읍북邑北
사정전射亭前 개구랑목에서 총살당했다는 소식을 접한다. 윤씨는
남편의 시체를 거두어 하관하고 나자 곁에서 미처 말릴 틈도 없이
무덤에 뛰어 들어 자결했다." 이는 동학의 후신인 천도교 교인이
쓴 동학소설 「동학군의 아내」의 일부 내용으로, 실화소설이다.

태안 서산 지방 답사 때 잔혹한 '작두 참수'斬首라는 역사의 현
장을 만나게 된다. 동학농민혁명 당시 홍주성 전투에서 관 · 일본
군에 패한 동학농민군은 서해안 쪽으로 쫓기면서 수 차례에 걸쳐

학살을 당하게 된다. 태안 군아를 중심으로 태안여고 앞 개울의 '개구랑목 시체더미' 뿐만 아니라 샘골 마을, 남문리 냇가, 정주내 등 여러 곳에서 관·일본·유회군의 살육 방화, 부녀자 겁탈 등 가혹한 보복이 자행되었다고 전해진다.

태안과 서산 일대의 동학농민혁명 상황을 상세히 알 수 있게 된 데에는 조석헌 접주가 남긴 '북접일기'가 큰 몫을 했다. 동학농민혁명의 당사자인 동학농민군 자신이 직접 남긴 역사 자료가 거의 전무한 상황에서 '북접일기'는 동학농민군 입장에서 바라본 혁명의 전개 과정을 실증적으로 들여다 볼 수 있게 해 준다.

작두 참수
서산 태안 지역의 극단적인 공방전은 "작두 참수"라는 데서 절정에 이른다. 관군과 유회군은 관에 공적을 보고하기 위해 동학농민군의 머리를 작두로 잘라 동학교도의 집에 보관했다는 섬뜩한 이야기가 전해온다. 당시에 사용했던 작두는 지금 독립기념관에 보존되어 있다.

조석헌은 충남 서산군 원북면遠北面 신두리薪斗里에서 태어나 1894년 3월에 동학에 입교하고, 5월에 접주가 됐으며 10월에는 태안에서 농민군을 이끌고 봉기하여 승전곡勝戰谷, 신례원新禮院, 홍주성洪州城 전투 등에 참가하였다. 이 일기에는 1894년 10월 태안과 서산 농민군이 기포하는 과정, 승전곡 전투 등 여러 전투 상황, 1895년 이후 최시형의 피신 과정과 동학교단 지도부의 동학 재건 활동, 1906년 이후 충남 서부지역의 천도교 활동 등이 상세하게 기록되어 있다. 조석헌은 혁명 이후에는 천도교 신앙 활동을 계속하고 있어, 혁명 이후 동학농민혁명 참여자들이 어떻게 삶과 운동을 계속했는지도 알 수 있게 해 준다.

참혹한 작두 참수 곳곳에서 자행

관군은 근흥면 수룡리 토성산土城山 전투에서는 수많은 동학농민군을 학살하고, 자신들의 전공을 증명하기 위해 작두로 머리를 잘라

이 지역 동학교도의 집에 보관했다는 끔찍한 증언을 동학 후손 이
태화(75세) 노인이 들려주었다. 당시 동학농민군의 목을 자르는 데
사용했던 작두는 현재 독립기념관에 보관되었다.

이원면 사창 3리 '목네미샘'에도 목이 없는 동학농민군 시신을
오랫동안 방치했다. 이보다 2km쯤 떨어진 관리의 '통개'에서도
78명의 동학농민군이 관군과 유회군에 의해 학살되었다.

한편, 그 해 12월 13일 순무영 일지에 따르면 유규희兪圭熙·최성
서崔聖西·최성일崔聖一·안순칠安順七·피만석皮萬石을 생포하여 압송
했다는 기록이 나온다.

사단법인 갑오동학농민혁명태안군기념사업회에서는 태안·서
산 지역의 동학 희생자 290명의 명단을 작성했다.

공주 동학농민혁명사의 정점이 된 공주성 전투

공주의 동학 활동
공주의 동학 연구는
'공주성 전투'에 집
중되어 있으나 1883
년에 공주 접중에서
최제우가 남긴 '동
경대전' 목판본을
간행할 정도로 교세
가 컸다. 또 1892년
에는 동학농민혁명
의 시효가 된 '공주
취회'(1892)가 개최
되었다.

『동경대전』 간행, 공주취회 그리고 공주성 전투

1881년 무렵, 해월 최시형이 단양에 피신하고 있을 때 충청도 동학 지도자들이 최시형을 찾아오는데, 공주의 윤상오尹相五라는 인물이 끼어 있었다.

1883년에는 공주 접중에서 주관하여 『동경대전』(癸未 仲夏版)을 간행할 정도로 이 지역의 교세가 막강했다. 공주 달동 장준환 접주의 활동이 특히 두드러져 시민운동의 효시가 된 공주취회(1892)가 있었다. 그리고 동학농민혁명 초기에는 공주목 관할 여러 지역에 집강소가 설치되기도 했다.

무엇보다 공주에서는 동학농민혁명사의 최대 고비가 된 공주성 전투가 있었다. 공주성 공략을 위한 우금티 전투 패배는 동학농민혁명이 막을 내리는 사건이 되었고, 동학농민혁명이 끝난 이듬해인 1895년에 이 지역의 동학 지도자 임기준任基準·홍재길洪在吉이 서울에서 재판을 받았다.

공주 가섭사에서 육임제 구상

공주군 사곡면 구계리에서 가파른 산길을 따라 2km쯤 올라가면 가섭사라는 암자가 나온다. 1884년 10월에 최시형이 손병희·박인호·송보여 등 세 사람의 제자를 대동하고 21일 간의 기도를 위해 이곳에 왔다. 한 해 전 박인호가 49일 기도를 한 곳이라 그가 주선한 것이다.

최시형은 가섭사에서 뒷날 도통을 이어받을 후계자 손병희에게 솥을 걸게 한 뒤 허물고 또 허물어 아홉 번을 새로 걸게 하여 인내하는 사람됨을 시험하였으며, 동학의 기본 조직인 육임제六任制를 구상했다.

시민운동의 효시, 공주취회

공주의 교조신원운동은 최시형의 지시에 따라 1892년 10월 20일부터 1천여 명의 도인들이 공주 의송소에 모여 전격 단행되었다. 이날 동학교도가 행렬을 갖추고 서인주와 서병학의 지휘에 따라 당당하게 공주 관아로 들어가 의송단자議送單子를 통해 창도주 최제우의 신원伸冤을 소청했다. 의송단자를 받은 충청감사 조병식은 여러 모로 생각한 끝에 이틀 뒤인 22일에 제음題音을 보내왔고, 24일에는 각 읍 수령들에게 감결甘結을 시달했다. 그 요지는 "나라에서 정한 동학 금단 조치는 나의 권한 밖이라 제외하고 여타 사항들은 동학교도의 요구대로 들어 주겠다."는 내용이었다.

공주취회와 보은취회 이후부터 내포 일대에 동학교도의 입도자가 폭발적으로 늘어가고 있었다. 당시 이 지역 분위기를 『대교김

가섭사와 손병희
최시형은 가섭사에서 손병희 등 제자들과 49일 기도를 했다. 이때 해월은 손병희로 하여금 솥을 아홉 번 다시 걸게 했다. 의협심이 강하고 강골인 손병희에게 필요한 인내심과 공경하는 태도를 기르게 한 것이다.

씨가갑오피란록』大橋金氏家甲午避亂錄에서 잘 전하고 있다. 곧, "소위 동학은 보은취회 이후에 그 치열한 모습은 달이 다르고 때가 다르게 마을마다 접이 만들어져 사람마다 주문 읽는 기세가 타오르는 불길과 같았고 물결치는 조수와 같았다."고 했다.

충청 호남 동학 연합군, 공주성 압박

동학의 기치 산맥을 이루다
우금티를 꼭지점으로 하여 에워싼 능치−성화산−소학산으로 이어지는 능선에는 20여 리에 걸쳐 동학농민군의 기치와 횃불이 산맥을 이루어 기세를 올렸다. 전봉준과 손병희의 연합군 군세는 사상 최강이었다. 그러나 신무기로 무장한 관·일본 연합군의 전력도 역대 최강으로 맞섰다.

논산 소토산에 지휘소를 둔 충청·호남 동학연합군은 두 부대로 나누어 공주성을 향해 진격했다. 전봉준 부대는 논산 초포에서 노성과 경천점을 거쳐 공주 동쪽을, 손병희의 부대는 이인을 거쳐 공주 서쪽으로 진격했다. 이와 동시에 동북쪽 한다리에서는 옥천 동학농민군이 진을 쳐서 호응하고, 북서쪽 유구에서는 최한규 부대가 진을 쳤다. 바야흐로 동학농민혁명군이 공주를 포위 공격하는 형태를 갖추고 있었다. 당시 동학농민군의 공주성 공략이 동학농민혁명 성패의 갈림길이었고, 관군이나 일본군도 공주성이 함락되면 곧바로 서울이 위험하다는 인식으로 배수진을 치고 있었다.

1차 효포·능치 싸움에서 동학농민군 패배

노성에서 월암리·봉명리 능치(널치, 웅치)를 지나 우와리 앞산에 이르는 지역은 당시 치열했던 전쟁터다. 당시 일본군 모리오 대위의 기록에 따르면 "능치-성화산-소학산으로 이어지는 능선과 높은 봉우리 20여 리에 걸쳐 동학농민군의 깃발과 횃불이 내걸려 밤낮없이 공주성을 압박했다."고 하여 당시 동학농민군의 막강한 위세를 전하고 있다. 능치 너머에 평평한 마당이 있는데, 당시 동학농

우금티 '동학혁명기념탑'

'공주성 전투'의 역사는 이미 잘 알려졌지만, 최시형이 공주 가섭암에 은거한 사실과 공주 지역에서 활약한 동학 지도자의 행적, 최초 민중 집회인 공주취회에 대한 연구는 아직도 미흡한 편이다. 이 기념탑은 박정희 군사정권에 의해 세워졌다.

**우금티,
한이 서린
역사의 고개**
우금티 동학혁명군
위령탑은 공주시내
를 내려다보는 위치
에 세워졌다. 우금티
를 넘지 못하여, 역
사의 새로운 장을 여
는 데 실패한 동학농
민군의 한을 풀어준
다는 의미로, 우금티
를 넘어 공주쪽 사면
에 건립한 것이다.

민군의 지휘소였다고 한다. 오른쪽으로 우금티와 왼쪽으로 능치
두 갈래로 갈라지는 산이어서 산 이름이 갈미봉인데, 당시 이 지역
은 온통 싸움터였다.

효포 능치 싸움은 10월 24일과 25일 이틀간 벌어졌다. 23일 저녁
동학농민군이 계속 포를 울려대자 24일 새벽 효포를 지키던 관군
이 퇴각한다. 이 틈에 동학농민군이 능치를 넘기 위해 공격을 개시
했다. 이 상황을 관군 기록에 "…포위망은 산길 40리에 걸쳐 사람
병풍을 두른 듯했고, 총과 창이 숲을 이루고 깃발은 능치에서 금강
에 이르는 넓은 뜰을 온통 덮었다."고 적었다. 그러나 일본군 신식
무기로 무장한 성하영·윤영성·백낙완 휘하 관군의 방어선은 쉽
게 뚫리지 않았다. 비를 뿌리고 날이 어둑어둑할 무렵에 겨우 싸움
이 멎었다.

25일에도 능치를 넘기 위한 공격이 계속되었다. 이른 아침 전봉

준은 홍색 덮개의 큰 가마에 올라 오색기를 흔들며 동학농민군을 지휘했다. 그러나 동학농민군은 모리오 대위가 지휘하는 일본군에, 전날 대교리에서 5천 동학농민군을 격파한 홍운섭 군이 가세하여 한층 막강해진 화력을 갖추고 있어서 뚫지 못했다.

결국 동학농민군은 경천으로 물러났다. 이 싸움에서 동학농민군 주검들이 산과 골짜기를 뒤덮었다고 하니 당시의 참상을 짐작할 만하다.

치열했던 우금티 마지막 싸움

11월 8일, 전열을 가다듬은 동학농민군이 다시 진격해 들어갔다. 주 공격로는 한마루→대실→삿대울(반송리)→발양→옥고개→오실→막골→우금티 였다. 당시 전황 기록에 "동학농민군은 산 위 각 요새에 포대를 설치하고 전면 공격에 나섰다. 경천 무너미 고개에서 수비하던 구상조 부대를 격파하여 능치로 후퇴하게 하였고, 이인 쪽에서는 성하영·백낙완 부대를 포위 공격하여 우금티로 몰아붙였다.

첫날 동학농민군은 주미산 아래 오실 막골까지 쳐들어가 진을 쳤다. 이때만해도 한달음에 공주성을 공략할 기세였다. 첫날 공격에 기세가 눌린 관·일본군은 최후의 방어선을 우금티→진막골(금학동)→곰티→효포→봉수대→견준산→감영 뒷산인 두리봉(주봉)으로 이어지는 물샐 틈 없는 방어선을 구축했다.

밤새도록 산 위에서 횃불을 밝히고 관군과 대치한 동학농민군은 11월 9일 날이 밝자 일제히 공격을 개시했다. 처음에는 동학농

우금티와 우금치
고개를 뜻하는 한자 치峙는 원래 우리 말인 '티'의 한자 표기를 위해 만든 글자. 우금티의 동학 역사를 살리고자 하는 사람들은 원래 우리말인 '우금티'로 부르자는 데 의견이 모아졌다. 이로써 우금티는 "역사적인 언어"가 된 셈이다.

민군이 승기를 잡는 듯했다. 그러나 일본군이 신무기인 회선포(기관총)를 10여 곳에 배치하여 무자비한 학살을 시작하면서 전세는 순식간에 반전된다. 사시(巳時, 오전9시) 쯤부터 시작된 전투는 미시(未時, 오후3시)까지 약 6시간 동안 동학농민군의 시체가 쌓여가면서 마무리되어 갔다. 전봉준은 공초에서 "2차 접전 후 1만여 명의 군병을 점고한즉 남은 자가 불과 3천 명이요, 다시 2차 접전 후 점고한즉 5백 명에 불과했다."는 말에서 당시 동학농민군의 희생 규모를 짐작할 수 있다. 공주성 전투는 이렇게 허망하게 막을 내렸다.

송장배미의 전설
오늘날 공주시 금성동 용못은 일명 송장배미로 불리는 곳으로, 우금티 전투 당시 주 공격로인 우금티 고개를 우회하여 공격했다. 그러나 동학농민군은 이곳 마저 패하여 못에 동학농민군의 시신이 쌓여 송장배미가 되었다.

공주 부근 정토 기록

공주 전투가 끝나고 나서 공주 부근 동학농민군을 정토한 기록을 보면 다음과 같다. (부록 〈지역별 동학농민군 정토 기록: 충청, 서울·경기 편〉 참조)

11월 3일, 공주영 옥에서 접주 설장률薛長律, 지봉석池奉石, 임학용林學用, 이천여李千汝, 이지환李之煥, 김운서金云西가 효수되었다.

11월 3일, 공주 달동達洞 접주 장준환張俊煥은 오위장五衛將 벼슬을 지낸 이상만이 이끄는 원당 원평리 동민들에 의해 체포되어 당일에 효수되었다. 이 공으로 이상만은 상금 250냥을 받았으며, 동네 사람들은 동포洞布를 감면 받았다.

11월 12일, 유구에서 우선봉군이 최한규崔漢奎, 강대숙姜大叔, 채동주蔡東周, 이인보李仁甫 등 27명을 학살하고 정산으로 이동한다.

11월 29일, 접주 최성록崔成祿, 지명석池明石, 최판석崔判石, 송두석宋斗石, 임원갑林元甲이 희생되었다.

12월 2일, 금동金洞 박인생朴仁生이 추가로 붙잡혀 희생되었다.

연기 · 전의

연기 · 전의 고을의 '동학8한'

연기와 전의는 각각 천안과 공주로 향하는 길목에 위치하는 고을이다. 공주 우금티 전투 후 주력부대가 남쪽으로 쫓겨가는 동안 공주 주변의 각 고을마다 동학농민군 참가자를 색출하여 처형하는 일이 끊이지 않았다. 연기 · 전의도 그 중 한 곳이다.

관의 보고에 "연기 · 전의 고을은 동학 8한漢이 있었다."고 할 만큼 일찍부터 이 고을 동학교도의 활동이 성했다. 그런 만큼 이 지역에서 토벌대의 활동도 잔혹하게 전개됐다. 10월 초순에 이두황 군이 연기 봉암동에 들어와 진을 쳤고, 이곳에서 높은정이(高亭里, 현 충남 연기군 남면 고정리) 출신 이진한李鎭漢 접주를 붙잡아 봉암동에서 포살했다는 기록이 전한다.

12월 20일에 전의 현감이 교졸을 출동시켜 동학농민군 두령 25인을 체포하여 모두 처형했다는 기록이 있는데, 전의 고을 답사에서 이 사실이 확인되었다. 그러나 기록으로 알려진 동학 접주는 최명규뿐이다. 연기 · 전의 고을 동학농민군은 주로 공주 전투와 목천 · 천안 등 근동의 세성산 전투에 참여한 것으로 보이지만, 아직이 지역의 동학농민군 활동에 관한 연구는 미흡한 편이다.

용시용활用時用活
1875년 최시형은 단양 송두둑에서 때時의 중요성을 강조하면서, '도道는 용시용활用時用活하는 데 있으니 때에 따라 나아가야 한다'고 하여 자신의 이름도 때에 따라 순응한다는 뜻으로 최시형(崔時亨, 초명 최경상)으로 고쳤다. 기록에 "대저 도는 용시용활 하는 데 있나니, 때와 짝하여 나아가지 못하면 이는 죽은 물건과 다름이 없으리라. 하물며 우리 도는 오만 년의 미래를 표준함에 있어 앞서 때를 짓고 때를 쓰지 아니하면 안 될 것은 스승님께서 가르친 바라, 그러므로 내 이 뜻을 후세 만대에 보이기 위하여 특별히 내 이름을 고쳐 맹세코자 하노라." 하였다.

회덕·진잠 충청도 최초의 동학농민혁명 봉기

**서장옥과
동학농민혁명**
동학농민혁명 1차
봉기는 '전라도 지
역'의 싸움으로만
이해되고 있으나, 충
청 전라 경계인 금산
진산, 충청도 회덕
진잠에서도 갑오년
3월에 동학농민군이
봉기하여 관아를 점
거했다.

서장옥의 주도로 봄부터 회덕·진잠 관아 점령

충청도 동학농민혁명사 연구에서 가장 먼저 거론되는 인물이 서장
옥이다. 서장옥은 동학농민혁명사에서 큰 비중을 차지하는 인물인
데, 이는 1895년 3월 29일 교수형을 당한 전봉준·김덕명·최경선
등 호남 지방 동학 두령의 정신적 지도자로 알려졌기 때문이다.

서장옥은 포교 초기부터 최시형의 측근 참모 역할을 했다. 1889
년에 서장옥이 관아에 체포되자 최시형은 전 교단의 힘을 기울여
석방 운동을 벌였을 만큼 비중이 큰 인물이며, 청주 율봉 음선장의
사위가 되면서 최시형과는 사돈이 된다. 서장옥은 음선장의 첫째
딸과 결혼하였으며, 1887년 1월 15일, 최시형의 아들 덕기와 음선
장의 둘째딸이 결혼을 하였던 것이다. 서장옥은 석방이 된 뒤에도
충청도와 전라도 지역에 대한 포교에 힘쓴 것은 물론 동학농민혁
명 시기 내내 강경파로 활약한 인물로 알려지고 있다.

회덕·진잠 두 고을이 서장옥 접주의 영향 아래 놓이면서 전라
도 고창 기포 시기에 맞춰 회덕 관아를 점령한다. 이 사건에 대해
서는 문석봉文錫鳳이 쓴 『의산유고』義山遺稿에 주도자의 이름이 거론

되었을 뿐 더 이상 상세한 기록은 전해지지 않는다. 그러나 이 같은 역사적 사실을 뒷받침하는 교단 기록이 있다. "3월 하순 동학교도가 전라도 일대를 휩쓸자 최시형의 문하에 있던 참모들은 최시형의 마음을 움직이는데 성공하여 4월 2일 각 포 접주에게 통문이 띄워지고, 4월 7일을 기해 청산 소사리(小巳洞, 작은뱀골)에 동학교도가 모였다. 이들은 청산을 떠나 공주목과 진잠현의 경계인 성전리(星田里, 현 대전시 유성구 성전동)를 점거하였고, 회덕을 습격하고 이어 진잠으로 몰려들었다."

즉, 동학교단의 지시에 따라 회덕·진잠 두 고을 동학교도가 전라도와 보조를 맞춰 봉기했다는 뜻이다. 그리고 이들은 공주목으로 진출하기 위해 성전 뜰까지 진출했던 것이다.

문석봉의 『의산유고』에 따르면 "김재덕金在德·김성봉金成奉·이홍이李洪伊 등이 금산·영동·황간 관아를 점령하는데 앞장섰다."

충청도의 봄 봉기
회덕·진잠 봉기는 소위 '북접' 핵심 지도부와의 교감 속에서 진행된 것으로, 최근들어 '남북접 대립' 설이 과장된 사실이라는 정황이 속속 규명되고 있다.

고 하여 구체적인 주동자의 이름이 나오고, "4월 이래 회덕·진 잠·청산·보은·옥천·문의에 난민亂民이 출몰했다."는 내용으로 갑오년 봄 이 지역의 동학교도 활동을 짐작할 수 있다. 회덕에서 무장한 동학교도는 진잠·금산·진산으로 진출하여 싸움을 주도 했다. 그러나 당시 옥천·황간 영동 지방에서 영향력을 발휘하던 조재벽과 서장옥의 연관성을 포함하여 아직 규명해야 할 과제가 많다.

한편, 서장옥은 그해 9월 청주 쌍다리장터 싸움을 주도한 뒤 약 5년 동안 행적이 끊겼다가 1900년에 청주 음선장과 함께 경군에 체포되어 교수형에 처해진, 일정 부분 베일에 가려진 인물이다.

전봉준全琫準
(1855~1895)
동학농민혁명 지도
자. 초명은 명숙明叔
이고 별명은 녹두장
군이다. 고부군수 조
병갑의 수탈에 항거
하여 동학농민혁명
의 봉기를 주도하고,
3월에 기포하여 전
주성을 함락하고 정
부에 폐정개혁안을
제시했다. 공주성 전
투에서 패하자 잡혀
서 이듬해 교수형에
처해졌다.(갑오년 봄
에 점령되었던 회덕
관아터, 현재 동사무
소 앞에는 선정비가
즐비하다.

전봉준, 한밭 전투에서 승리

전봉준은 9월 기포와 함께 논산 남북접 연합군 결성 통보를 받고, 10월 6일 선발대를 파견하여 은진현을 점령했다. 선발대는 이어

한밭(大田)까지 진출하여 충청 감영 병사 80여 명을 격파했다. 이른 바 '한밭 전투'인데, 전투지나 전투 상황은 상세하게 알려지지 않았다.

한편 전봉준이 이끄는 본진 4천여 명은 음력 10월 11일에 삼례를 출발하여 10월 12일 논산에 도착했다. 전봉준은 경군京軍과 충청도 감영 군사에게 한자 고시문을 발표하는 동시에 백성들에게는 국문으로 된 고시문을 발표한다. 전라도에서 경군과 지방 감영군만을 상대로 전투를 치러 온 전봉준은 아직 신무기로 무장한 일본군과는 한 차례도 전투를 치른 적이 없었다.

회덕 지명장터 싸움

회덕·진잠 두 지역은 전라도 지역과 마찬가지로 청일전쟁 발발과 함께 동학농민군 활동이 잠잠해졌다가 9월 18일 재기포와 함께 활동이 재개되었다. 특히 회덕 근교의 지명장터(현 대전시 신탄진구 삼정동) 싸움이 구전이나 기록이 어느 정도 동일하게 확인되었다. 교도 중대장 이진호의 보고에 의하면 "10월 26일 청주를 출발하여 공주로 향하던 교도대 3백 80명과 진남 영병 1백 명, 일본군 대대는 지명장터에서 수천 명의 동학농민군과 격전 끝에 수십 명을 사살하고, 13명을 포로로 잡았다."고 기록하고 있다. 그 가운데 "박성엽 등 7명을 문의 남장에서 포살하고 정기복 등 6명을 방면했다."고 했다.

현재 지명장터는 대청댐에 잠겼으나 삼정동에 사는 후손 강봉식 씨가 동학농민혁명 당시의 활동상을 생생하게 들려 준다. 강봉식 씨는 "증조부 대에 강풍주姜豊柱, 그의 아들 강우경姜禹卿, 6촌 아

청일전쟁淸日戰爭
1894년 청나라와 일본이 조선의 지배권을 둘러싸고 벌였던 전쟁이다. 동학농민군이 일시에 호남을 휩쓸자 이를 진압하기 위해 조선정부는 청군 파병을 요청한다. 이는 일본에게 침략 동기를 제공하여 청군이 들어오자 일본군은 기다렸다는 듯이 조선에 군대를 파병한다. 결국 청일전쟁이 일어나고, 전쟁에서 승리한 일본은 조선 침략에 돌입한다.

우 강덕주姜德柱 등 세 사람이 붙잡혀 문의 남장에서 총살당했다."
고 증언했는데, 이는 역사 기록과 족보에서도 확인되었다.

여러 기록에 회덕 박성엽朴聖燁 접주의 이름이 거론되고 있지만
그의 구체적인 활동상은 아직 확인되지 않는다.

김개남이 이끄는 호남의 동학농민군이 다시 점령

진잠 관아는 김개남 장군이 이끄는 동학농민군으로부터 두 차례
공격을 받은 사실이 확인되는데, 진잠현감의 첫 번째 장계에 "남
원에서 웅거하던 김개남이 이끄는 1만 동학농민군이 청주성을 향
해 진격하면서 진잠 관아를 공격했고", 두 번째 장계에서 "김개남
군이 패해서 연산 쪽으로 도망했다."는 내용은 위풍당당했던 호남
의 맹장 김개남이 청주성에서 완전히 전투력을 상실했다는 정황
을 사실적으로 뒷받침한다. 진잠은 김개남군이 청주성을 공격할
때와 패퇴할 때 두 번을 거쳐 간 셈이다. 김개남은 금산을 우회하
여 공주성으로 들어가려다 진잠에 이르렀을 때 전봉준·손병희가
이끄는 동학 연합군이 공주 우금티 전투에서 패했다는 전보를 접
하고 공격 목표를 청주성으로 바꾼 것으로 보인다.

이 밖에 초토사들에 의해 많은 동학교도가 희생된 '포사배미'
가 확인되었고, 관군이 동학농민혁명이 끝난 뒤 을미년까지 동학
교도를 토벌한 사실이 기록과 증언을 통해 확인되었다. 진잠 동헌
(현 진잠초등학교 자리) 앞에 세워졌던 동학농민혁명 당시 수령이었던
정 군수의 송덕비가 얼마 전까지 밭에 묻혀 있었는데 논으로 바뀌
면서 자취를 감춰 버렸다고 한다.

문석봉文錫鳳
(1851~1896)
경북 현풍 출신이다.
1894년 11월 양호소
모사가 되어 진잠을
비롯하여 연산 은진
진산 여산은 물론
청산 보은까지 수차
례 출정하여 동학농
민군 진압에 큰 공
을 세웠다. 특히 1896
년 1월24일~28일까
지 전개된 연산 염학
동 동학농민군 진압
작전은 대표적 전투
였다.

충청·전라를 잇는 투쟁의 연결고리 금산

금산은 갑오년 들어 고부봉기가 동학농민혁명으로 질적으로 승화하는 과정에서 동학교도가 전국 최초로 기포한 지역이며, 동학농민군과 보수 유림 세력과의 공방전이 어느 지역보다 치열했던 곳이다. 뿐만 아니라 금산 지역 동학농민군은 동학농민혁명이 실질적으로는 끝난 시기인 1895년 1월 하순까지 관·일본군을 상대로 끈질기게 항쟁했다. 특히 주목할 만한 특징은 충청·전라 지역의 동학농민혁명사를 잇는 교두보 역할이다.

금산 지방 동학 사적은 ① 초기 동학 유입 ② 1894년 3월 8일 금산 제원과 진산 방축리 봉기 ③ 9월 재봉기 때의 공방전 ④ 공주성 전투 패배 후에 대둔산에 진을 치고 벌인 최후 항쟁과 일본군의 잔혹한 토벌전 등으로 요약할 수 있다.

일찍이 유입된 동학, 조재벽의 막강한 교세

『오하기문』梧下記聞에 "경주의 최제우가 영남의 지례·김산 및 호남의 진산·금산 산골을 왕래했다."고 했다. 이로 보아 금산 지역에는 1862년 상반기에 동학이 유입된 것으로 보인다. 그러나 최제우

조재벽趙在壁
황간 출신의 조재벽은 옥천·영동·청산에서부터 금산·진산·고산·용담지역을 아울러 동학의 광대한 세력권을 형성한 대접주이다. 그러나 생몰 연대는 물론 활동에 대한 연구가 제대로 이루어지지 않았다.

금산 제원역 기포지
전라도 지역보다 10여 일이 더 빠른 시기인 3월 8일에 기포하여 금산 관아를 점령했다. 그러나 학자들은 최초 기포지에 대한 규명에 소극적이다.(옛 제원역, 김순기(94세) 옹의 증언에 의하면 기포지는 당시 시장터였던 백사장(현재는 논)이라 했다. 세워진 동학농민 기포 표지석)

의 순도 이후 교세가 위축되었다가 1887년에 이르러 황간 출신 조재벽 접주가 옥천·영동·청산 지역에서 포교 활동을 하다가 1890년경부터는 금산·진산·고산·용담 지역으로 범위를 넓혀 나갈 때 비로소 교세가 성했던 것 같다.

1892년 11월에 삼례 교조신원운동이 일어나고 민심이 동학으로 쏠리기 시작하면서 조재벽은 막강한 동학 지도자로 급부상한다. 1893년 2월 광화문 교조신원운동 때 많은 도인을 이끌고 참가하였으며, 1893년 3월 보은 장내리와 전라도 원평에서 전개된 집회에도 많은 도인을 이끌고 참가했다.

3월 8일, 동학농민혁명의 최초의 불길
『금산군지』錦山郡誌에 "3월 8일에 무장한 동학농민군이 제원역에

회합하여 이야면李也勉을 선봉장으로 5천여 명이 죽창과 농기를 들고 대거 금산읍에 들어와 관아를 습격하여 문서와 각종 기물을 불사르고 서리胥吏들의 가옥을 파괴했다."는 기록과, 『오하기문』에 "금(3월) 12일에 동학도 수천 명이 몽둥이로 무장, 흰 수건을 두르고 읍으로 몰려와 관리들의 집을 불살랐다."고 하는 두 기록으로 미루어 금산 지역 최초 기포 날짜는 3월 8일 혹은 12일이다. 전봉준과 손화중이 고창 무장에서 기포한 날짜를 3월 18일로 본다 하더라도 금산 지역 기포 날짜는 이보다 6일 내지 10일 정도 빨랐다. 따라서 최초의 기포 장소는 무장이 아닌 금산 제원장터와 진산 방축리로 바로잡아야 한다.

제원장터에 집결한 동학농민군은 이야면이 통솔했고, 방축리의 동학농민군은 조재벽과 최공우崔公雨 접주가, 금산의 동학농민군은 박능선朴能善 접주가 지휘했다.

보부상대의 반격과 집강소 설치

동학농민군은 금산 동헌을 점령하고 악질 관리들을 응징함으로써 일단 성공적으로 출발했으나 10여 일이 지나자 보부상대를 앞세운 유회 보수 세력들이 진산 방축리를 점거한 동학농민군을 반격한다. 『수록』隨錄 영기조營奇條에 "4월 초 2일 금산 보부상 김치홍金致洪과 임한석任漢錫이 읍민과 행상 천여 명을 이끌고 진산 방축리 동학도들을 공격하여 114명을 살육했다."고 했다.

또 금산에는 6월 중순에 이르러 집강 업무가 시작되었는데, "최초로 집강執綱에 차임差任된 동학도는 용담현에 사는 김기조金己祚였으며 그 후임은 금산읍에 사는 조동현趙東賢이었다."고 했다.

　관찰사의 명으로 동학농민군 집강소가 설치되자 보수 세력의
저항이 일시에 꺾였다.

소라니재 전투

10월 22일에 금산 민보군 수천 명과 동학농민군 수천 명이 진산군
과 금산군의 접경인 소라니재(松院峙)에서 대치한다. 22일 오후부터

민보군民堡軍
동학농민혁명 당시
보수 양반 지주들이
동학농민혁명군에
맞서 자위 수단으로
조직한 군대를 말한
다.

치열한 공방전이 벌어졌으나 좀처럼 승부가 나지 않았다. 이틀 동
안 지지부진하던 전투는 24일 오전 10시에 동학농민군이 총공격
을 감행하자 민보군은 64명의 전사자와 많은 부상자를 내고 흩어
져 달아나면서 결판이 났다.

　이렇게 위세를 떨쳤던 진산·금산·옥천 지역의 동학농민군은
뜻밖에도 11월 11일과 13일에 공주 전투와 청주성 전투에서 전봉
준과 김개남이 대패했다는 소식이 알려지자 사기가 땅에 떨어졌
다. 그러나 조재벽과 최사문·최공우 부자가 이끄는 동학농민군은
끝까지 저항할 태세를 갖추었다.

일본 토벌군의 금산 진입

11월 6일에 시라키(白木誠太郞) 중위가 지휘하는 일본군이 옥천을 거
쳐 금산으로 방향을 돌려서 제원역 동쪽 10km 지점 양산마을에서
유숙하게 되었다. 동학농민군 1천여 명이 11월 8일 밤에 이들을 포
위하고 야습했다. 교전이 맹렬하게 벌어지자 200m 전방 민가에 동
학농민군이 불을 질렀다. 주변이 환해지자 일본군은 동학농민군

의 움직임을 포착하고 집중 사격을 가했다. 1시간여 교전 끝에 동학농민군이 금산 쪽으로 퇴각했다. 수적으로 월등한 동학농민군이었지만 일본군의 신무기인 무라다 스나이더 소총을 당해 내지 못했던 것이다. 일본군이 금산읍으로 들어와 동학농민군을 제압하자 한때 잠잠했던 보수 세력들이 다시 날뛰기 시작했다.

그러나 일본군이 물러가자 동학농민군이 다시 나타나 활동했다. 동학농민군은 관군이 들어오면 숨었다가 떠나가면 다시 나타나는 게릴라전을 한동안 구사했다. 동학농민군이 저항을 지속하기 위해서는 안전한 근거지가 필요했다. 장소를 물색한 끝에 대둔산 미륵바위(전북 완주군 운주면 산북리 북서쪽 석도골)에 초막을 짓고 장기적인 항쟁에 들어간다.

무라다 스나이더 소총
1880년 포병장교인 무라다쓰네요시가 영국제 스나이더 소총을 일본인 체형에 맞추어 개량하여 만든 것 동학농민혁명 당시 일본군의 주력 개인화기로 사용 되었다.(금산군과 진산군 접경에 있는 솔치 전적비)

동학 최초의 기포, 금산 기포
전봉준·손화중·김개남이 무장 여시메봉에서 포고문을 반포하던 3월 20일 보다 열흘쯤 먼저 금산지역 동학농민군이 기포했다.

대둔산 벼랑에서 끈질긴 항쟁

1895년 1월 9일(양 2월 3일) 충청 감영은 병력을 출동시켜 대둔산의 동학농민군을 공격하고자 하였으나 이틀간 체류하다 대책이 없자 진산으로 철수한다. 금산 의병장 김진용이 300명을 이끌고 왔으나 역시 속수무책이었다. 도리어 동학농민군이 금산읍을 공격하여 영군을 불러들인 진산 군관 하경석을 처단하고 많은 병사들을 사살했다. 이 소식을 듣고 감영군은 소모사 문석봉을 다시 출동시켰으나 역시 대책을 세워 보지도 못하고 진산으로 물러났다.

1895년 1월 23일에 신식 무기로 무장한 장위영병과 일본군 3개 분대가 대둔산에 도착하자 사태는 급진전한다.

일본군은 24일 새벽에 공격을 개시했다. 동학농민군은 험준한

벼랑만 믿고 배후는 방심한 채 전방의 장위영병을 향해 발포를 계속했다. 이 틈에 일본군은 뒤쪽으로 잠입하여 불시에 돌격했다. 동학농민군은 당황하여 어떤 자는 천 길이나 되는 계곡으로 뛰어내렸고, 어떤 자는 바위 굴 속으로 숨었다. 일본군이 살아남은 자를 포박토록 했으나 장위영 병사들이 모두 사살하고 한 소년만 남겼다. 현장에서는 29세쯤 되는 임산부도 총에 맞아 죽어 있었다. 접주 김석순金石醇은 한 살짜리 여아를 안고 천 길의 벼랑을 뛰어 내리다 바위에 부딪쳐 즉사했다.

일본군에 의해 대둔산에서 완패한 금산 동학 지도부는 염정동으로 후퇴한다. 최사문과 최공우 등이 수백 명의 동학농민군을 다시 모아 항쟁을 도모했지만 끝내 토벌되고 말았다.

대둔산
우금티 전투에서 동학농민군 주력이 패배한 이후에도 금산의 동학농민은 강성한 저항력을 유지한 채 장기적인 항전을 도모하기 위해 대둔산에 웅거했다. 그러나 일본군의 토벌이 본격적으로 전개되자 그들은 아득한 하늘 속으로 뛰어들고 말았다.(대둔산)

논산 경기·충청·호남의 동학 연합군이 집결한 지역

동학과 유림의 제휴
노성 지역에서는 전국적으로 거의 유일하게 동학농민군과 유림, 관의 수령이 합세하여 일본군에 대항하는 연합 의병을 구성했다. 물론 이에 대한 구체적인 활동은 없었다.

노성 민란은 동학농민혁명의 깊은 뿌리

오늘날 논산시로 편입되기 전까지 노성은 독립된 현이었다.

동학농민혁명 한 해 전인 1893년 12월에 노성 지방에 민란이 발생했다. 전 노성현감이 전운소轉運所에서 운송하다 남은 미곡 400석 중 200석을 착복했는데, 신임 현감 황후연黃厚淵이 200석을 농민들에게 부담 지웠다. 이런 탐학 행위에 격분한 농민들이 봉기하여 관아를 점령하고 현감 황후연을 쫓아낸 사건이다. 관에서는 이에 대한 보복이 뒤따랐다. 당시 이 사건의 장두는 유치복이었고, 처음 봉기를 주장한 사람은 윤상건尹相建·박관화朴寬和·이성오李成五·윤상집尹相執·윤성칠尹成七·윤자형尹滋馨 등이었다. 이들은 모두 도망쳐서 처벌할 수 없었고, 대신 백화서白化西에게 "주동자와 부화뇌동하여 난에 참여한 죄"를 물어 세 차례에 걸쳐 엄하게 다스린 뒤 원악도遠惡島 유배형을 받는다.

동학과 보수 유림 세력이 연합하여 외세에 저항한 의병 활동

이런 민란의 여운이 남아 있었던 시기인 1894년 8월, 노성 지방의

대성인 파평윤씨와 각별한 관계를 가지고 있던 송정섭은 동학교도가 활발하게 활동하던 노성의 윤자신에게 전달할 밀지를 가지고 왔다. 송정섭은 동학교도와 함께 나라를 위해 기포하자고 제안했던 것이다. 송정섭은 윤씨의 재궁齋宮인 정수암靜修庵을 거점으로 활동을 전개하였는데, 9월초 정수암에 들른 면암 최익현에게 국왕이 창의하라는 밀지를 내렸다는 사실을 알리고 최익현의 참여를 부탁하여 의병을 구성했다. 의병 지휘는 고산高山의 윤 진사가 맡았고, 종사관들은 모두 만석지기 부자들이었다.

최익현이 돌아간 뒤 송정섭은 창의를 권하는 윤음을 가지고 동학 12포包를 순시하였고, 이를 계기로 각지 동학 조직과 유림 간에 연계가 이루어졌다. 또한 파평윤씨들과 인근 사대부들도 정수암에 빈번하게 출입하였고, 부호들은 의병의 양식을 출연했다. 뿐만 아니라 밀지의 진위 여부를 확인한 노성현감 김정규도 쌀을 내어

멀리서 본 논산시 전경
동학농민혁명 후기에 전라·경기·충청·강원 지방에서 모인 10만 동학농민군이 합류한 곳이 논산 벌이다. 동학연합군은 이곳 논산 벌에서 공주성 공격을 계획했다.

의병 기의에 도움을 주었다. 이렇게 노성 근동의 보수 유림, 수령, 동학농민군이 연합해서 창의를 준비해 나갔으니 이는 당시 외세에 저항할 수 있는 가장 이상적인 대응이었으며 전국적으로도 유례가 드문 사례라 할 수 있다. 결국 기포의 성과를 거두지 못하고 흩어졌으나 서로 용납하기 어려운 세력들이 나라의 위기를 함께 극복하고자 연합 의병을 결성하려던 시도는 이 지역의 뚜렷한 특징으로 볼 수 있다. 노성의 이런 움직임은 우리의 역사에서 꽃피우지 못한 이상의 화원이었던 점을 주목할 만하다.

전운소
조선시대 조세 양곡의 뱃길 운반을 맡아보던 지방 관아이다. 동학농민혁명 당시에는 수탈의 본거지가 되었다.

8월 노성 은진 관아를 쳐서 무장

논산 지역 동학농민군 활동은 2차 재기포 시기 이전인 1894년 8월에 이인利仁의 동학 도집강都執綱 김창순金唱順이 노성현의 동학교도를 이끌고 노성 현아를 쳐서 무기를 탈취한다.

9월 기포 이후 논산 지역의 동학농민군 투쟁은 주로 소규모 활동상이 두드러졌는데, 6~7명의 교도를 거느린 접주가 두령이 되거나 때로는 수십 명의 동학교도로 구성되었다. 특히 연산의 박영채朴永采 접주와 은진의 염상원廉相元 접주의 활약이 두드러졌다.

9월 재기포 시기가 되자 은진 지역에서는 이들이 힘을 결집하여 은진 현아를 습격하여 현감 권종익을 체포하기도 했다.

11월 18일에 은진으로 들어온 경리청군에 의해 신현기申鉉基·신응균(申應均, 鉉基의 父)·신낙균(申洛均, 鉉基의 叔)·신현구(申鉉九, 鉉基 從兄)·원준상元俊常이 붙잡혀 효수되었다. 이들 토벌대는 11월 29일 다시 연산으로 들어와 정판손(鄭判孫, 官洞包接主)·김현구(金鉉龜 接主)·박만은(朴萬殷, 魯城 大明包 首接主)·이현석(李鉉石, 全琫準 五營都巡察)을 붙잡아 효수했다.

9월 재기포와 함께 전봉준의 호남 동학농민혁명군 북상

1894년 9월 13일, 전라도 삼례에서 재봉기한 전봉준이 이끄는 호남의 동학농민군은 충청 지역의 동학농민군과 연합하기 위해 약한 달을 주둔하고 있었다. 전봉준은 10월 11일 동학농민군을 이끌고 삼례를 출발하여 북상을 시작한다. 전봉준은 논산 지역을 보위하기 위해 10월 6일쯤 선발대를 보내 은진현을 점령하고, 한밭까지 진출하여 충청 감영병을 격파했다.

전봉준은 4천여 명의 동학농민군을 인솔하여 10월 12일 논산에 도착하자, 먼저 국문 격서檄書를 통해 경군京軍과 충청도 감영군에게 일본으로부터 유린당하고 있는 국가 안위의 현실을 알리고, 백성들에게 이를 알리는 고시문을 발표한다. 고시문에는 "동학농민

척왜척화斥倭斥華
우리나라를 침략한 왜국을 배척하고, 그들과의 화친도 배척한다는 뜻이다. 이 말은 전봉준이 관에 보낸 고시문에 나오는데, 일찍이 연합의 병이 결성했던 이 지역의 정서를 자극하는 것이었다. 이때도 일부 유생이 동학농민군에 합류하였다.(논산 시내 전경)

군과 정부군은 서로 도道는 다르지만 일본 침략군을 반대하는 척왜斥倭와 척화斥華는 그 뜻이 동일하니 조선 사람끼리 서로 싸우지 말고, 동학농민군과 정부군이 연합하여 척왜척화하여 조선이 왜국에 침략당하지 않도록 함께 구국 투쟁을 전개하자."고 호소하는 내용을 담았다.

남·북접 동학 연합군 결성

의형제 결의
논산에서 합류한 손병희와 전봉준은 결의형제를 맺고 전봉준을 총대장으로 추대했다.

한편, 2세 교주 최시형의 명에 따라 경기·충청·강원 각지에서 봉기한 동학농민군은 보은 장내리 동학 대도소에 집결한 뒤 대통령大統領에 임명된 손병희의 인솔로 논산을 향해 출발한다.

전봉준과 손병희는 논산 소토산小土山에서 합류하여 동학 연합군 대본영을 설치한다. 이들은 결의형제를 맺는 한편, 전봉준을 총대장으로 추대한다.

현재 소토산의 위치를 두고 여러 이견이 있지만, 평야지대인 논산에서 어느 특정한 산을 지칭하기보다 '작은 흙산'이라는 보통명사로 부를 수 있는 지역으로 보인다. 여러 정황으로 현재 천주교회가 들어선 당재가 유력하다는 주장이 있으나 추측일 뿐 확실하지는 않다.

당시 남북접 연합군의 군세는 10만 혹은 20만이라는 기록이 있지만 여러 정황으로 미루어 '2만 명 설'이 가장 유력하다. 다른 동학농민군 세력들은 각기 주둔지 부근에서 사방에서 압박해 들어오는 관·일본군에 대비하거나 뒤늦게 공주로 출발하였다. 10월 17일, 대본영에서 전군의 두령들을 모아 작전 계획을 세우고, 20일 미

명을 기하여 공주성을 함락하기 위해 경천 방면으로 진출한다.

여산 접주 최난선, 황화대 전투

여산 접주 최난선은 소토산 주둔 중에 공주 우금티 전투에서 동학 연합군이 대패했다는 소식을 접하고 비분강개하여 자신의 군사와 패한 군사들을 모아 황화대에 진을 치고 추격해 오는 관·일본군 을 맞아 일전을 치렀다. 그러나 역시 패했다. 당시의 전투가 어찌 나 참혹했던지 기록은 "가까운 밭에 죽은 시체와 머리가 눈에 걸 리고 발에 채였다."고 전한다.

소토산, 연합군 결성 터
남·북접 연합군은 논산 시내의 야트막 한 야산인 소토산에 서 합류하여, 보국안 민을 위한 혁명의 결 의를 다졌다.(소토산 동학연합군 사령부 는 현재 천주교 자리 당재가 유력하다.)

한산 건지산성에 의지한 공방전

한산군수 백낙형
한산군수 백낙형은 동학농민혁명이 끝난 후 동학 두령을 방면한 죄로 재판을 받는데, 동학교도의 위협에 굴복한 것인지, 선정을 베푼 것인지 좀 더 규명이 필요하다.

군수 백낙형 문책 재판에 나타난 한산 동학 활동

한산 지역 동학농민군 활동 기록은 갑오년 초여름부터 보인다. 동학농민혁명 이듬해인 을미년(1895)에 동학농민혁명 당시 한산군수였던 백낙형白樂亨이 재판을 받았는데, "(갑오년, 1894년) 6월 9일 비류匪類 김선재金善在·서가양徐可良이 동학에 수창首倡하야 행패行悖가 무상无常하다가…악습惡習이 무심无甚하기로 군옥郡獄에 가두어…"로 시작하는 판결문의 내용은 한산군수 백낙형이 "취당聚黨 소요騷擾죄"를 지은 동학 두령을 옥에 가두지 않고 민심에 따라 풀어 준 사건을 두고 뒷날 문책하는 재판이다. 이로 보아 한산 지역은 6월부터 관아를 위협하는 동학교도의 활동이 활발하게 전개되었던 사실을 알 수 있다.

건지산성 공방전

현재 한산면 사무소 뒷산인 건지산에는 백제시대에 만들어졌다는 건지산성乾芝山城이 있다. 일명 주류성이라고도 하는 이 산성은 백제 수도의 외곽을 수호할 목적으로 쌓은 토성이며, 백제 멸망 후 전개된 백제 부흥운동의 근거지 가운데 한곳이기도 했다. 고려시대 때부터 한산이 큰 고을로 두각을 나타내면서 방치해 두었던 건지산성을 모체로 높이 16m나 되는 돌성으로 다시 쌓아 한산읍성을 이루었다.

동학농민혁명 당시 이 성을 차지하기 위해 동학농민군과 이에 저항하는 관군·지방 수성군·유회군·보부상으로 조직된 연합군은 치열한 공방전을 벌였다. 그러나 오늘날은 당시의 전투 자취는 거의 찾아볼 수 없고, 숲으로 덮인 언덕에 '건지산성길'이 건지산성의 유적으로 어렴풋이 남아 있을 뿐이다.

치열했던 한산읍성 전투와 토벌전

한산읍성 전투에 대해서는 다소 차이를 보이는 두 기록이 있다.

먼저, 동학농민군이 홍산·남포 등지에서 수시로 출몰하며 기세를 떨치자 논산 쪽에서 관군이 한산 지역으로 출동하게 된다. 11월 20일에 한산에 도착한 관군이 한산 수성군, 그리고 홍산 유회소의 최학래가 이끄는 보부상 연합부대와 합세하여 한산 동학농민군과 일대 접전을 벌였다. 관군의 공격으로 동학농민군은 수백 명이 희생된 채 퇴각하여 흩어지고 말았다. 또 다른 기록으로는, 11월 16일에 관군은 일본군과 함께 공주성을 출발하여 동학농민군을 수색하며 남하하기 시작했다. 성하영이 11월 19일 부여 홍산을 거쳐 한산읍성에 도착했는데, 당시 한산읍 상황을 "당일(19일) 오시午時께 한산읍에 도착하니 성 안의 민가가 모두 불타 버리고, 각 관아의 건물도 벽만 앙상하게 남았는데 향청 관리와 백성들이 통곡을 하

건지산성乾芝山城
서천군 한산읍에 있는 산성. 백제 멸망 후 그 유민들의 근거지인 주류성周留城으로 추정하고 있다. 시대에 따라 성 보수 공사가 이뤄졌으며, 동학농민혁명 당시 이 성을 두고 치열한 싸움을 벌였고, 뿐만 아니라 온 한산 읍내가 쑥대밭이 되는 전화에 휘말렸다는 기록이 보인다.

고 있어 차마 그 참상을 눈으로 볼 수 없을 지경이었다."고 하여 당
시 한산읍성의 치열했던 전투 상황을 짐작케 한다.

위의 두 기록을 종합하면, 먼저 동학농민군과 관·수성 연합군
이 전투를 치러 동학농민군이 성을 함락했다. 그러나 바로 관·수
성군의 반격으로 동학농민군이 패해 퇴각했고, 성하영군이 들어
와 그 참상을 보고 기록한 것 같다. 어쨌건, 이 전투로 동학농민군
과 토벌군 양쪽이 큰 상처를 입었고, 한산읍성이 초토화된 것만은
분명해 보인다.

한편, 12월 3일에 한산읍성 습격 선봉장 최득용崔得用이 전라도
함열 웅포에서 붙잡혀 효수된 기록으로 보아 동학농민군 측 한산
읍성 공격은 최득용이 주도한 것으로 보인다.

일찍이 동학 집강소가 설치된 지역 **부여**

부여 지방에서는 동학농민혁명 초기인 갑오년 6, 7월에 동학교도
가 도소를 차려 계급 간의 갈등을 해소하는 등 집강소 성격의 민주
적인 행정을 시행했다. 이는 부여 지역만의 특징이다. 그렇지만 동
학농민군이 본격적인 투쟁 활동에 나선 것은 9월 18일 재기포 이
후부터였다.

부여의 동학 활동을 보여주는 이복영의 『일기』

이복영李復榮의 『일기』에 부여 지방 동학농민혁명 초기 활동이 잘
나타나 있다. 『일기』는 이복영의 나이 스무 살 때(1889)부터 65세
(1934)까지 매일 써 온 평범한 선비의 일기인데, 동학혁명 당시 부여
읍 중정리·가탑리·능산리·염창리 일대의 동학교도의 활동이 비
교적 소상하게 기록되어 있다. 『일기』에 따르면 부여 대방면 지역
에 동학농민군이 포접包接 조직을 구성한 것은 6월 말에서 7월 초
순경이었다. 6월 27일경 전북 함열을 거쳐 금강을 건너 북상하던
동학농민군은 부여·임천·홍산·석성 등지에서 그 지역 동학 세
력과 일반 농민들의 호응을 얻어 포접 조직을 확장해 나갔다.

이복영의 『일기』
'일기'에 기록된 동
학농민군의 모습은
'주문을 외고' '국전
國典을 논할만큼 세
상의 물리를 잘 아는
사람' 이었다.

부여 지방의 포접 조직의 총본부는 7월 12일 대방면 중리에 위치한 민참의 집 뒤뜰에 설치되었다. 당시 동학교도들의 활동상은 "산상에 차일을 치고 주문을 통송"하거나, "동학교도는 고리대 문제는 물론 국전國典의 여러 조항들을 운운할 정도로 세상 물리를 잘 아는 사람들이었다."고 적었다. 뿐만 아니라 "동학농민군은 마치 군대처럼 방포하면서 전술을 익히는 등 위세를 과시했다."고 하여 훈련으로 무력시위를 한 것으로 보인다. 요컨대, 대방면 동학농민군이 부여 군아를 장악했을 뿐만 아니라 그 지역의 보수 유학 세력을 무력으로 제압한 상태였다. 부여 지역의 포 조직은 정치 행정 조직인 동시에 군사 조직이었다. 당시 접주들은 부여 중리 사람으로, 장용한·최천순崔天順·송천순宋川順 등이 거론되었다.

도회都會를 통한 의결 기구 운영

대방포에서는 각종 분쟁이 발생할 때마다 전체 집회격인 도회都會를 열어 포 운영의 기본 방침을 결정했다. 예를 들면 동학접주가 민씨 가를 비호한 문제가 발생하자 동학교도들은 도회를 열어 대방면 접주의 전횡을 비판하기도 했고, 대방포의 위치를 인근의 가속 시장거리(佳束, 가탑리 내의 작은 자연 촌락 명칭)로 옮길 것을 결의하기도 하였다. 이로 보아 대방면 포접의 권력 구성은 접주와 접사로 이어지는 실무 집행 기구와 동학교도의 전체 집회인 도회라는 의결기구로 이원화되어 있었다는 사실을 알 수 있다. 당시 가속 시장거리에서 개최된 도회의 주요 구성원을 보면 도회의 성격을 짐작할 수 있다. 즉, 동리의 상민常民, 성만性滿(천민 이름으로 보임), 업성業成

(머슴으로 보임), 교정(較丁, 가마꾼) 등으로 구성되어 있다. 이로 보아 도회는 원민 계층인 천민을 중심으로 구성되어 운영되었음을 알 수 있다.

동학교도의 지배 시기

동학교도의 지배에 들어간 시기의 부여 사회는 양반을 정점으로 편제되었던 기존의 향촌 질서와는 성격이 크게 달라져 있었다. 예를 들면 아무리 강력한 권력을 행사하던 토호 양반이라도 횡포한 양반으로 지목되면 다른 지역으로 도피하거나 일정한 부역을 통해 삶을 유지할 수밖에 없었으며, 노비와 주인 사이라 하더라도 서로 말을 높이고, 같은 마루에서 동석대좌同席對坐할 수밖에 없었다. 이는 동학 이념의 실천이었던 셈인데, 당시 대방면 동학교도가 추구한 것은 "반족을 능욕(凌辱班族)하거나 재산 빼앗기", "노비들을 양인으로 바꾸기", "산송(山訟=묘지 분쟁) 문제 해결하기", "고리대 관행, 고용 관행, 소작 관행 개선" 등 봉건 지배층의 횡포를 타파하는 혁신적인 활동을 전개했다. 동학교도는 분쟁이 발생하는 경우 국전國典, 즉 나라의 법 질서를 어느 정도 참조하기는 했으나 굴총(남의 무덤을 파헤치는 것), 고리대 변제 거부, 지세 및 소작료 불납 등 국법을 근본적으로 무시하는 활동까지 서슴지 않았다.

이렇게 되자 동학교도의 위세에 눌린 양반들은 그들이 정해 놓은 법을 잘 따랐을 뿐만 아니라, 심지어 스스로 일정한 재물을 바쳐 선처를 구하기도 했다. 비록 넉 달 남짓한 짧은 기간 동안이긴 하지만 이런 혁명적이고 민주적인 포접 활동은 부여 지역만의 특징이다. 이는 동학이 추구하는 이상적인 세상이었다.

하지만 부여 지역에서 동학교도의 집강소 활동은 채 반 년을 넘기지 못하였으니, 한낱 일장춘몽一場春夢이었던 셈이다.

규암 건지말에서 동학 두령 처형

부여 동학의 최후
후반기 부여 동학 농민군의 활동 기록은 없지만 개혁적 활동이 활발했던 것에 반비례해서 후폭풍전에 희생된 동학농민군의 최후는 그만큼 참혹했다.

최시형이 9월 18일 재기포령을 내리자 부여 지역 동학교도들도 군사 행동에 나섰다. 전봉준이 이끄는 호남의 동학농민군이 삼례를 떠나 서서히 북상하자 부여 임천·홍산 지역의 동학교도들도 동학농민혁명의 태풍권에 접어들었다.

비록 부여 지방의 후기 동학농민혁명 활동 기록은 없지만 참혹한 보복 학살극이 확인된다. 우선봉군 정토기록에 따르면, 11월 13일에 정산 건지동(乾芝洞, 현 부여군 규암면 나복리 건지말)에서 이칠천李七千·송기용宋己用·이용흡李用洽·홍종일洪宗一·변천석卞千石·황정여黃丁汝를 포살하고, 다음날인 11월 14일에 정산읍으로 들어가 이승주李承周·박대심朴大心·이오길李五吉 박용대朴用大·허일손許一孫·강정문姜正文·정석이鄭石伊·이용근李用根·조성복趙性卜·조영천趙永千 등 10명을 붙잡아 효수한다. 그리고 11월 19일에 다시 부여로 들어와 김이운金伊運·강공진姜公鎭·강원형姜元亨·강팔복姜八福·이명옥李明玉을, 홍산 고당리에서 최상윤崔尙允·전묵진田默鎭을 붙잡아 포살했다.

충청·전라 지역 투쟁 활동의 연결고리 **서천**

관아를 두고 치열한 공방전

서천 지역 동학농민혁명사 역시 동학농민군이 관아를 점령하고 관·민보군이 이를 탈환하기 위해 치열한 공방전을 치르는 양상으로 전개되었다. 특히 서천 지역은 전라 북부 지역의 동학교도가 합세하는 활동 양상을 보이는데, 충청·전라 두 지역의 연결고리 역할을 한 것이 특징이다. 서천 지역의 동학 활동은 여러 기록을 통해 비교적 상세하게 전해지고 있다.

금강을 건너온 전라 지역 동학농민군 활약상

서천 지방에서는 갑오년 10월 이후에 동학농민군 활동이 두드러진다. 『순무선봉진담록』巡撫先鋒陣謄錄 갑오 11월 22일 조에 "남포藍浦 주방장駐防將 최재홍崔在弘이 호우(湖右, 충청 서남부 지역) 지방 남포藍浦·임천林川·한산韓山·서천舒川에서, 추용성秋鏞聲·추성재秋聲在·이우삼李友三·이성구李性九·김윤선金允善 등 동학 대접주들이 수천 명의 동학농민군을 이끌고 봉기했다. 뿐만 아니라 여기에 김제金堤 강명선姜明善, 임피臨陂 김해룡金海龍 등이 통솔하는 호남의 동학농민

서천 동학의 특징
서천 지역 동학농민군 활동에는 금강을 건너온 전라도 지역의 동학농민군이 합세하는 독특한 양상을 보이고 있다.

군이 금강을 건너와 합세하니 그 세력은 서천 지방을 한때 장악할 수 있었다. 그리하여 11월 19일 남포에서는 관군에 패한 홍주洪州·보령保寧·남포藍浦·비인庇仁의 동학농민군들이 도망하여 서천으로 들어왔는데 그 수가 2천 명이었다."고 보고하고 있으며, "이날 한산과 서천이 동학농민군에 의해 점령되었다."는 기록이 보인다.

서천읍성 전투

서천읍성 전투 기록은 비교적 상세한 편이다. 즉, "동학농민군은 계속해서 서천읍을 습격했다. 그리하여 한산韓山 수성장守城將 김련金鍊, 호장戶長 김하은金夏殷은 수성군 수백 명과 홍산 유회儒會 최학래崔學來가 이끄는 보부상군裸負商軍을 거느리고 서천읍으로 들어갔으나 읍은 이미 불타고 있었다. 그리고 동학농민군들은 남북으로 나누어 몇천 명은 서천 삼수동三水洞 뒷산으로 집결하고, 또 다른 몇천 명은 서천읍 남해안 연포에 집결했다. 북쪽 삼수동에는 기치旗幟가 온 산을 뒤덮고 포성이 우레와 같이 진동했다. 그리하여 관군 대관隊官 윤영성尹泳成은 북쪽의 산로山路에서 공격하고, 대관 이상덕李相德은 남쪽의 야로野路에서 협공하니 이 싸움에서 동학농민군은 수백 명이 포살당하고 수십 명이 포로가 되었다."

위의 기록으로 볼 때 전력이 막강한 동학농민군을 상대로 관군과 지방 수성군·유회군과 보부상대가 연합하여 치열한 공방전을 벌였던 사실을 알 수 있다. 정부에서는 공주성 전투 뒤로 지방이 소연해지자 11월 16일 서산군수 성하영成夏泳으로 하여금 경리청군을 이끌고 동학농민군 토벌을 위해 서천 한산 지방 출동을 종용한다.

금강을 건너온 전라도 동학농민군과 연합

11월 20일 전라도에서 금강을 건너온 동학농민군이 한산과 서천 지역 동학농민군과 연합하여 한산읍과 서천읍을 함락했다. 이 전투에 전라도 동학농민군이 합세했다는 정황은 11월 21일 정토 기록에서 만날 수 있다. 즉 김제 출신 동학농민군 강명선姜明善 외 6명이 서천에서, 임피 김해룡金海龍 외 6명이 한산에서 관군에 붙잡혀 처형된 것이다.

그 해 12월 1일에 나봉환羅鳳煥 접주가 서천 송동에서 관군에 붙잡혀 효수되었다.

제4부

서울·경기도

지금까지 서울·경기도 지역 동학혁명사에 대한 체계화된 연구가 없었다. 그러나 1893년 광화문 복합상소 시기에 서울 성 안의 동학교도 활동 기록을 많이 만날 수 있다. 또, 보은 장내리 집회에 "경성 수원접(京城 水原接) 840명"의 동학교도가 참가하고 있어서 이 지역의 동학 교세가 작지 않음을 짐작할 수 있다. 그리고 동학이 서울·경기 지방을 거쳐 황해·평안도 지역으로 포교되어 나간 사실을 체계적으로 규명할 필요가 있다.

동학혁명 초기에 조정에서 청국과 일본의 군대를 끌어들여 진압하려는 움직임이나, 일본의 경복궁 침탈 사건이나 토벌군 투입 등 조정에서 전개되는 상황이 동학교단에 낱낱이 보고된 점도 서울 지역 동학교도의 '체계적인 정황 보고'가 아니면 불가능했을 것이다.

동학혁명이 실패로 끝난 뒤 최시형의 마지막 도피처가 경기 지역이었고, 재판 끝에 좌도난정률로 순도한 곳이 서울이다. 동학의 후신 천도교가 서울로 들어와 3·1운동과 갑진개화 사건을 이끌었던 것도 같은 맥락이다.

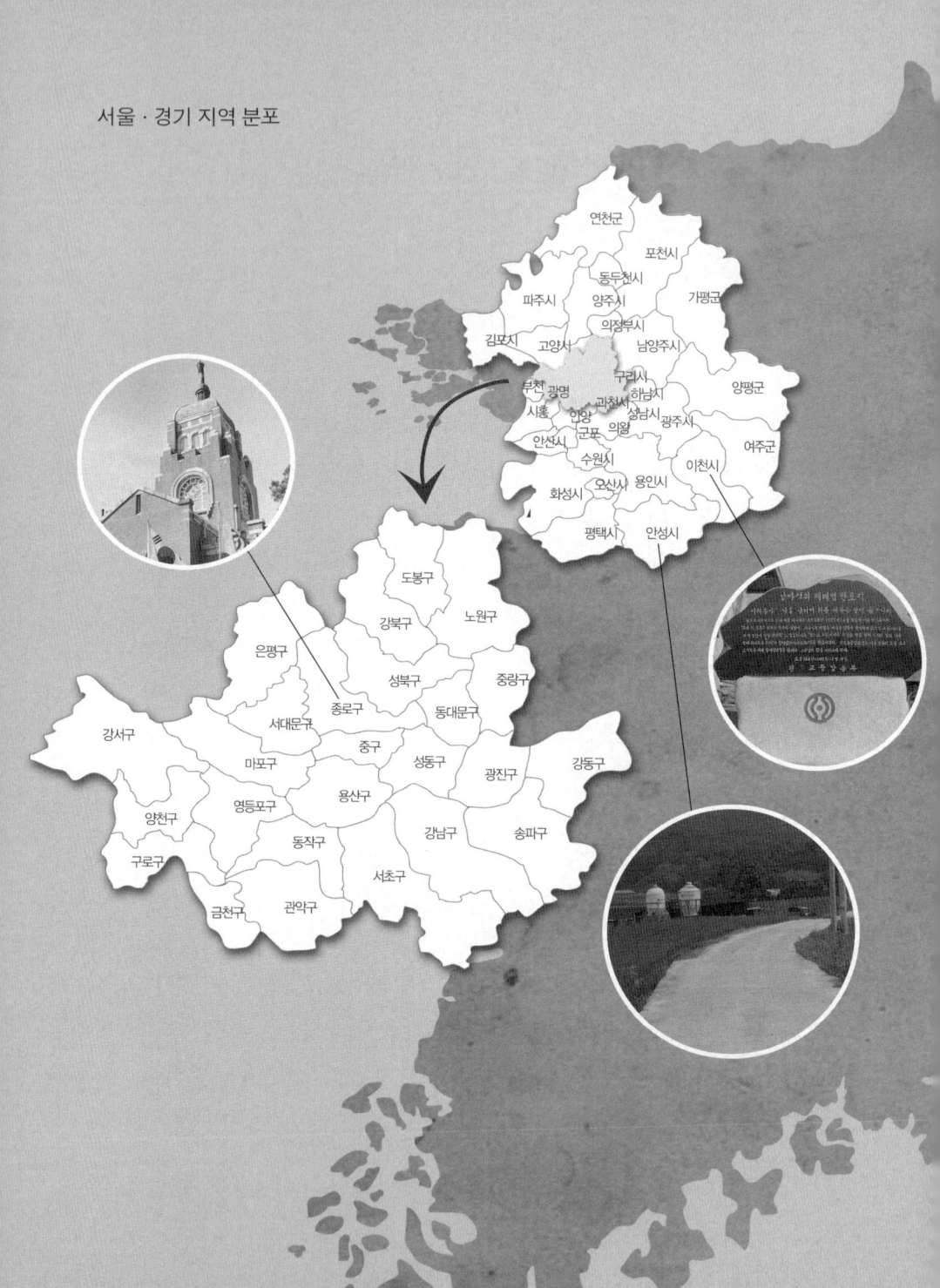

서울 · 경기 지역 분포

연천군
포천시
동두천시
가평군
파주시 양주시
의정부시
김포지 고양시 남양주시
구리시
부천 광명 하남시 양평군
시흥 과천시
안양 성남시
군포 의왕 광주시
안산시 수원시 여주군
오산시 용인시 이천시
화성시
평택시 안성시

도봉구
강북구 노원구
은평구 성북구 중랑구
서대문구 종로구 동대문구
강서구 마포구 중구 성동구 광진구 강동구
영등포구 용산구
양천구 강남구 송파구
구로구 동작구
서초구
금천구 관악구

서울·경기도 동학의 흐름

유입 경로와 시기

동학 창도주 최제우는 1862년 홍해에서 동학 최초의 조직인 접주제를 실시하고 13개소에 접소를 설치했다. 그중에 "경기 김주서"金周瑞라는 접소와 접주를 밝히고 있다. 이로 미루어 1960년대 초기 동학의 창도 시기부터 경기 지역에도 포덕이 이미 이루어져서 접소가 설치된 사실을 알 수 있다.

교세 확장 과정

1883년 들어 손병희·박인호 등 경기도와 충청도 지역의 동학 지도자들이 최시형을 방문하고 지도를 받았는데, 경기 지역에서는 안교선安教善과 서인주(徐仁周·서장옥) 등이 참여하고 있다. 아산의 안교선은 원래 호남 출신으로, 1883년 여름 경주판 『동경대전』을 간행할 때 실무 책임자인 유사有司로 참여한 바 있다. (아산 편 참조)

한편 서장옥은 1883년 3월 손병희·김연국과 함께 최시형을 방문한 이후 동학교단에 투신하여 공주 교조신원운동을 비롯하여 동학농민혁명에서 중요한 역할을 했다. 안교선과 서장옥의 노력

그림 4
보은취회 참가로 본
서울·경기도 지역 동학 교세 분포

으로 경기도의 동학은 교세가 크게 확장되었다. (간혹 서장옥을 수원 출

신으로 보는 이유도 초기 이 지역 포교와 관련이 있어 보인다)

　1890년 육임제六任制를 실시하자 서병학, 장만수張晚秀, 이규식李圭

植, 김영근金永根, 라천강羅天綱, 신규식申奎植 등이 접사로 임명되었다.

그리고 수원 지방의 동학 포교에 헌신한 안승관과 김내현은 경호

대접주京湖大接主와 경호대접사京湖大接司에 임명되어, 이 시기에 서

울·경기 지역은 제법 큰 교세를 형성하고 있었음을 알 수 있다.

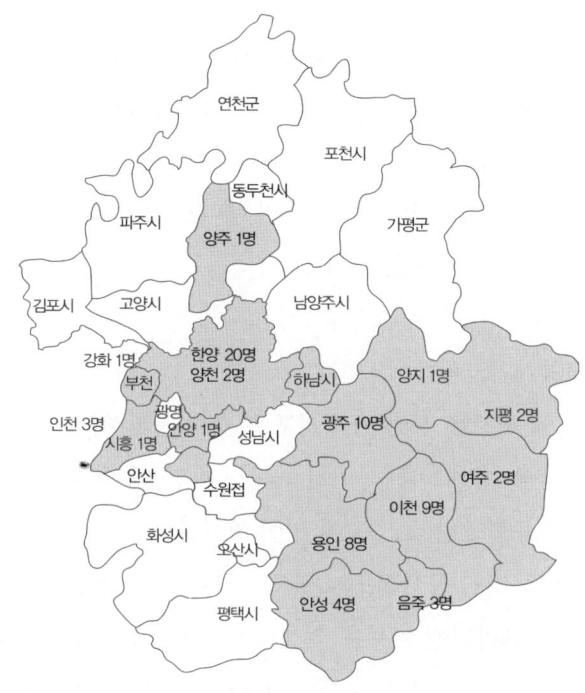

연천군

포천시

동두천시

파주시   양주 1명   가평군

김포시   고양시   남양주시

강화 1명   한양 20명   양지 1명
         양천 2명   하남시
부천
인천 3명 광명 안양 1명 광주 10명   지평 2명
      시흥 1명   성남시
   안산   여주 2명
      수원접   이천 9명
   화성시
      오산시   용인 8명
      평택시   안성 4명   음죽 3명

그림 5
재판 및 정토기록으로 본 서울·경기도 지역 동학 교세
현재까지 기록을 통해 확인된 인물을 중심으로 표시되었으며, 이는 단지 서울·경기도 지역의 교세 분포를 보이기 위한 기초 자료임을 밝혀둔다. (필자 주)

광화문 복합상소와 보은취회 시기 활동

동학교단은 1892년 12월 6일 복합상소를 결정하고, 대표자를 서울로 보내 서울의 동학교도인 최창한 가에 봉소도소를 차린다. 복합상소 지도부는 광화문에 나아가 2월 11일부터 13일까지 수십 명의 도인과 함께 엎드려 상소했으나 "각각 집에 돌아가 자기 업業에 편안하면 소원에 의하여 실시하리라."는 칙령이 내려지자 일단 해산했다.

이어 전개된 1893년 봄 보은취회 때도 서울·경기도 지역의 동학교도 활동이 구체적으로 나타난다. 『천도교서』에 "경성京城 수원접水原接 840명, 용인접龍仁接 200명, 양주楊州·여주접麗州接 270명, 안산접安山接 150명, 송파접松坡接 100명, 이천접利川接 400명, 안성접安城接 300명, 죽산접竹山接 400명 등 8개 접에서 2,660여 명 동학교도가 참가했다."는 구체적인 참가자 수가 나타난다. (〈그림4 보은취회 참가로 본 서울·경기도 지역 동학 교세 분포〉 참조)

동학농민혁명 시기의 활동

『천도교서』에 따르면 1894년 재기포 시기에 경기 지역에서는 수원·광주·안성·양지·여주·이천·양근·지평·음죽 등 9개 지역 13개 포에서 동학농민군 2,000여 명이 참가했다. 이 시기 서울 도성이나 경기도 지역 동학교도의 구체적인 활동이 각종 기록을 통해 확인된다. 을미년에 이준용 외 23명이 '동학교도 소요에 때를 맞춰 정부 요인을 암살하고 정권을 탈취하려는 음모 사건'에 대해 재판을 받는데, 이를 통해서도 서울 성안의 동학 활동이 확인되고 있다. 뿐만 아니라 동학농민혁명이 끝난 시기인 1895년부터 시작된 동학교도에 대한 각종 재판과 1900년 최시형의 압송과 재판, 교수형 집행 과정에서 나타나는 동학교도 활동을 주목할 만하다.

재판 및 정토 기록을 통해서 본 서울·경기도 지역의 동학 교세

동학농민혁명이 한창이던 10월 22일 경기도 안산군수가 순무영의 공고문을 게시하는 동시에 "안산 읍내의 동학교도들이 기포하여 충청도로 떠났다."고 보고하는 감결이 있다. 그리고 "9월 말에는 수원 대접주 안승관, 김승현이 5천의 동학농민군을 이끌고 수원성을 점령했다."는 기록이 전해지고 있지만 아직 이에 대한 실증적인 연구는 없다. 아래의 정토기록이나 재판 기록을 보면 서울·경기 지역의 동학 교세는 물론 활발한 활동을 엿볼 수 있을 것이다.

(그림4 〈재판 및 정토기록으로 본 서울·경기도 지역 동학 교세〉 참조)

여주 : 신수집辛壽集, 임순호林淳灝, 임학선林學善, 홍병기洪秉箕, 권풍식權豊植, 황만이黃萬已

이천 : 서수영徐壽永, 조인이趙仁伊, 원석만元石萬, 김석재金石才, 김규석金奎錫, 이근풍李根豊, 이정오李正五, 전창진全昌鎭, 홍복용洪卜用

안성 : 박공선朴公善, 신덕보申德甫, 임명준林命準, 정경수鄭璟洙

수원 : 김내현金來鉉, 김필현金弼鉉, 민영훈閔泳勳, 안승관安承觀

안양 : 고채화高采化

용인 : 우성칠禹成七, 문용삼文用三, 이용익李用益, 이주영李周永, 이삼준李三俊, 정흘전鄭訖全, 고재당高在棠, 이청학李靑學

광주 : 연갑달延甲達, 연문진延文辰, 김인달金仁達, 박영학朴永學, 이기오李基五, 김부연金富淵, 김재만金在萬, 김계보金桂甫, 염세환廉世煥, 이태용李泰容

음죽 : 권재천, 박만업朴萬業, 박용구朴容九

양근 : 신재준辛在俊

지평 : 김태열金泰悅, 이재연李在淵

양천 : 김한영金漢英, 최형순崔亨順

양주 : 최형식崔亨植

『천도교서』2
본서는 1880년에 간행된 강수의 〈도원기서〉, 1910년대에 [천도교회월보]에 연재된 오상순의 〈본교역사〉, 1933년 이돈화의 〈천도교 창건사〉와 더불어 동학의 초기 역사를 알 수 있는 '4대 역사서'라 할 수 있다.

시흥 : 고치홍高致弘

강화 : 이여익李汝益

부평 : 이영배李永培

한성 : 신정엽申楨燁, 서춘보徐春甫, 심의평沈宜平, 백락형白樂亨, 이유형李裕馨, 유제관柳濟寬, 정운교鄭雲敎, 유진만兪鎭萬, 조승현趙承顯, 김유성金裕成, 이병훈李秉勳, 윤이병尹履炳, 이준용李埈鎔, 박준양朴準陽, 한기석韓祈錫, 임진수林瑨洙, 전동석田東錫, 윤진구尹震求, 이내춘李乃春, 조용승曺龍承

인천 : 엄윤명嚴允明, 박경옥朴敬玉, 류영순柳永順

경기 김주서
서울을 포함한 경기도 일대에는 창도주 최제우 재세 시에 이미 동학이 전파되었다. 최제우는 경기도 지역의 중요성을 인지하고 접소를 설치하고 김주서를 접주에 임명했던 것으로 보인다.

살아남은 동학 지도자들, 3·1운동을 이끌다

동학농민혁명의 회오리가 휩쓸고 지나간 1895년부터 서울에서는 동학교도들에 대한 재판이 빈번하게 열리고, 이런 탄압이 진행되는 중에 1897년 2대 교주 최시형이 체포된다. 최시형의 '나 죽은 후 10년 안에 장안에 동학의 주문이 울려 퍼지게 하라.'는 유언에 따라 동학 지도자들이 탄압의 중심지 서울로 잠입하게 된다. 대표적인 인물이 정백헌인데, 동학농민혁명 당시 전봉준의 비서를 지냈다. 점차 서울에 동학 교세가 확장되었는데, 손병희孫秉禧·홍기조洪基兆·홍병기洪秉箕·최린崔麟·오세창吳世昌·임예환林禮煥·이종훈李鍾勳·양한묵梁漢默·나인협羅仁協·나용환羅龍煥·권병덕權秉悳·권동진權東鎭 등 1919년 3·1운동 당시 민족대표 33인 가운데 천도교인인 민족대표의 대부분은 동학농민혁명기부터 활약하던 지도자들이었다.

최시형 만년의 은거처, 도통 전수의 성지 여주

여주는 비교적 일찍부터 동학 교세가 성했던 곳이다. 여주 동학교
도들은 보은취회와 9월 재기포 때 보은 장안으로 내려가 청산대회
를 거쳐 논산에 집결하여 공주 우금티 전투까지를 치렀다. 일본군
기록에 따르면 "1895년 1월 14일 가흥 수비병이 여주에서 500여
명의 동학농민군과 접전을 벌여 10명의 사상자를 냈다."고 했고,
그 다음 날 곤지암에서 다시 전투가 벌어져 동학농민군 1명을 사
살했다고 전하고 있지만 정확한 정황은 확인할 길이 없다. 최시형
은 동학농민혁명이 끝나고 여전히 쫓기던 시절인 1897년 8월에 이
천 앵산동에서 여주군 강천면 도전리로 이주하여 4개월을 머물면
서 '이천식천설'以天食天說과 같은 법설을 했고, 손병희에게 동학의
도통을 전수했다.

이천식천설
이천식천설은 "한울
로써 한울을 먹는
다." 혹은 "한울이
한울을 먹는다."는
뜻이니, 이 세상의
만물이 약육강식이
아니라, 기화상생하
는 존재임을 밝힌,
동학 특유의 생태계
법칙이다.

전거언의 법설과 도통 전수
최시형이 여주에 머무는 동안 가족과 동학 지도자 손병희, 김연국,
손병흠, 김낙철, 김응삼金應三, 신현경申賢景, 염창순廉昌淳, 이용환(李容
煥=漢), 이춘경李春敬이 주변 마을에 가깝게 살고 있었다. 당시 최시

형은 71세의 고령으로 인한 신병으로 자리에 눕는 날이 많았지만 그런 병중에도 법설을 이어갔다.

『천도교창건사』에, 이 무렵 ① 향아설위向我設位 ② 삼경설 ③ 천어의 해석 ④ 이심치심설 ⑤ 이천식천설以天食天說 ⑥ 양천주설養天主說 설법이 있었다고 했다.

최시형은 12월 24일에 이르러 도통을 손병희에게 전수했다. 최시형은 날이 갈수록 건강이 나빠지자 장래에 대한 영감이 있었던 듯하다. 도통 전수의 자리에는 삼암 중 김연국이 없었던 것 같다. 천도교서에 "신사 도통을 의암에게 전하시고 송암·구암에게 위하사 왈, 여등 3인 중에 주장이 불무할지라, 고로 의암으로써 대도주를 삼노라 하시다."라고 기록하고 있다.

거듭된 위기 모면 과정

1898년 1월 3일, 최시형은 여주 병정들의 급습을 받았지만 가까스로 위기를 모면했다. 당시는 동학농민혁명이 끝난 뒤여서 관에서는 전국에 걸쳐 동학농민군을 색출하는 강력한 정책을 펴고 있었다. 각 관아는 물론이고, 민보병까지 동원되어 동학농민군을 추적하고 있었다. 따라서 동학 2세 교주 최시형을 체포하기 위한 탐색의 눈초리가 미치지 않은 곳이 없었다. 이때 죽산군竹山郡 보야평普野坪에서 뜻하지 않은 일이 벌어졌다. 김연국 연원의 동학 도인 권성좌權聖佐의 가벼운 입놀림으로 관에서 최시형의 거처를 알게 되었다. 관아에서 권성좌를 붙잡아 매질하여 최시형의 소재를 알아내고 죽산군 병정과 이천군 병정이 합세하여 출동했다.

최시형은 병정들이 체포하러 온다는 다급한 전갈을 듣고도 자리에 누운 채 한울님께 고할 따름이었다. 병정들이 최시형의 집에 밀어닥치자 손병희도 크게 당황했으나 본능적으로 위기에 대처한 듯하다. 손병희가 나서면서 "무례하게 사대부士大夫의 집에 함부로 들어오느냐!"고 호통을 쳤다. 손병희의 당당한 호통에 오히려 병정들이 기가 죽어 머뭇거렸다. "저희들은 이 자가 동학괴수가 이 집에 있다기에 체포하러 왔소." 하고 병정 대표가 어물거렸다. 손병희는 장작을 집어들고 권성좌를 향해 "이놈! 너는 어떤 놈이관대 사대부의 집을 동학괴수의 집이라 무고하느냐?" 하고 호통쳤다. 권성좌는 "매에 못 이겨 저도 모르게 나온 말이오." 했다. 그러자 병정들은 권성좌를 끌고 나가 다시 심한 고문을 가한 끝에 아랫동네로 내려가 서재 훈장이라는 김낙철金洛喆을 최시형으로 알고 체포해 갔다. 최시형은 전거언 윗마을에 머물고 김낙철 집은 아랫마을에 있었던 것 같다. 일설에 의하면 김낙철은 위기를 알고 '내가 최시형'이라 자청하여 체포되었다고 한다.

해월 최시형 묘소
현 경기도 여주군 금사면 주록리 '안산'에 있다. 교수형 끝에 서구문 앞 공동묘지에 묻혔다가 송파를 거처 현 위치에 안장되었다. 근처에 해월의 가족 묘소도 있다.

최시형은 한시라도 이곳에 더 머물러 있을 수가 없었다. 서둘러 그날 밤을 타서 양평(옛날에는 지평) 쪽으로 떠났다. 이용환(한)과 이춘경이 가마를 메고 손병희, 김연국, 손병흠이 뒤따랐다. 당시 정황을 "초 3일 밤이었으므로 캄캄하기 이를 데 없었고 숲이 우거진 산길은 폭설마저 내려 덮였고 엄동의 찬바람이 뼈를 에듯 몰아붙였다."고 적었다.

결국 최시형은 1898년 4월 5일 원주 송골에서 관병 송경인에게 체포된다.(원주 편 참조)

최시형 체포의 뒷이야기

도피 38년 사이에 최시형이 체포될 위기에 처한 적이 적지 않았다. 한번은 최시형이 머무는 집에까지 관군이 들이닥쳤으나 김낙철이 최시형을 자처하여 체포되는 바람에 위기를 모면했다.

최시형 묘소의 위치

현재 최시형의 묘소는 경기도 여주군 금사면 주록리(驪州郡 金莎面 走鹿里) 안산 골짜기 우측 능선에 자리하고 있다. 이 일대에서 제일 높은 원적산(圓積山 또는 天德峰) 정상에서 북동쪽으로 내려다보면 좌우로 두 줄기의 큰 산맥이 힘차게 내달리고 있는데 그 중 한쪽에 자리 잡은 것이다.

최시형은 1898년 음력 6월 4일 서울 시구문 앞 신당동 공동묘지 자리에 묻혔다가 이종훈李鍾勳이 주선하여 시신을 수습하여 송파에 사는 동학교도 이상하李相夏 소유의 뒷산으로 이장했다. 훗날 이상하는 관가의 지목이 두려워 교중에 묘소를 이장해 갈 것을 재촉했다. 당시 이종훈은 실촌면實村面 곤재(곤지암)장터 부근인 사동(寺洞, 절골)에 살았는데, 교단과 의논 끝에 2년 뒤인 1900년 음력 3월 12일에 지금의 자리로 이장했다.

많은 동학 지도자 배출, 동학 정신의 고향 이천

이천 지방의 동학교도 활동은 경기도 어느 지역보다 활발하게 전
개되었다. 당시 이천 접주로 거론되는 인물로는 권재천, 김규석金
奎錫, 이근풍李根豊, 이정오李正五, 전창진全昌鎭, 이주영李周永, 홍복용洪
卜用 등 지도자들이 많은 것으로 보아도 동학 교세가 성했던 사실
을 알 수 있다. 이천에서는 이런 막강한 교세를 바탕으로 1893년 3
월 보은취회에 4백여 명의 동학교도가 참가했고, 동학농민혁명 초
기부터 관아를 점령하고, 재기포 시기에는 부악산 전투를 치렀다.
이천은 동학농민혁명이 끝난 뒤에 최시형이 도피한 장소이며, 동
학교도에게 "향아설위向我設位 제례"를 선포하는 등 정신적 성지이
기도 하다.

이천은 손병희와 이종훈이 포교

이천에 동학이 처음 유입된 것은 수운 최제우가 포교한 시기로 추
정되지만 문헌 자료에는 1890년대 초에 나타난다. 손병희가 1890
년 들어 이천과 여주를 중심으로 포교에 힘쓰면서 교세가 크게 확
장되었다고 기록하고 있다. 그리고 여주군 실촌면 유사리 출신인

이종훈 1
이종훈은 1883년에
동학에 입도한 후 경
기도 편의장으로 동
학농민혁명 당시에
는 손병희 휘하에서
공주 우금티 전투에
도 참여하고, 을미년
이후에도 손병희와
동행했다.

동학 지도자 이종훈은 경기도 편의장으로 여주·이천·안성·용인·수원 등 경기도 여러 지역의 동학교도를 지도했다.

뒷날 이종훈은 3·1운동 33인 중 한 사람으로 활약한다.

갑오년 봄부터 본격 활동 전개

이천의 동학농민군의 활동은 1894년 동학농민혁명이 일어나기 전부터 나타나고 있다. 1893년 3월 보은취회 이후 수령과 토호들의 탄압이 가중되자 1894년 봄 이용구를 대표로 하여 수천 명의 동학농민군이 이천에 집결하여 이천군수에게 강경하게 항의하는 한편 감옥에 갇혀 있는 동학농민군들을 석방시켰으며, 탐학으로 빼앗겼던 재산을 되돌려 받았다.

재기포 시기에 관아를 점령하고, 부악산 전투 치러

좀 더 본격적인 활동은 재기포 시기에 이루어진다. 최시형의 기포령이 내려지자 이천의 동학농민군은 9월 24일 기포하여 이튿날 25일 새벽 수천 명이 음죽현 관아를 점령하고 군기고를 탈취했다. 음죽현을 점령한 동학농민군은 9월 27일 부악산(현 설봉산, 경기도 이천시 사음동 소재)과 그 뒤쪽 능선 너머에 해당하는 소정리와 마교리에서 관·일본 연합군과 대규모 전투를 치렀다. 이 설봉산 전투에서 동학농민군이 사용한 무기는 관아에서 탈취한 화승총과 같은 재래식 무기가 전부였다. 동학농민군은 신식총으로 무장한 일본군을 상대로 밭이랑에 엎드려 치열하게 싸웠으나 많은 희생자만 내고 패했다. 부악산 전투에 대해 『양호우선봉일기』兩湖右先鋒日記에 "이

이종훈 2
이종훈은 1900년대 들어서도 천도교 활동을 계속하여 3·1운동 시기에 민족대표 33인 중에 최고령자로 참여했으며, 이후 고려혁명당에도 고문으로 참여하는 등 개혁적인 일생을 살았다.

천의 일본 병참소兵站所에서 동도東徒 30여 명을 체포했다. 5명은 도망했고 나머지 20여 명 중 괴수 10여 명은 포살砲殺·방살放殺하고 그 나머지는 백방白放했다."고 기록하고 있다.

이종훈은 동학농민군을 이끌고 공주 전투에 참가

부악산 전투 이후 이천의 동학농민군은 주눅들지 않고 안성의 동학농민군과 연합하여 9월 29일 이천·안성·진천 등 3개 고을의 동헌을 연달아 점령했다. 당시 진천현에서는 이두황에게 "9월 29일 이천 안성의 동학농민군 수만 명이 관아를 쳐서 현감과 향리·관속을 결박한 후 군기고의 무기를 모조리 탈취했다."고 보고했다.

　이종훈은 경기도와 충청도 지역의 동학농민군 수만 명을 이끌고 충북 음성군 금왕읍 무극장터로 진출했다가 충주·황산·괴산

「오하기문」
조선 말기 황현이 지은 야사野史 동학농민혁명의 발생 원인과 경과를 비교적 자세히 기록하고 있다. (이천향교)

을 거처 청산 문바윗골에서 손병희군의 좌익으로 공주 우금티 전투에 참여했다.

당시 이종훈이 지휘한 지역과 접주로는 충주 홍재길洪在吉·이용구李容九·신재련辛在蓮, 수원 김래현金來鉉, 음죽 박용구朴容九·권재천權在天, 안성 임명준任命準·정경수鄭璟洙, 양지 고재당高在棠, 여주 홍병기洪秉箕·임순호林淳灝·신수집辛壽集·임학선林學善, 이천 전규석全奎錫·전창진全昌鎭·이근풍李根風, 양근 신재준辛在俊, 지평 김태열金泰悅·이재연李在淵, 광주 염세환廉世煥, 원주 이화경李化卿·임순화林淳化, 횡성 윤면호尹冕鎬, 홍천 차기석車基錫·심상현沈相賢·오창섭吳昌燮 등이다.

동학농민혁명에서 특히 이천의 동학 지도자들이 많이 희생되었다. 이주영 접주는 수원 양지에서, 박봉학朴奉學, 이돈화李敦化는 음죽에서, 근곡芹谷의 홍복용洪卜用이 회인懷仁에서, 서수영徐壽永, 조인이趙仁伊, 원석만元石萬, 김석재金石才 등이 보은 구기점에서 포살되었다. 이로 보아 이천 동학교도들은 다른 지방에서 활동을 벌인 것으로 보인다. 그리고 접주 이정오李正五가 지평 감역 출신 민보군 대장 맹영재에게 희생되었다.

이천 앵산동櫻山洞에서 향아설위向我設位 제례 선포

음죽군 앵산동(현 이천군 설성면 수산1리)은 개울가 마을인데, 어느 해 대홍수로 떠내려갔으나 다시 언덕 쪽으로 이주해 마을을 이루었다. 당시 최시형의 은거지였던 신정희申正羲의 집은 개울가에 있었을 것으로 짐작한다. 고 표영삼 상주선도사의 취재에 따르면 앵산동

향아설위 1
이 제사법은 최시형이 시천주사상에 입각하여 종래 유교식 향벽설위를 타파하며 제창한 것이다. 오늘날 천도교인들은 향아설위 법과 청수 한그릇으로 번다한 제사음식을 갈음하는 '청수일기' 제사법을 따르고 있다.

이란 이름은 동네 뒷편 산 능선에 있는 앵봉鸚峰이라는 봉우리 때문에 붙여진 이름으로, 들판과 야산이 연이어진 작은 마을이다. 향아설위向我設位 제례는 1897년 4월 5일 동학 창도 기념일에 반포되었다. 이는 동학농민혁명 실패 뒤에 71세 고령의 최시형이 강원·충청·경상도 등지를 전전하며 은신하다가 막다른 피신처인 앵산동이란 작은 마을 신정희의 집에 머물던 시기였다. 최시형은 제자들이 여느 때처럼 벽을 향해 제수祭需를 차리자 갑자기 "제상을 나 자신에게 향하도록 돌려 놓으라." 했다. 뿐만 아니라 모든 제자들에게 제상을 각각 하나씩 받게 했다. 이어 최시형은 "모든 제례는 과거 향벽설위向壁設位하던 제도를 폐지하고 앞으로는 향아설위向我

設位 제례를 행하도록 하라."고 선포했다. 이 향아설위 제례법은 신과 사람이 상하 관계에 있는 것이 아니라 신이 살아 있는 사람 안에 임재한다는 신인합일神人合一의 혁명적인 이치를 밝힌 것이다.

**미래를 향한
오늘의 헌신**
최시형은 앵산동에서 38년의 기나긴 잠행이 끝나가는 시간을 직감한 듯하다. 곤고한 중에도 동학 재건을 위한 정비에 힘쓰는 한편, '생업을 도모하면서 도에 헌신하라.'는 말은 미래의 비전을 위한 오늘의 헌신을 강조하고 있다. 최시형의 기나긴 잠행이 끝난다 할지라도 새로운 때를 준비해야 한다는 뜻이었을 것이다. (앵산동에서 사방으로 열린 길. 해월은 이곳에 머무는 동안 한시도 안심하고 거처할 수 없었다.)

만년에 접어든 최시형, 앵산동에서 비전 제시

최시형이 지목을 피해 이곳 앵산동에 들어오게 된 것은 예포禮包 박희인(朴熙寅=德七)의 주선에 따른 것이다. 당시 최시형은 여름 복더위 중에 심한 이질을 앓았다. 그런 중에도 "8도 두목들이 내왕하여 첩지를 수천 매씩 갖고 갔다."고 하여 심신이 곤고한 중에도 전국적인 조직을 재정비하는 일에 착수했음을 알 수 있다. 또, "이제부터 생업을 도모하면서 도에 헌신하라."는 말과 함께 "도의 재건을 위해 장기적인 노력이 있어야 한다."는 점을 강조했다. 즉 생업 속에서 동학을 실천하라는 미래지향적인 비전을 제시한 것이다.

최초로 기포하여 안성·죽산 군아 차례로 점령 안성

보은취회 때부터 활동

안성은 일찍부터 동학교도의 활동이 활발했다. 『천도교서』에, "1893년 3월 보은취회 때 안성접安城接에서 3백여 명, 죽산접竹山接에서 4백여 명이 참여했다."는 기록이 이를 뒷받침한다. 동학농민혁명 당시 안성포는 정경수鄭璟洙 접주가, 죽산은 임명준任命準 접주가 관할하고 있었다.

재기포 선언 전에 안성·죽산 관아 점령

1894년 9월 동학농민군이 각처에서 기포할 때 안성·죽산의 동학농민군은 손병희의 관할 하에서 활동했다. 『양호우선봉일기』에 "1894년 9월 9일경 동학농민군이 경기도 죽산과 안성에 침범하자 장위영壯衛營 영관 이두황李斗璜을 죽산부사, 경리청經理廳 영관 성하영成夏泳을 안성군수에 각각 임명하여 군대를 인솔하여 진압토록했다."고 썼다. 따라서 경기도 지역에서 가장 먼저 기포한 곳은 안성과 죽산으로 볼 수 있다. 성하영은 안성군수로 부임한 뒤 접주 유구서兪九西, 김학여金學汝, 김금용(金수用, 진천) 등을 체포하여 효수했

안성 동학농민군
안성 지역의 동학농민군은 위세가 대단하여 이천의 동학농민군과 합세해 이천, 안성 관아를 잇따라 점령했다. 그 여파로 수세에 몰린 후기에는 가혹한 보복 살상을 당했다.

다. 이를 군중에 알리는 한편 동학농민군을 진압하고자 하였으나 오히려 동학농민군을 자극하여 관아가 점령당하는 수모를 겪는다. 즉 안성 동학농민군은 9월 말경에 이천의 동학농민군과 연합하여 이천 관아를 점령하고 이어 안성관아를 점령했다. 관아를 점령한 동학농민군은 관리들을 결박하였으며, 무기고를 파괴하고 병기를 탈취하여 무장했다. 관아가 점령되자 성하영은 동학농민군을 제대로 진압하지 못했다 하여 파면당했다. 이어 홍운섭洪運燮이 안성군수로 임명되었으나 그 역시 직무를 수행하지 못한 혐의로 1895년 3월 곤장 1백대를 맞고 1등급 감하는 조치를 받았다.

양호우선봉일기
9월기포 때 장위영 영관으로 임명된 이두황의 진중일기. 이두황은 경기도 일대는 물론 목천 세성산, 해미, 서산, 논산 등지에서 전투를 벌여 수많은 동학농민군을 살해하거나 상처를 입혔다.

동학농민혁명 시기에 안성 관아는 잦은 군수 교체 사실로도 알 수 있듯이 동학농민군으로부터 수 차례 공격을 받았다. 『안성군지』도 "갑오혁명 당시 죽산 읍내는 병화兵禍로 가옥이 불타 큰 피해를 입었다."고 기록하고 있다. 당시 안성과 죽산에는 경군 8백여 명과 일본군이 주둔하면서 동학농민군을 가혹하게 토벌했다. 죽산에 주둔한 이두황은 정부에 군대의 증파를 요구하는 한편 동학농민군을 체포하는 자에게는 상금을 내리고, 체포되면 현장에서 즉시 처형했다.

왜무덤 골짜기

일죽면 능국리에 '왜무덤 골짜기' 이야기가 전해 온다.

북상한 동학농민군 5명이 이 지역 동학교도와 공모, 능국리에 잠입하여 일죽에 주둔한 일본군 2명을 살해하기 위해 기회를 노리고 있었다. 그러나 일본군이 먼저 이런 정보를 입수하고 동학농민군 다섯 명이면 혼자서라도 능히 처치할 수 있다고 장담하면서 홀로 능국리에 나타났다. 그런데 동학농민군이 먼저 그를 급습하여 일본군을 살해했다. 동학농민군은 일본군의 목을 잘라 칼에 꽂고 춤을 추는 등 사기가 충천했다. 곧 일본군이 증파되어 사태가 불리하게 전개되자 동학농민군은 다른 지역으로 자취를 감췄다. 일본군의 시체는 증파된 일본군에 의해 수습되어 능국리 골짜기에 묻혀 그 뒤로 '왜무덤 골짜기'라 불리고 있다.

이 사건과 관련하여 『양호우선봉일기』에 "1894년 10월 2일 송파의 일본군 병참소에서 이시구로(石黑) 대위가 인솔하는 제3중대 병정 21명이 왔다."고 기록하고 있는데, 이는 보복하기 위해 들어온 병력으로 보인다. 이 선발부대는 안성을 거쳐 청주·공주로 이동하며 동학농민군 토벌전을 벌였다.

황산의 담판
경기도 편의장 이종훈은 황산에 진을 친 후 관군의 선유사 정경원과 담판을 벌여 싸우지 말고 서로 물러서자고 하였다. 정경원은 이를 받아들여 성산 쪽으로 물러가고, 동학농민군은 보은으로 이동하였다.(왜무덤 골짜기가 있는 능국리 전경)

동학농민군과 관·일본군의 대치

1894년 9월 9일, 동학농민군이 경기도 죽산과 안성에서 봉기하여 관아를 점거하자 다급해진 조정은 '동비 토벌'을 위해 군사를 급파한다.

이두황이 9월 20일 장위영병을 이끌고 서울을 출발한다. 당시 관군은 일본군의 경복궁 침탈 이후 압수했던 모젤총 400정과 탄약 4만 발로 중무장하고 있었다. 이두황이 용인·양지를 거쳐 22일 죽산 백암장터, 다음날 죽산 관아에 도착하자 곧바로 비봉산에 진을 치고 광혜원과 음성에 주둔한 동학농민군의 공격에 대비한다.

당시 황산에는 이종훈, 이용구와 같은 이 지역 지도자를 비롯하여 충주·안성·양지·여주·이천·지평·광주·원주·횡성·홍천 등 충청·경기·강원 지방의 교도들이 주축이 된 동학농민군이 주둔해 있었다. 그 위세는 비봉산에 주둔한 관군을 압도하고 있었다.

관군이 사창리로 들어와 황산에 주둔한 동학농민군과 대치한다. 당시 이종훈은 선유사 정경원과 담판을 시도하여 싸움을 벌이지 않고 동학농민군을 보은 쪽으로 이동시켰으며 관군은 사창리에서 10리 밖 성산으로 후퇴하여 진을 친다.

왜무덤 골짜기
이곳에 동학혁명 때 죽은 왜군을 묻은 왜무덤 골짜기가 있었다고 하지만 지금 이 사실을 아는 이는 별로 없다.

북실 전투 이후 칠장사에 전투

이 밖에 안성의 동학농민군 박공선朴公善은 1894년 10월 14일 보은 풍취점에서, 기좌촌 출신 신덕보申德甫는 10월 16일 회인 전투에서 붙잡혀 이두황군에 의해 포살되었다.

　공주 전투에서 패한 동학농민군은 북실에서 패한 뒤 음성 되자니 전투에서 패했고, 이어 안성 칠장사에 몸을 피했지만 또다시 전투를 벌인 뒤 동학 지도자들마저 사방으로 뿔뿔이 흩어지게 된다.

용인·광주 경기도 최초의 전투지, 김량장터

용인, 일본군의 토벌 출발지
청일전쟁을 끝낸 일본군은 동학농민군을 섬멸하고자 부대를 삼분하여 동학농민군을 포위압박해 들어갔다. 이때 일본군 중로군은 용인을 기점으로 하여 동학군 토벌에 나섰다.

양지를 중심으로 기포, 용인 김량장터 싸움

용인의 동학농민군은 최시형의 9월 18일 기포령이 내려지기 전에 양지陽智 고재당高在棠 접주 주도로 활동을 시작했다. 당시 일본이 이노우에(井上馨)를 조선공사로 파견한 것은 본격적인 조선 침략을 의미하고 있었다. 일본군은 동학교단이 9월 재기포를 선언하자 곧바로 무력을 증강했고, 본격적인 동학농민군 토벌전에 돌입한다. 일본군은 10월 15일 용산을 출발하여 동 : 가흥→충주→문경→대구, 서 : 수원→천안→공주→전주, 중 : 용인→죽산→청주→성주의 3로路로 나누어 동학농민군 포위 섬멸 작전에 돌입했다.

먼저, 중로로 출발한 이두황군은 9월 21일 경병을 이끌고 용인에 도착했다. 이두황은 이곳에서 일본군 30여 명과 또 다른 관군 이희두李熙斗·김광수金光洙·강원로姜元魯가 합류했다. 당시 고재당을 중심으로 활동하던 용인 동학농민군 주력은 이미 보은 장내리로 출발했으며, 이용익李用益·정용전鄭龍全·이주영李周英·이삼준李三俊 등이 지역에 남아 활동하고 있었다. 이두황군의 야간 습격으로 김량장터에서 접전이 벌어졌다. 일본군의 신무기 앞에서 무장이

열악한 동학농민군은 속수무책이었다. 여기서 동학농민군 이용익, 정용전, 이주영, 문용삼 등이 포살되었다. 이날 관군 이희두는 동학농민군 3명을 체포·심문했으나 죄가 없다 하여 방면했다.

네 접주를 양지 대로변에서 총살

이어 이두황은 용인 지역 직곡直谷과 김량金良에 동학 접소가 있어 그 세력이 매우 크다는 말을 듣고 그날 밤 영관 원세록元世祿, 대관 박영우朴永祐, 별군관 이겸래李謙來에게 병사 1백여 명을 주어 직곡 접주 이용익과 김량 접주 이삼준 외 동학농민군 20여 명을 체포했다. 이들을 양지읍으로 압송해서 이미 양지 향청에 붙잡혀 있던 동학농민군 20여 명과 함께 취조했다. 그 결과 이용익, 정용선, 이주영, 이삼준 등 네 접주를 양지읍 대로변에서 총살하고 경중을 가려 나머지는 석방했다. 이 밖에 용인 접주 이청학李青學이 10월 17일 충청도 문의장터 싸움에서 포살된 기록이 보인다.

광주 지역 동학교도 활동

용인과 인접한 광주지역에서도 동학 활동 기록이 발견된다. 이 중 연갑달延甲達은 동학농민혁명이 끝나고 진행된 재판에서 그에 대한 투쟁 활동 기록이 나온다. 이 밖에도 연문진延文辰 김인달金仁達 박영학朴永學 이기오李基五 김부연金富淵 김재만金在萬 김계보金桂甫 염세환廉世煥 이태용李泰容 등의 동학 지도자의 이름이 언급된 것으로 미루어 동학교도의 활동이 자못 성했을 것으로 보인다.

양지 도소의 참극
용인 직곡과 김량에는 동학 접소가 있었는데, 관군은 이곳을 급습하여 다수의 접주와 동학농민군을 체포했다. 이용익 등 네 명의 접주는 양지읍 대로변에서 총살당했다.

수원 서장옥·안교선의 포교 지역

수원 동학
수원 지역은 아산 안교선의 주도로 포덕이 일찍부터 진행되었다. 보은취회에는 840명의 동학교도가 참여했다. 9월 재기포 이후에는 5천여 동학농민군이 관군과 치열한 공방전을 벌인 끝에 수원성을 점령했다는 기록이 보인다.

수원 지역, 동학의 큰 세력 형성

1883년 들어 경기도와 충청도 지역의 인물들이 단양에 머물던 최시형을 방문하고 지도를 받았는데, 경기 지역에서는 안교선安敎善과 서인주徐仁周 등이 참여했다.

아산의 안교선은 안교백安敎白·안교강安敎綱과 함께 수원을 비롯한 경기 지역에 동학을 포교하는 데 주도적인 역할을 했으며, 그 결과 그의 문하인 안승관安承寬·김내현金來鉉·이민도李敏道 등이 수원 지역의 유력한 지도자로 급부상했다. 이와 동시에 서장옥이 수원 지역 동학 포교에 상당한 역할을 했다. 기록에 따라 간혹 서장옥을 수원 출신으로 보는데, 이는 수원 지역을 포교했던 일과 관련이 있어 보인다. 서장옥은 갑오년 봄에 청주로 옮겨서 진잠·문의·금산취회를 주도하고, 동학농민혁명 후기에 청주성 전투 뒤에 홀연히 자취를 감췄다가 1900년에 청주에서 손천민과 함께 붙잡혀 교수형에 처해진, 일정 부분 수수께끼의 인물이다.

수원성 전투
수원성은 동학농민
혁명 당시 한때 5천
여 명의 동학군이
점령하였고, 며칠 동
안 치열한 전투를
치렀다.

안승관·김내현 두 지도자 탄생

앞에서 언급한 바와 같이 안교선과 서장옥의 노력으로 수원 지역의 동학은 세력이 크게 늘어났으며, 1890년 육임제를 실시하자 서병학·장만수張晩秀·이규식李圭植·김영근金永根·라천강羅天綱·신규식申奎植 등이 접사로 임명되었다. 그리고 수원 지역 동학을 주도한 안승관은 경호대접주京湖大接主로, 김내현은 경호대접사京湖大接司에 각각 임명된다.

9월 말에는 안승관·김승현이 5천 명의 동학농민군을 이끌고 수원성을 점령하고 남쪽에서 올라오는 동학농민군을 기다리다 관·일본군의 공격을 받아 며칠 동안 싸웠으나 패하고 말았다.

양평·양근·지평 강원도와 연계된 활동

강원도와 연계된
동학 활동
양평의 동학농민군
들은 강원도 지역의
동학농민군들과 서
로 호응하며 교류하
였다. 그러나 두 지
역의 동학농민군 모
두 지평 감역 출신의
민보군 대장 맹영재
에게 발목이 잡혀 활
동이 자유롭지 못하
였다.

세 고을 연합군 홍천으로 진출

양평陽平의 동학 세력은 양근陽根과 지평砥平을 중심으로 형성되었
다. 이 지역 동학농민군은 신재준辛載俊, 김태열金泰悅, 이재연李在淵
의 주도로 기포했다. 특히 경기관찰사 신헌구의 보고에 "지평현의
고석주高錫柱, 이희일李熙一, 신창희申昌熙가 이끄는 동학농민군 수백
명이 강원도 홍천에 접소를 설치하고 활동하고 있다."고 했다.

그리고, 최시형의 막바지 도피처로 지평 갈현 이강수李康洙의 집
을 택했다는 기록이 있으나 사실 확인이 이뤄지지 않았다. 양평 지
역의 동학농민군은 지평현 전 감역監役 맹영재孟英在가 이끄는 민보
군 1백여 명과 대치하느라 보은 장내리에 참여하지 못하고 인접
지역인 홍천으로 진출했다. 이들은 처음에는 맹영재에 의해 동학
농민군 신재규 등이 붙잡혀 참살당하기도 했으나, 나중에는 충주
군 황산의 충의포에 합류했다.

민보군 맹영재의 토벌

맹영재는 감역이었으나 지평과 홍천의 동학농민군을 토벌한 공적

을 인정받아 9월 26일 소모관에, 29일에는 지평현감에 임명되었다. 맹영재는 여주·진천·이천 등지의 동학농민군을 토벌하는 데 큰 공을 세웠다고 기록하고 있다. 맹영재는 강원도와 경기도에 이어 11월에는 충청도 지역으로 이동하면서 토벌전을 벌였다.

『오하기문』에서 황현은 맹영재의 행적을 비판적으로 보았다. "맹영재는 회덕에서 적을 추격했지만 계속하여 패했다. 맹영재가 거느린 부대는 대부분 지방에서 모집한 병사들로 구성되었고, 무기는 적과 같았지만, 죽기를 각오한 적과는 사기에서 차이가 있으므로 패배를 당했다."고 기록하고 있다.

동학농민혁명 재판에 회부된 동학 지도자

동학농민혁명이 끝나고 진행된 재판에 양근 신재준辛在俊, 지평 김태열金泰悅·이재연李在淵, 양천 김한영金漢英·최형순崔亨順, 양주 최형식崔亨植 등의 지도자들의 활동이 언급되고 있지만 활동이 구체적으로 밝혀지지 않았다.

맹영재孟英在
포수를 주축으로 민보군을 결성하여 경기·강원 일대의 동학군 토벌에 '공훈'을 세운 민보군 대장. 홍천 서석리 전투도 그가 주도했다. 맹영재는 그 공으로 지평군수가 되었다. (지평향교)

서울 서울에서도 동학농민혁명이 있었다

동학의 땅 서울
을미년(1895)에 접어
들면서 서울은 "동
학의 땅"으로 급변
해 간다. 각지에서
서울로 붙잡혀 온 동
학농민군에 대한 재
판이 빈번하게 열렸
고, 이를 구하려는
동학 지도자들이 위
험을 무릅쓰고 상경
하였다.

지금까지 서울 지역의 동학혁명 사적이나 동학교도 활동에 대해
체계적으로 정리된 것이 없었다. 서울의 동학농민혁명 사적은 ①
동학 유입 ② '광화문 복합상소' 전후 시기 동학교도 활동 ③ 동학
농민혁명이 끝나고 진행된 동학교도에 대한 재판 기록을 통해 본
동학농민혁명 시기의 동학교도의 활동 ④ 최시형의 수감 생활과
교수형 집행 과정과 그 시기의 동학교도의 활동으로 요약된다.

1880년대에 동학 유입

서울에 동학이 들어온 시기는 1880년대 중·후반쯤으로 보인다.
이를 뒷받침하기 위해 서울 출신의 두 동학 지도자 신정엽辛正燁·
최창한崔昌漢의 행적에 대해 주목할 필요가 있다.

최시형이 관의 지목을 받아 괴산 신양동에서 은거하고 있을 때
인 1889년 10월에 여러 동학교도가 관에 체포되는데, "시월十月 사
문師門 서인주徐仁周, 강한형姜漢馨(尙州人), 신정엽辛正燁(京城人) 자경피
체"自京被逮(『侍天教宗繹史』)라 하여 최초로 서울의 동학 지도자 급 인
물 신정엽의 이름이 보인다. 신정엽은 최시형이 "돈을 써서라도

구출해야 한다."고 했을 만큼 교단에 비중이 있는 인물이었다. 결국 신정엽이 풀려났지만, 뒷날 구체적인 동학 활동은 알려지지 않다가 동학농민혁명이 끝난 1895년 재판 기록에서 다시 그를 만나게 된다. 이 재판을 통해서 신정엽이 북장동에서 거주했다는 사실과 동학 관련 행적이 밝혀진다. 아무튼 서울 출신 신정엽은 1880년대 말부터 동학 지도자로 활동을 전개했다.

최창한에 대한 기록은 1893년 '광화문 복합상소' 시기부터 나온다. 최시형은 2월 초순에 서병학을 먼저 서울로 보내 봉소도소를 '남소동 최창한 집'(南小洞 崔昌漢家)으로 정하였다. 일제 강점기에 제작된 경성 지도에 따르면 당시 남소동의 위치는 현재의 장충체육관 부근으로 추측되는데, 서울 한복판에 이미 동학교도가 살고 있었음을 보여 준다. 이로 미루어 1880년대 후반이나 최소한 1890년대 초에 이미 서울 도성에 동학이 유입된 것은 명백하다.

광화문 복합상소 시기 활동

동학교단은 동학 공인 운동(교조신원운동)에 대한 교도들의 요구가 잇따르고, 동학 공인을 지방 감영에 호소하는 것은 한계가 있다는 점을 인식하고, 마침내 중앙정부에 직접 상소를 제기할 계획을 세웠다. 1892년 12월 6일 복합상소에 대비한 도소를 충청도 솔뫼(신송리)에 설치하고 서울로 올라와 최창한 가에 봉소도소를 차린다.

지도부는 광화문에 나아가 2월 11일부터 13일까지 수십 명의 도인과 함께 엎드려 일제히 통곡을 하면서 상소를 했다. 이때 "통곡소리가 장안을 진동하고 백악白岳과 인왕산仁旺山에 메아리쳤다."고

서울의 동학도소
서울 출신 신정엽은 1880년대부터 활동을 하다 관에 체포되는데, 해월 최시형은 "돈을 써서라도 구출해야 한다."고 했다. 최창한 가에는 1893년 광화문 복합상소 당시 지휘소인 '봉소도소'가 설치되었다.

했다. 처음에는 상소 절차의 잘못을 들어 상소문 접수조차 거부하던 조정은 동학도인의 상소가 사흘 밤낮 계속되자 14일에야 "각각 집에 돌아가 그 업業에 편안하면 소원에 의하여 실시하리라."는 칙령을 내렸다. 이 칙령을 받은 지도부는 일단 해산하고, 보은의 도소로 돌아왔다.

동학교단은 궁궐 앞 복합상소에서 별 성과를 얻지 못했다. 오히려 "이단을 내세워 야료를 부리는 자들은 선비로 대우할 수 없으며, 국법에 따라 다스릴 것이다."라고 하는 전교傳敎와 함께 상소 주동자에 대한 정부의 탄압이 뒤따랐다. 말하자면 1892년 10월 공주취회 때부터 벌여 온 교조신원운동이 성과를 얻지 못함으로써 동학 지도부의 요구는 원점에 서게 된 셈이다.

광화문 복합상소 1
1892년 공주취회와 삼례취회에서 '동학 금압禁壓은 조정朝廷에서 하는 일이라 지방관은 어쩔 수 없다.' 는 회신을 받았으므로 동학교단은 조선의 정궁인 경복궁 정문 광화문 앞에서 동학 창도주에 대한 신원 운동을 전개했다.

외세를 배척하는 괘서 사건

광화문 복합상소가 진행되는 동안 "서병학은 교도로 하여금 군복을 갈아입게 한 후 병대와 협동하여 정부 간당을 소탕하고 크게 조정을 개혁하는 무력 혁명을 꾀하기도 했다."는 기록이 보이지만 이는 확인된 사실이 아니다.

또, 광화문 복합상소 직후에 서울의 외국 공사관과 교회당에 서양인과 일본인을 강력하게 배척하는 내용의 격문(揭書)들이 나붙었다. 서울에서 발생한 외국인 위협 격문은 여러 건으로, 미국인 선교사 집에 2건, 프랑스와 일본 공사관에 각 1건의 격문이 붙었다. 2월 14일 미국인 선교사 기포드의 학당에 붙은 격문을 시작으로 한 달여 동안 잇따라 발생한 격문 게시 사건은 국내외에 커다란 파장을 일으켰다. 격문의 내용은 "영국과 미국 영사관과 예배당 및 일본 영사관과 그 주택에 외국인은 속히 퇴거하라."는 내용으로, 서양의 기독교 침투와 일본의 세력 확장에 강한 증오심을 담고 있었다. 격문의 내용만으로는 배외排外 운동을 주도한 세력이 누구인지 단정하기 어렵지만 동학교도의 행위라는 견해가 지배적이다. 또 서울 지리에 어두운 외지의 동학교도가 격문을 게시했다기보다 서울 동학교도가 주도한 행위, 최소한 그들이 주요한 역할을 한 것으로 보는 것이 타당할 것 같다.

동학과 관련되어 재판을 받은 서울 거주자들

그렇다면 당시 서울의 동학교도의 수효는 얼마나 되었을까. 이에 대한 구체적인 기록이 없어 알 수 없으나 정황으로 추측은 가능할 것이다.

1895년 3월 29일 동학농민혁명 지도자 전봉준, 손화중, 최경선, 김덕명, 성두한을 처형함으로써 동학농민혁명의 막을 내리자 일제는 조선 침략에 걸림돌이 되는 동학교도 색출 및 절멸을 획책한다. 이에 따라 전국에서 동학교도를 학살하거나 잡아들이기 시작하는데, 4월 19일과 5월 24일 두 차례 재판에 회부된 동학교도 중 거주지가 서울인 교도가 약 20명이다. (부록2 : 동학 관련 인물 재판기록 참조) 재판은 조선 조정의 관원이 앞장서고 뒤에서는 경성주재 일본 영사의 회심으로 진행되었으며, 동학 활동을 한 혐의를 가진 동학교도와 동학농민혁명 시기에 '동학란'을 방어하지 못한 관료에 대한 재판이 주다. 따라서 이들의 주된 혐의는 "비류(匪類, 동학교도)

광화문 복합상소 2
동학교단은 복합상소에서도 큰 성과를 얻지 못하고 물러났지만, 서울 한복판에서 국내 정세를 파악한 것은 물론 세계열강이 앞다투어 들어와 자리를 차지하는 실상을 목격하고, 반외세 괘서운동을 전개하기도 했다. 곧 장내리 집회로 이어졌다.

활동 동조"와 "비류를 방치한 수령에 대한 문책성" 재판이 대부분이다. 피고인들의 직업이나 나이는 전직 고위 관리에서 무직에 이르기까지 다양하고, 형량은 교수형絞首刑에서부터 유배형까지 비교적 중형에 처해졌다.

서울의 동학교도 피고인 20명의 거주지도 사대문 안팎에 골고루 분포하는 것으로 보아 일정한 연원 조직이 있었다기보다 점조직 형태로 교도들이 분포했던 것 같다. 그러나 그들의 역할은 단순하지 않은 측면이 있다. 즉, 동학교단에서는 서울의 동학 조

서울 한복판의 천도교중앙대교당
해월 최시형이 교수형에 처해질 때 "나 죽은 10년 안에 주문 읽는 소리가 장안에 진동하리라"고 예언했다.

직을 통해 일정한 정보를 제공받고 있었던 것 같다. 예컨대 최시형의 9월 재기포 선언은 일본군의 경복궁 침탈이나 일본군의 움직임을 낱낱이 꿰뚫고 내린 결정이었다. 최시형이 결단을 내리게 된 것은 단순한 풍문이 아니라 동학 포 조직을 통해 입수된 정확한 정보에 의존했다고 보는 것이 설득력이 있을 것이다.

이준용, "동학당과 통모通謀 경성 습탈 사건"으로 재판 받아
1895년 4월 19일, 대원군의 손자 이준용李埈鎔은 서울에 거주하는 이내춘李乃春, 윤진구尹震求, 조용승曺龍承 등 23명과 함께 동학 활동과 관련되어 재판을 받는다.

이들의 혐의는 "…작년(1894) 6, 7월에 동학당이 처처에 봉기하야 인심이 흉흉한 때를 타서…동학당에게 통모하야 경성을 습탈襲奪하라 하되 성내 인민이 책동"하였다는 것이었다. 즉 서울 안에서 동학군의 내습을 틈타 주요 관료를 제거하고 정권을 탈취한다는 음모를 꾸몄으나 사전에 발각되어 체포되었으며, 일부 요인에 대한 살해까지 벌어졌다. 위와 같은 사실은 서울 지역 동학교도 활동이라는 점을 주목할 필요가 있다.

이들 피고인 23명의 거주지는 서울 8명, 경기도 7명(광주, 양주, 시흥, 강화, 양천 2명, 부평), 전라도 3명(남원 2명, 금산), 경상도 3명(선산, 영천, 하동), 충청도 1명(연산), 평안도 1명(가산) 등으로 다양하다. 이들의 형량도 교수형 5명(박준양, 이태용, 전동석, 최형식, 고종주), 종신형 유배 10명(이준용, 한기석, 김국선, 고치홍, 이여익, 서병규, 이영배, 김한영, 장덕현, 최형순), 유배 15년 2명(임진수, 허엽), 유배 10년 3명(김명호, 윤진구, 정조원), 무죄 3명(김내오, 이내춘, 조용승) 등으로 비교적 형량이 무거운 편이다.

그렇지만 이 재판은 민씨 일파가 적대 관계에 놓인 대원군 세력을 제거하려는 정치적 의도가 깔려 있어서 온전히 동학교도의 행위로만 보는 것은 문제가 있을 수 있다. 다만, 대원군 - 전봉준 밀약설이 당시에 사실 여부와 상관 없이 풍문으로 떠돌고 있었던 점도 이 상황을 이해하는데 도움이 될 것이다.

서울 동학교도 활약
서울의 동학교도들의 활약은 그 자체의 활동력보다 조정의 움직임과 일본을 비롯한 외세의 움직임을 충청도 및 전라도의 동학 지도부에 전달하는 데서 가치가 더욱 크게 발휘되었던 것으로 보인다.

최시형의 옥중 생활

최시형의 수형생활과 재판 과정, 최후에 대해서는 수형 제29주년을 맞아 1927년 6월 2일에 서울 시내를 돌면서 회고한 조기간趙基竿

의 〈해월신사의 수형 전후 실기〉가 비교적 정확하다.

최시형은 1898년 4월 5일(음력) 낮 12시경 원주에서 북쪽으로 30리가량 떨어져 있는 '송골'이란 마을에서 송경인宋敬仁이란 자에게 체포되었다. 문막과 여주를 거쳐 서울로 압송되어 광화문 경무청(光化門 警務廳, 현 광화문 정부중앙청사 별관 자리)에 구금되었다. 여기서 10여 일간 문초를 받다가 기소되어 서소문 감옥(현재 서소문 파출소 근처)으로 옮겨졌다.

손병희·김연국·이종훈은 최시형이 체포된 직후 급히 각지 동학 교인에게 최시형의 체포 사실을 알리는 통문을 내는 동시에, 서울에 차례로 잠입하여 사후 대책을 논의한다. 이종훈을 경무청에 위장 취직시켜 최시형의 옥바라지를 하자는 방안을 세우고 돈 100냥을 마련하여 순검 자리를 매관賣官하여 첩지까지 받게 되었다. 그러나 최시형이 곧 서소문 감옥으로 이감되었기 때문에 순검 자리가 필요없게 되어 첩지를 돌려주고 돈 100냥을 돌려받았다.

이제 동학 교중의 관심은 서소문 감옥으로 쏠리게 되었다. 의논 끝에 이번에는 이종훈이 감옥 간수 김준식金俊植을 매수하기로 한다. 이종훈은 간수 김준식에게 접근하여 최시형이 만성 설사로 인해 먹지도 못하고 피골이 상접하도록 고생한다는 사실을 알게 되었고, 옥중으로부터 최시형의 비밀편지를 받는데 성공한다.

편지 보았소. 여러 도인 다들 잘 있습니까. 내가 이렇게 된 것을 조금도 근심하지 말고 도만 잘들 믿으시오. 내가 이리 되었을수록 더욱이 잘 믿어야 됩니다. 우리 도의 앞날은 더욱 더 잘 될 터이니 그

**해월 최시형의
교수형 직전의 모습**
1898년 6월 2일(음)
에 찍은 사진. 옷고
름이 한쪽으로 올라
간 것은 몸을 가누지
못하는 해월을 앉혀
사진을 찍기 위해 뒤
쪽에서 옷고름을 당
기고 있어서다. 발이
뚱뚱 부은 것 역시
오랜 장염으로 내장
기능이 심각하게 저
하되어 있음을 보여
준다. 조정에서는
'죄인'인 해월의 병
사病死를 막기 위하
여 이례적으로 형 집
행을 서둘렀다.

저 잘들만 믿으시오. 나는 설사로 인해서 괴롭게 지냅니다. 돈 50
냥만 들여보내 주시면 요긴하게 쓰겠소.

교중에서는 용삼탕龍蔘湯과 돈 50냥을 마련하여 차입했는데, 간
수 김준식의 말에 의하면 최시형은 돈 50냥으로 떡을 만들어 오게
하여 여러 죄수들에게 나누어 주었다고 한다. 최시형 자신은 배탈
(이질)이 나서 제대로 먹지도 못하면서 감옥에 갇힌 사람들이 배고
파 괴로워하는 것을 보고 그렇게 한 것이다.

최시형이 체포된 지 한 달 만인 음력 5월 11일, 고등재판소(高等裁
判所=平理院, 현재 종각 맞은편 제일은행 본점 뒤편)에서 첫 공판을 받는다. 이
렇게 10여 차례의 재판이 있은 뒤 5월 29일(양력 7월 18일)에 좌도난정
의 술을 행했다는 창도주 최제우와 똑같은 죄명으로 교수형 선고
가 내려졌다. 같이 체포되어 판결 받은 황만이(黃萬已, 여주 교인)에게
는 태 1백에 종신형, 송일회(宋一會, 영동 교인)에게는 태 1백에 10년 징
역, 박윤대(朴允大, 옥천 교인)에게는 태 1백에 15년형 징역이 처해졌
다. 관에서는 건강이 극도로 쇠약해진 최시형이 병으로 숨질까 염
려하여 선고 공판과 형 집행을 서둘렀다.

"…10년 안에 주문 읽는 소리가 장안에 진동하리라"
선고 다음날인 5월 30일에 처형 집행 명령서가 의정부찬정법부대
신 조병직(議政府贊政法部大臣 趙秉稷)으로부터 내려졌고, 6월 2일에 현
단성사 극장 뒤에 있던 육군법원 처형장으로 이송되었다. 그날 오
후 2시부터 사형집행을 서둘렀으며, 외국 공관에 있는 외국인 여

러 명이 이를 참관하기 위해 모여 들었다. 당시 최시형의 심정은 어땠을까.

일찍이 최시형은 제자와의 문답에서 현도(顯道, 동학의 도가 세상에 널리 드러나는 때 혹은 後天開闢이 되는 때) 시기에 대해 이렇게 말했다.

최시형 순교터 표지석
이곳은 1898년 당시에 육군법원의 사형장이 있었다. 최시형은 이곳에서 교수형을 당했다. 당시의 법률에 따라 사흘간 효시되었다가, 광희문 밖의 공동묘지에 내버려졌다.

산이 다 검게 변하고 길에 비단을 펼 때요, 만국과 교역할 때니라. (때는) 만국 병마가 우리나라 땅에 왔다가 후퇴하는 때니라.

러시아 사진사 '블·쎄로세브스키'라는 사람이 최시형의 마지막 모습을 사진으로 담았다. 최시형의 최후 사진은 현재 러시아 쪽에서 나온 사진과 독일에서 나온 사진 두 종류가 있다. 당시 교단 기록에 "임형臨刑 시에 사진사가 진영眞影을 찍어 수백 본數百本을 각 군에 공시했다."는 구절이 보인다.

하오 5시에 드디어 최시형은 형리들에 의해 끌려나와 교수대에 세워졌다. 형 집행관이 최시형의 옆으로 가서 최후에 할 말이 없는가 묻자 최시형이 예언처럼 혹은 최후의 설법처럼 유언을 남겼다.

"나 죽은 10년 안에 주문 읽는 소리가 장안에 진동하리라."

최시형은 유언을 마치고 교수대에 올라 72세의 나이로 최후를 마친다. 생애의 반이 넘는 38년 동안 보따리 하나를 둘러맨 채 끊임없이 쫓기며 잠행 포덕한 곤고하고도 거룩한 삶이 마침내 막을 내린 것이다.

송파로 이장했다가 여주 원적산으로 옮겨

최시형의 시신은 당시 규정에 따라 사흘 동안 효시梟示된 뒤인 6월 4일에 광희문 밖 신당동 공동묘소에 내다 묻었다. 이종훈은 그날 밤에 김준식과 같이 상여일꾼 두 사람을 사서 '동학괴수 최시형'이라 쓴 팻말을 찾아 무덤을 파고 관에 수습하여 한강을 건넜다. 송파에 사는 교인 이상하李相夏 소유의 뒷산에 묻었다가 2년 뒤인 1900년 3월 12일에 현재 위치인 여주 원적산으로 이장했다. (여주 편 참조)

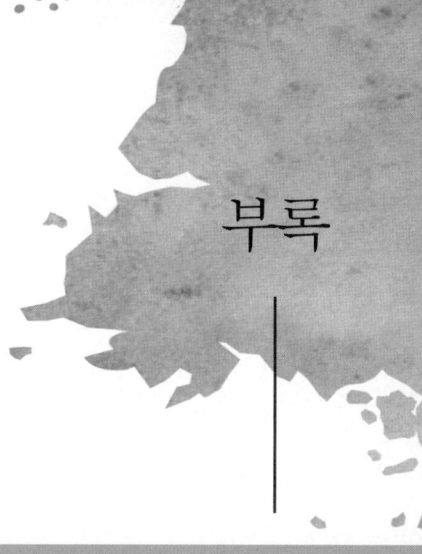

부록

부록 1 : 지역별 동학농민군 정토 기록

* 강원, 충청, 서울·경기도 편

* 지역 이름에 따라 가나다 순, 사건·날짜순으로 정리한 것이다.

● 강릉江陵 차기석車基錫 박학조朴學祚, 여량접주 이중집 임순철 김윤언 등 7명,
    강릉 교장에서 포살. 1894.11.22.

● 강화도江華島 접주 김원팔 효수. 1894.10.02.

● 공주公州 접주 설장률薛長律, 공주영 옥에서 효수. 1894.11.02.

● 공주公州 지봉석池奉石 임학용林學用 이천여李千汝 이지환李之煥 김운서金云西, 공
    주영 옥에서 감영병에 의해 효수. 1894.11.03.

● 공주公州 접주 장준환張俊煥, 공주영 옥에서 오위장五衛將을 지낸 이상만과 원
    당 원평리 동민들에게 피체되어 당일에 효수. 1894.11.03.

● 공주公州 지명석池明石 최판석崔判石 송두석宋斗石 접주, 최성록崔成祿 임원갑林元
    甲, 공주에서 희생. 1894.11.29.

● 공주公州 김동金洞 박인생朴仁生, 공주영 옥에서 효수. 1894.12.02.

● 괴산槐山 두령 우현관禹顯寬 백창수白昌洙 처형. 1894.10.26.

● 남포藍哺 김윤선(金允善, 首接主) 서성보徐成甫 구승천具承天, 공주영으로 압송.
    1894.11.03.

● 대흥大興 대흥읍에서 장일관張一官 강도석姜道石 강수홍姜水興 강천복姜天卜 김
    진길金辰吉 안은중安銀仲 김수경金水京 박덕윤朴德允 김성용金成用 신복
    록申福祿 강유굴姜有屈 강이현姜二玄 최응삼崔應三 김백용金白用 박준악
    朴俊岳 강선화姜善化 김순종金順宗 성자은成子銀 김대석金大石 등 19명,
    우선봉군에 의해 포살. 1894.11.10.

● 목천木川 이복길李福吉 송치성宋致成 박흥길朴興吉 김흥복金興福 김영손金英孫 설
    정업薛正業 이영희李英熙 김병구金炳玖 고순용高順用 고성환高成煥, 목천
    세성산 싸움에서 관군에 잡혀 처형. 1894.10.20.

259

●목천木川 김복용金福用 김영우金永祐 원전옥元全玉 신정문申定門 송석태宋石泰 진한식陳漢植 박영식朴永式 임순용林巡用 이언여李彦汝 안덕인安德仁 김정헌金正憲 진암회陳岩回 김경백金京伯 김수여金水汝 이진여李眞汝 고춘일高春日 임오일林午日 김형옥金亨玉 김순경金巡京 박계선朴季先, 목천 세성산 싸움에서 관군에 잡혀 처형. 1894.10.25.

●목천木川 김용희金鏞喜 김춘일金春日 최창규崔昌奎 김병헌金炳憲, 직산에서 처형. 1894.10.29.

●보은報恩 박봉학朴奉學 이돈화李敦化, 음죽에서(?) 포살. 1894.10.08.

●보은報恩 김해경金海京 김기환金基煥 이태우李泰友 문학만文學萬 이원중李元中 최일봉崔一奉, 보은 구기점에서 이두황군에 포살. 1894.10.12.

●보은報恩 강동회姜同會 이희영李喜永 안성민安性敏, 보은 대령에서 이두황군에 포살. 1894.10.14.

●보은報恩 신촌新村 방갑준方甲俊 권망아지權亡兒之 이광직李光直, 회인에서 포살. 1894.10.16.

●보은報恩 최윤백崔允伯 최명백崔明伯, 문의에서 포살. 1894.10.17.

●보은報恩 용산 수비대 이이모리飯森 후쿠다福典 부대, 불명 동학농민군 14명을 포살. 1894.10.19.

●보은報恩 부산 수비대 하시다橋田 부대, 동학농민군 2명 총살. 1894.10.21.

●부여扶餘 김이운金伊運 강공진姜公鎭 강원형姜元亨 강팔복姜八福 이명옥李明玉 최상윤崔尙允, 전묵진 부여에서 포살. 1894.11.19.

●서산瑞山 박치용朴致用 진삼달陳三達 유정축柳丁丑 노용준魯用俊 유종월柳宗月 김순희金順喜 김상길金相吉 이희순李喜順 김선칠金先七 문정봉文丁奉 이중국李重國 신철희申哲熙 안인수安仁洙 신헌명申憲明 김만희金萬喜 최덕수崔德水 장재현張在玄 안성범安聖範 임창재林昌才 김순필金順必 이영식李榮植 김학봉(金鶴鳳) 송만복宋萬卜 이정운李正云 심인수沈仁水 방태봉方泰奉 김금록金今祿 신동희申東喜 등 29명, 서산 매봉재 싸움에서 전사 혹은 이두황군에 의해 포살. 1894.11.09.

●서천舒川 나봉환羅鳳煥, 서천 송동에서 관군에 붙잡혀 효수. 1894.12.01.

●수원水源 동학접주 안승관 김내현, 관군에 잡혀 효수. 1894.10.01.

●신창新昌 임경화林京化 이문옥李文玉 차기성車己成 차도련車道練 차득윤車得允 이
　　　　승실李升實 김보일金甫一 유진국兪鎭國, 신례원역에서 이두황군에 의
　　　　해 포살. 1894.11.06.

●신창新昌 김기형金奇亨 김호득金好得 이성오李成五 정군칠鄭君七 이우하李禹夏 권
　　　　태진權泰鎭 엄흥록嚴興綠, 신창 읍에서 포살. 1894.12.05.

●아산牙山 박화서朴和西, 아산에서 붙잡혀 처형. 1894.12.23.

●안성安城 박공선朴公善, 보은 풍취점에서 이두황군에 포살. 1894.10.14.

●안성安城 기좌촌基佐村 신덕보申悳甫, 회인에서 포살, 1894.10.16.

●연기燕岐 월성 이진한(李鎭漢, 接主), 연기 봉암동에서 포살. 1894.10.19.

●연산連山 정판손(鄭判孫, 官州包接主) 김현구(金鉉龜, 接主) 박만은(朴萬殷, 魯城 大明包
　　　　首接主) 이현석(李鉉石, 全琫準 五營都巡察), 연산에서 효수. 1894.11.29.

●원주原州 비괴匪魁 김화보와 이천 접주 이정오, 맹영재에게 처형. 1894.10.28.

●영동永同 백학길(白鶴吉, 接主), 보은에서 포살. 1894.10.13.

●영동永同 정윤서鄭允瑞, 영동 고관리에서 상주 민보군에게 포살. 1894.12.05.

●영동永同 이판석(李判石, 西濟村 接主) 김철중(金哲中, 接主) 김태평金太平 김고미金古
　　　　味 배안순(裵安順, 三室村 接司) 이관봉李寬奉 박추호朴秋浩, 영동(?)에서
　　　　상주 민보군에게 포살. 1894.12.06.

●영동永同 정여진(鄭汝振, 左翼將), 영동 수석리에서 상주 민보군에게 포살.
　　　　1894.12.06.

●예산禮山 이판용李板用 이계춘李季春 김용산金龍山 김정기金正己 정봉산鄭奉山 원
　　　　학도元學道, 신례원역에서 이두황군에 의해 포살. 1894.11.06.

●옥천沃川 이대철(李大哲, 利原驛 省察) 장명용張命用 이오룡李五龍 고덕현(高德賢, 梧井
　　　　洞 接司) 고원행(高遠行, 接司) 고경일高敬一, 무주에서 경리청군에 포살.
　　　　1895.01.09.

●옥천沃川 서도필徐道弼 등 9명, 사살.

●온양溫陽 김동운金東運 황천일黃千一 정구영鄭九永 유덕신劉德信 안완석安完石 이구길李九吉 김일석金一石 백원손白元孫, 온양에서 우선봉군에 의해 포살. 1894.10.14.

●온양溫陽 정정기鄭正己 정정용鄭正用 유사능兪士能 김금손金金孫 맹금동孟金同, 온양군에서 잡혀서 감영압상監營押上. 1895.02.03.

●용인龍仁 이용익(李用翊, 접주) 정용전鄭用全 이주영李周英 문용삼文用三 이삼준李三俊, 용인 김량장터에서 포살. 1894.09.22.

●용인龍仁 우성칠禹成七, 용인 삼문 밖에서 포살. 1894.10.05.

●용인龍仁 접주 이청학李青學, 문의장터 싸움에서 전사. 1894.10.17.

●유구維鳩 최한규崔漢奎 강대숙姜大叔 채동주蔡東周 이인보李仁甫 한성리韓性履 이만헌李萬憲 박지용朴之用 상천만尙千萬 상훈이尙勳伊 강이남姜二男 정영남鄭永男 이상봉李上奉 박명여朴明汝 홍재익洪在益 김봉갑金奉甲 한복록韓卜祿 김치삼金致三 김거복金巨卜 문천복文千卜 오청용吳青用 양성기梁成己 박희덕朴喜德 박덕련朴德連 서순보徐順甫 박덕현朴德賢 김화봉金化奉 양성기梁性己 등 27명, 유구에서 우선봉군에 의해 포살. 1894.11.12.

●은진恩津 신현기申鉉基 신응균(申應均, 鉉基의 父) 신락균(申洛均, 鉉基의 叔) 신현구(申鉉九, 鉉基 從兄) 원준산元俊常, 은진 육곡六谷에서 경리청군에 효수. 1894.11.18.

●음성陰城 접주 송병권宋秉權과 도인 곽영식郭永植 부자, 청안 난매리蘭梅里에서 포살. 1894.10.11.

●음성陰城 무극에서 무명 동학농민군 수십 명 포살. 가흥 수비대 사카이酒井 정찰대에 의해. 1894.10.19.

●음성陰城 무극에서 무명 동학농민군 수십 명 포살. 대구 수비병 노바바馬場 부대에 의해. 1894.10.20.

●음죽陰竹 박만업朴萬業, 청안 난매리蘭梅里에서 포살. 1894.02.12.

●이천利川 이천 서수영徐壽永 조인이趙仁伊 원석만元石萬 김석재金石才, 보은 구기

점에서 이두황군에 포살. 1894.10.14.

● 이천利川 노곡老谷의 홍복용洪卜用, 회인에서. 1894.10.16.

● 인천仁川 엄윤명嚴允明 박경옥朴敬玉 류영순柳永順, 인천에서 교수형. 1894.05. 28.

● 전의全義 접주 8명, 전의 현에서 포살. 1894.11.24.

● 정산定山 이칠천李七千 송기용宋己用 이용흡李用洽 홍종일洪宗一 변천석卞千石 황
　　　　 정여黃丁汝, 정산 건지동(乾芝洞, 현 부여군 규암면 나복리 건지말)에서 포살.
　　　　 1894.11.13.

● 정산定山 이승주李承周 박대심朴大心 이오길李五吉 박용대朴用大 허일손許一孫 강
　　　　 정문姜正文 정석이鄭石伊 이용근李用根 조성복趙性卜 조영천趙永千 등 10
　　　　 명, 정산읍에서 우선봉군에게 포살. 1894.11.14.

● 죽산竹山 박성익朴性益 최제팔崔霽八 이춘오李春五 장태성張太成 효수. 지평현감
　　　　 맹영재.『승정원일기』. 1894.10.20

● 직산稷山 황성도黃聖道 이천여李千汝 서성만徐成萬 김성범金成凡 신일석申日石, 직
　　　　 산 마정리에서 별기군 부대에 의해 체포하고 집을 수색하여 총 17정
　　　　 창 89정 철환 500여 점,『동경대전』 판각 등을 압수, 김성범과 신일
　　　　 석은 체포 즉시 처형, 황성도 등은 수원 중군영으로 압송 후 처형.
　　　　 1894.10.18.

● 진천鎭川 수접주 박명숙朴明叔 직산에서 처형. 1894.11.29.

● 천안天安 김화성(金化成, 都事, 南面 댓(竹)거리) 홍치엽(洪致燁, 金化成의 처) 김중칠(金
　　　　 仲七, 金化成의 子) 나채익羅采益 이선일李善日 전나귀全羅貴 김순경金順京
　　　　 임만진林萬眞 외 10명, 천안 의병소에서 포살. 1894.10.24.

● 천안天安 이육지李六指 안사용安土用 남인걸南寅傑, 천안에서 포살. 1894.11.08.

● 천안天安 박치홍朴致弘, 온양에서 포살. 1894.11.29.

● 청산靑山 박부만朴富萬 이치오李致五 김순천金順天 외 3인, 청산에서 포살. 18
　　　　 94.11.23.

● 청산靑山 팔로도성찰 강경중(姜敬重, 副省察) 허용許用, 청산 동시東市에서 상주
　　　　 민보군에 포살. 1894.11.30.

● 청산靑山 김경연金景淵 서오덕徐五德, 청산 소사동에서 상주 민보군에 포살.
　　　　　1894.12.02.

● 청안淸安 접사 안무현安武玄 등 4명, 포박 사살. 1894.10.26.

● 청주淸州 이종묵李宗默 정필수鄭弼壽 정석복(鄭石卜, 加自坪) 장봉운(張奉云, 阿路介),
　　　　　청주 무심천에서 청주 병마절도사 이장회 군관 이용정이 군중 앞에
　　　　　서 효수. 관보, 1894.10.01.

● 청주淸州 김자선(金子先, 淸州 大接主), 상주 화령장터에서 민보군에게 포살.
　　　　　1894.11.14.

● 청주淸州 오일상吳一相, 청주에서 청주 친위대에 붙잡혀 포살. 1896.01.09.

● 청천(괴산) 불명 동학농민군 2명 포살하고 가옥을 태움. 용산수비대 이이모리
　　　　　飯森 부대. 1894.10.18.

● 충주忠州 모두원毛豆院 안재용安在用, 회인에서 포살. 1894.10.16.

● 충주忠州 노백룡盧白龍 정택진鄭宅鎭 전만철田萬哲, 무극에서 포살. 1894.10.24.

● 태안泰安 유규희兪圭熙 최성서崔聖西 최성일崔聖一 안순칠安順七 피만석皮萬石, 순
　　　　　무영 압송. 1894.12.13.

● 평창平昌 최맹순 관동 수접주 장복극, 최맹순의 아들과 함께 민보군에 의해
　　　　　처형. 1894.11.00.

● 한산韓山 한산읍 습격 선봉장 최득용崔得用, 함열 웅포에서 효수. 1894.12.03.

● 해미海美 김지희金芝喜 이금봉李金奉 이학봉李學奉 김성운金成云 강성칠姜成七 등 5
　　　　　명, 매봉재 싸움에서 전사 혹은 이두황군에 의해 포살. 1894.11.09.

● 홍산鴻山 최상윤崔尙允 전묵진田默鎭, 홍산 고당리에서 포살. 1894.11.19.

● 회덕懷德 박성엽朴聖燁 접주 외 강풍주姜豊柱 강우경(姜禹卿, 강풍주의 아들) 강덕주
　　　　　(姜德柱, 6촌 아우) 등 7명, 문의 남장에서 포살하고 6명은 방면.
　　　　　1894.10.28.

● 회인懷仁 유홍구(柳鴻九, 都執) 윤경선(尹敬善, 都執) 이승일(李承一, 接司) 우범손(禹範
　　　　　孫, 接司), 회인에서 포박, 다음날인 14일에 보은 대령大嶺과 풍취점風
　　　　　吹店에서 포살. 1894.10.13.

부록 2 : 동학농민혁명 관련 인물 재판 기록

* 강원, 충청, 서울·경기도 편

* 가나다 순으로, 지역, 나이, 형량을 표시했다.

고치홍高致弘 경기도 시흥 37세 유종신流終身

권풍식權豊植 경기도 여주 36세 장일백杖一百

김계보金桂甫 경기도 광주 미현美峴 60세 장팔십杖八十

김계보金桂元 강원도 인제군 동면 63세 장일백杖一百 류삼천리流三千里

김국선金國善 전라도 남원 53세 유종신流終身

김기연金基淵 경기도 광주 46세 무죄無罪

김순영金順永 충청도 청산 72세 장일백도삼년杖一百徒三年

김영진金榮鎭 충청도 청풍 33세 장일백류삼천리杖一百流三千里

김용렴金用濂 충청도 청풍 39세 무죄방송無罪放送

김유성金裕成 경성부 중서루동 48세 태팔십笞八十

김문달金文達 경기도 광주 24세 무죄無罪

김부만金富萬 경기도 광주 53세 무죄無罪

김치광金致光 충청도 천안 42세 장일백류삼천리杖一百流三千里

김한영金漢英 경기도 양천 22세 유종신流終身

김홍제金弘濟 충청도 남포 31세 태일백징역종신笞一百懲役終身

류영순柳永順 경기도 인천 ○○세 교형絞刑

류제관柳濟寬 경성 정동 49세 장육십杖六十

문재삼文在三 경기도 용인 44세 무죄無罪

민섬호閔暹鎬 충청도 청주 35세 장일백도삼년杖一百徒三年

박경옥朴敬玉 경기도 인천 ○○세 교형絞刑

박인학朴仁學 경기도 광주 연곡 29세 무죄無罪

박윤대朴允大 충청도 옥천 53세 태일백징역십오년笞一百懲役十五年

박준양朴準陽 한성부 북부 니동泥洞 26세 교형絞刑

백락형白樂亨 한성 남부 묵동墨洞 ○○세 장육십杖六十 今用苔 徒一年(減五等)

서장옥徐章玉 충청도 청주 49세 교수형絞首刑

서춘보徐春甫 경성 수구문 내 45세 처교사處絞事

성두한成斗漢 충청도 청풍 46세 사형死刑

성운한成雲漢 충청도 영춘 34세 장일백유삼천리杖一百流三千里

성종우成鍾寓 충청도 영춘 동면 49세 장일백유삼천리杖一百流三千里

손사문孫士文 충청도 청주 44세 교수형絞首刑

손해창孫海昌 충청도 영동 36세 장일백유삼천리杖一百流三千里

송일회宋一會 충청도 영동 33세 태일백징역십년苔一百懲役十年

신정엽申楨燁 경성 북장동 49세 장일백유삼천리杖一百流三千里

심의평沈宜平 경성 북부장동 60세 태일백비죄권속苔一百秘罪權贖

안창환安昶桓 충청도 영춘 57세 장일백도삼년杖一百徒三年

엄윤명嚴允明 경기도 인천 ○○세 교형絞刑

연순달延淳達 경기도 광주 32세 무죄無罪

연갑진延甲辰 경기도 광주 22세 무죄無罪

유원규兪遠奎 경기도 안성거 46세 무죄방송無罪放送

유진만兪鑛萬 한성 북서 삼청동 66세 태일백苔一百

윤이병尹履炳 한성부 중부 전동, 전 경무관, 42세 태일백징역종신苔一百懲役終身

윤진구尹震求 한성부 서부 소정동 50세 유삼십년流三十年

음선장陰善長 충청북도 청주 66세 태일백징역종신형苔一百懲役終身刑

이영오李永五 경기도 광주 59세 무죄無罪

이내춘李乃春 한성부 삼청동 51세 유삼십년流三十年

이민고李敏고 한성부 남서 51세 태사십苔四十

이병훈李秉勳 한성부 남서 필동 38세 태오십苔五十

이여익李汝益 경기도 강화江華 39세 유종신流終身

이영배李永培 경기도 부평富平 고리古里 34세 유종신流終身

이유형李裕馨 한성 중서 익동益洞 39세 태팔십笞八十

이준용李埈鎔 한성부 북부 교동 운현궁 26세 유종신流終身

이태용李泰容 경기도 광주廣州 53세 교형絞刑

임기준任基準 충청도 공주 44세 장일백유이천오백리杖一百流二千五百里

임재수林載洙 충청도 단양 47세 장일백유삼천리杖一百流三千里

임진수林璡洙 한성부 서부 서소문 내 35세 류십오년流十五年

장덕현張德鉉 충청도 연산 34세 류종신流終身

전동석田東錫 한성부 서소문 외 한림동 30세 교형絞刑

정기욱鄭基旭 충청도 충주군 61세 태일백笞一百

정옥성鄭玉成 경기도 여주 27세 장팔십杖八十

정운교鄭雲敎 한성 남서 쌍림 35세 태일백笞一百 징역십오년懲役十五年

조명운趙明云 충청도 천안 42세 장일백유삼천리杖一百流三千里

조민희趙民熙 경기도 안산 읍내 38세 태오십笞五十

조승현趙承顯 한성부 남서 필동 59세 태오십笞五十

조용승曹龍承 한성부 북부 소안동 41세 류삼십년流三十年

최시형崔時亨 강원도 원주군 72세 교형絞刑

최형순崔亨順 경기도 양천陽川 25세 유종신流終身

최형식崔亨植 경기도 양천陽川 29세 교형絞刑

한기석韓祈錫 한성 남부 시동 51세 유종신流終身

한연수韓延洙 충청도 목천 39세 무죄無罪

홍재길洪在吉 충청도 공주 40세 무죄방송無罪放送

황거복黃巨卜 충청도 청풍 38세 무죄無罪

황만이黃萬已 경기도 여주 29세 태일백종신형笞一百終身刑

황하일黃河一 충청도 보은 50세 태일백종삼년笞一百徒三年

허운許運 충청도 진천 53세 장일백유삼천리杖一百流三千里

부록 3 : 동학 · 동학농민혁명사 일지

* 강원, 충청, 서울 · 경기도 지역을 중심으로 정리했다.

* 원문을 의미가 훼손되지 않는 범위에서 요즘 어법에 맞게 요약했으며, 용어는 가능한 그대로 사용
  했다.

* 위 지역 외의 사건이라도 역사의 흐름을 이해하는데 도움이 될 만한 사건은 함께 실었다.

* 1895년부터는 양력 날짜이다.

* 날짜 미상(00일)은 그 달 앞에 두었다.

1860.04.05   최제우 동학 창도

1861.06.00.   최제우 포교 활동 시작, 최시형이 입도하여 월 3-4회씩 지도 받음

1861.11.00.   최제우, 관의 지목을 피해 전라도 남원 은적암에 은신

1863.08.15.   최시형, 최제우로부터 동학의 도통을 이어받음(2세 교조)

1864.01월-02월.   최시형, 관의 지목으로 안동을 거쳐 일월산 용화동 상죽현으
              로 피신

1864.03.10.   최제우 대구장대에서 처형됨

1869.02.00.   강원도 양양의 교도 최희경 김경서가 용화동으로 최시형을 찾아옴

1869.03.00.   최시형, 박춘서를 대동하고 강원도 양양지방을 순방함

1869.04.00.   동학교도 이필제가 진천에서 변란을 꾀하려다 사전에 발각되어 도
              주

1869.12.21.   이필제, 남해에서 변란을 기도하려다 실패

1870.02.28.   이필제, 덕산에서 변란을 기도하다 또 실패함

1870.10.00.   동학교도 공생孔生, 최제우의 유족을 영월 소밀원으로 이주시킴

1870.10.00.   이필제, 최시형에게 교조신원운동에 동참할 것을 촉구

1871.03.00.   최시형, 단양 가산리 정기현 집에 은신

1871.03.10.   이필제, 영해 관아 습격, 다음날 영양 방면으로 진격

1871.03.15.   이필제가 영해민란에 실패하자 최시형과 강시원 정선, 단양으로

피신

1871.08.02. 이필제의 문경작변을 꾀하다 체포, 최시형은 관의 지목이 심해짐

1871.12.24. 이필제 처형됨

1872.01.00. 최제우의 장남 최세정, 강원도 양양에서 체포됨

1872.01.05. 최시형, 지난 허물을 참회하는 천제 올림

1872.01.28. 최제우 유족 영월 소밀원에서 영월 직동 박용걸의 집으로 피신함

1872.03.00. 강원도 인제에 살던 최세청의 처당숙 김광문, 가족을 영춘으로 피
신시킴

1872.03.00. 최제우의 차녀와 최세정의 처, 인제에서 체포됨

1872.03.22. 최시형, 임생과 최세청(최제우의 차남)을 데리고 양양옥으로 찾아갔
으나 지목이 심해 그냥 물러나옴

1872.04.05. 최시형, 인제 김연호의 집에서 득도향례 지냄

1872.04.09. 최시형, 강수 전성문과 함께 정선 무은담 유시헌 가에 은신

1872.05.12. 최제우의 장남 최세정 양양에서 장사당함, 양양 교도 김덕중 이일
여 최희경은 정배됨

1872.09.00. 최시형, 관의 심한 지목으로 최제우의 유족을 정선 싸내로 이주시
킴

1872.10.16. 최시형, 강수 유시헌 전성문 등 갈래산 적조암에서 49일 수련함

1873.12.10. 최시형, 정선 무은담 유시헌 집에 거처 마련

1874.03.00. 정선 적조 앞에서 철수좌 장사 지냄

1874.04.00. 최시형, 단양 남면 사동에 정착함

1875.01.00. 최제우의 차남 최세청, 영월 소밀원 장기서의 집에서 병사함

1875.10.18. 최시형, 단양 남면에서 설법제를 창설함

1875.11.13. 최시형, 정선 무은담에서 설법제 봉행

1876.04.00. 최시형, 인제 접주 김계원 집에서 설법제 지냄

1876.07.00. 최시형, 영해민란 때 행방불명된 손씨 부인, 6년만에 재회

1876.10.16. 최시형, 정선 무은담에서 구성제 지냄

1879.03.26. 최시형, 강시원과 김연국을 대동하고 강원도 영서지방 순방

1879.11.20. 최시형, 인제 조시철의 집에서 치성식 거행

1880.02.00. 최시형, 강시원 김연국 전시황과 더불어 치성제 봉행

1880.05.09. 인제 갑둔리 김현수 집에 『동경대전』 간행 위한 각판소 설립

1880.06.14. 위의 장소에서 『동경대전』 간행 완료

1881.06.00. 단양 천동 여규덕의 집에서 『용담유사』 간행

1881.08.00. 충청도 동학 지도자들이 최시형을 찾아와 지도를 받기 시작

1881.10.00. 최시형, 정선 무은담 유시헌 집에서 49일 수련함

1883.02.00. 목천 김용희 김화성 김성지 등 동경대전 1천여 권 간행

1883.03.00. 서인주 황하일 손천민 손병희 박인호 등의 주도로 동학 지도자들
          이 최시형을 찾아옴

1884.06.00. 최시형, 전라도 익산 미륵산 사자암에서 4개월 수련 및 포교활동

1884.10.00. 최시형, 공주 가섭사로 피신, 수련함

1885.06.00. 충청관찰사 심상훈과 단양군수 최희진 동학교도에 탄압을 가함.
          이에 최시형 단양 송두둑에서 보은 장내로 피신함

1886.06.00. 최시형, 상주 전성촌에서 농사지으며 포교활동 전개

1887.01.15. 최시형의 장남 덕기, 충청도 청주 음선장의 차녀와 결혼(음선장의 장
          녀는 서인주와 이미 결혼)

1887.03.30. 최시형, 보은 장내로 이주하여 육임소를 설치하고 육임을 임명

1888.01.00. 최시형, 삼례에서 포교활동을 펼침

1889.07.00. 동학에 대한 탄압이 심해지자 육임소 폐지

1889.10.00. 동학 지도자 서인주 강한형 신정엽 방병구 정영섭 조상갑 등이 체
          포되고 최시형 강원도로 피신

1890.00.00. 최시형, 인제에서 모금한 5백금을 서인주 석방금으로 보냄

1890.07.00. 최시형, 인제 간성 양구 등지를 전전하며 피신 생활함

1890.08.00. 최시형, 충청도 공주 활원活院으로 피신함

1890.09.00. 최시형, 충청도 진천 금성동으로 피신함

1890.11.00. 최시형, 경상도 김산 복호동에서 내칙 · 내수도문 제정하여 반포함

1891.01.00. 최시형, 충청도 진천 금성동으로 피신함

1891.02.00. 최시형, 충청도 공주 신평薪坪으로 피신함

1891.05.00. 백정 출신 남계천을 호남좌우도 편의장에 임명하자 김락삼 등 호
　　　　　　남 지역 16포 도인들이 최시형에 항의하였으나 이를 설득 지도함

1891.05.07. 최시형, 전라도 익산 부안 고부 태인 금구 전주를 순회하며 교도들
　　　　　　을 지도함

1891.07.00. 최시형, 전라도 순회를 마치고 공주 신평薪坪으로 돌아옴

1891.12.00. 최시형, 충주 외서촌 신재련 집으로 이주함

1892.01.00. 최시형, 충청도 진천 부창리로 다시 피신함

1892.02.28. 육임 임명을 중지하라는 통문을 각 지방 접주들에게 하달함

1892.05.00. 최시형, 상주 왕실로 피신함

1892.07.00. 서인주 서병학이 최시형을 찾아가 교조신원운동을 건의하나 시기
　　　　　　상조를 이유로 불허

1892.08.21. 최시형, 청주 송산 손천민 집에 머뭄

1892.10.17. 공주취회公州聚會 열림. 최시형, '북접주인' 北接主人 이름으로 입의
　　　　　　통문立義通文 하달, 각 지역의 접주들에게 교조신원운동의 대의에
　　　　　　동참할 것을 촉구함.

1892.10.20. 교조신원을 위한 공주집회 개최, 충청감사 조병식에게 '의송단자'
　　　　　　제출

1892.10.21. 최시형, 신재련에게 인재 40명을 골라 명부를 작성하여 9월 10일까
　　　　　　지 보내라는 통문을 냄

1892.10.24. 충청감사 조병식, 각 군현에 동학금단을 구실로 한 침학행위를 금
　　　　　　지하라는 감결甘結을 하달

1892.10.27. 전라감사에게 의송단자 제출을 위해 삼례도회소 이름으로 집회 경
　　　　　　통 하달

1892.11.01. 동학교도 삼례에 모여 교조의 신원과 관리들의 교도 탄압 금지를

호소

1892.11.02. 동학교도 전라감사에게 의송단자 제출

1892.11.12. 동학교단 지도부 5개 항의 규칙 하달

1892.11.19. 일부 동학교도, 복합상소 필요성을 주장

1892.11.21. 전라감영, 감결 재차 하달

1892.12.01. 일부 동학교도, 공주와 신도에서 재집회

1892.12.06. 동학교도, 보은 장내리에 집결

1893.01.00. 최시형, 청주군 산동면 용곡리 권병덕 집에 머묾, 여기서 광화문 복합상소 결정

1893.01.00. 광화문 복합상소를 위한 봉소도소를 청주 송산리 손천민 가에 설치함

1893.02.01. 서병학, 복합상소를 위해 먼저 상경

1893.02.07. 동학도들, 외국인을 배척하라는 격문을 각국 공사관에 발송

1893.02.08. 강시원 등 과유科儒로 위장, 상경하여 서울 최창한의 집에 봉소도소를 정함

1893.02.10. 삼례교도들, 전라감사에 "척왜양"을 주 내용으로 하는 의송 제출

1893.02.12. 동학교도 박광호 손병희 등이 광화문에 엎드려 교조의 신원을 상소함

1893.02.13. 국왕, 동학교도에게 해산 요구 교지 하달

1893.02.14. 동학교도 기포드Gifford학당에 서교 배척 방문 게시

1893.02.14. 최시형의 지시에 따라 복합상소 동학교도 해산

1893.02.18. 동학교도 존스 교회당에 서교 배척 방문 게시

1893.02.20. 동학교단, 척왜양 방문운동에 통유문 하달

1893.02.20. 동학교도, 프랑스공관에 서교 배척 방문 게시

1893.02.26. 일본변리공사, 전라감사의 전보 보고

1893.02.28. 고종, 동학소두를 빨리 체포할 것을 지시함

1893.03.00. 관동대접주 이원팔, 보은집회에 참여

1893.03.00. 어윤중, 보은취회 참여자 성분 분류

1893.03.00. 일본공관 측, 동학도 수령이 전라도에 있음을 파악

1893.03.02. 대원군, 동학농민군과의 내통 의혹이 두려워 방관 의지 피력

1893.03.02. 일본 상려관에 일본인을 배척하는 격문 게시

1893.03.03. 북접창의소北接倡義所 이름으로 척왜양 방문이 나붙음

1893.03.06. 부산 성문에 척왜양 통문 게시

1893.03.10. 관리들의 침학이 여전하다는 보고를 받음. 최시형 보은집회 개최
　　　　　를 결정하고 통유문을 내림

1893.03.10. 보은 관아에 통문 게시

1893.03.11. 금구 원평에서 대규모 집회 개최

1893.03.11. 보은에 모인 동학교도들은 돌성을 쌓고 진陣을 만듦. 동시에 통문
　　　　　을 보내 인근 주민들을 위무

1893.03.16. 동학 지도부, 내부의 질서 유지를 위한 통유문 게시

1893.03.20. 금구집회의 일부 동학교도, 보은으로 이동하여 합세

1893.03.22. 동학교도, 보은 상주 수령에게 군량 군기 요청

1893.03.22. 보은군수, 동학교도에게 집회 해산 요청

1893.03.23. 보은군수와 동학교도의 대담

1893.03.24. '토벌할 군대 올 것'이라는 소문에 일부 교도 봉장 준비

1893.03.25. 금구군수 주민들을 초치, 이에 교도들 관아에 공갈

1893.03.26. 경기 수원 용인의 동학교도 3백여 명 보은 도착

1893.03.26. 동학교도들, 어윤중에게 '문장초건' 올림

1893.03.26. 어윤중, 보은집회에 찾아가 국왕의 효유문 전달

1893.03.27. 어윤중, 재차 보은집회 해산 지시

1893.03.28. 경기 수원접, 장내리와 장재평壯才坪에 설진

1893.03.29. 수원접 진영, 장재평에서 장내로 이동

1893.03.29. 척왜양 강조, 지도부 보은으로 집결 촉구

1893.04.00. 동학도들 지례 삼도봉에 재집결

1893.04.01. 국왕의 두번째 효유에 동학 지도부 보은집회 해산 결정

1893.04.02. 보은집회 해산 시작

1893.04.05. 어윤중, 진산의 교도들 효유, 해산시킴

1893.07.00. 동학교도들 '충주에서 회집하여 상경' 한다는 소문

1893.07.00. 서병학 등이 교조신원운동을 다시 요구

1893.08.00. 충청도 청풍에서 부세 독납에 시달리던 농민들이 심능형의 주도로 봉기하여 옥을 부수고 죄수들을 풀어줌

1893.08.00. 황해도 재령에서 농민들이 봉기하여 관아를 공격하고 문서를 불태움

1893.09.00. 경기 동학교도, 여주 이천의 옥사 파괴

1893.11.00. 경기도 개성에서 유수의 침탈에 저항하여 전직 관리와 부민들이 일어나 관아를 습격하고 인가를 훼손함

1893.11.00. 동학농민군, 고부군수 조병갑에게 사발통문을 작성하여 등소等訴함

1893.12.00. 강원도 금성에서 수령과 아전들의 침탈로 노사준의 주도로 농민들이 봉기하여 인가를 훼손함

1893.12.00. 전봉준 등 60여 명이 11월부터 2차에 걸쳐 고부군수 조병갑에게 만석보 수세 감면 등 학정 시정을 요구함

1894.01.09. 조병갑 고부에 재부임

1894.01.10. 전봉준, 동학농민군을 이끌고 봉기하여 고부관아 진격

1894.01.12. 전봉준, 말목장터로 진을 옮김

1894.02.15. 고부군수에 박원명朴源明을, 안핵사에 이용태李容泰를 임명하여 농민봉기를 수습토록 함

1894.02.25. 전봉준, 말목장터에서 백산으로 이동

1894.03.00. 전라도 동학농민군의 무장기포茂長起包에 호응하여 충청도 회덕 진잠 옥천 청산 영동 지역에서 동학교도 봉기

1894.03.03. 고부 동학농민군 해산

1894.03.03. 최맹순 예천 소야에 설접하여 포교

1894.03.11. 충청도 황간 일대에서 동학교도가 봉기

1894.03.12. 충청도 금산에서 동학도 수천 명이 몽둥이를 들고 관아로 몰려들
어 아전의 집을 불태움

1894.03.13. 고부 민란 참여자들 해산. 전봉준 부하 50명을 거느리고 무장 손화
중에게 갔다

1894.03.16. 동학농민군 수천 명이 무장 당산에 집결

1894.03.20. 전라도 동학농민군, 무장에서 1차 기병, 창의문 선포

1894.03.21. 무장기포 동학농민군 20일과 21일에 걸쳐 고창으로 이동

1894.03.25. 정부, 호서 호남 영남의 '협잡지류' 취당을 엄단할 것을 명령하여
두목을 우선 효유하여 경계하라는 강경 대책 시행

1894.04.00. 김산군수, 동학 혐의자를 대구 감영으로 이송

1894.04.01. 충청병사 이용복, 동학농민군 토벌 계획 보고

1894.04.01. 동학농민군 수천 명, 진산珍山 방축리防築里와 옥천沃川 서화면西化面
에 모여서 읍내에 돌입. 전라감영군 백산으로 출동

1894.04.02. 홍계훈을 양호초토사兩湖招討使로 임명

1894.04.02. 김치홍과 임한석이 이끄는 보부상의 공격을 받아 진산의 동학농민
군 114명의 전사자가 발생함

1894.04.03. 금산군, 진산 옥천에 둔취한 동학농민군에 대처하기 위해 병정과
각 읍으로부터 와서 대기하던 포군을 보냄

1894.04.05. 오전, 진잠에서 평민 수천 명이 동학교도의 집 9채를 파괴

1894.04.07. 동학농민군이 전주감영 관군 700여 명과 포수 및 보부상대 600여
명을 황토현에서 격파

1894.04.07. 충청감사 조병호, 조정에 진잠 연산 옥천 등지에 동학농민군이 주
둔하고 있다는 내용의 전보

1894.04.08. 회덕현감, 충청감사 조병호에게 동학농민군의 현아 습격을 보고

1894.04.09. 『금백보고』에 "(청산) 문바위 작은뱀골에 동학교도가 모여 소요를

벌였다."고 보고

1894.04.11. 경군 선발대를 무장으로 파견함

1894.04.14. 홍계훈, 호서 54주에 감결을 보내 동학농민군의 귀화 촉구

1894.04.15. 강화병 인천항을 출발, 전라도로 증파함

1894.04.18. 전봉준 나주 공형에게 통문을 보냄. 홍계훈 전주성을 출발하여 21
일에 영광 도착. 조정, 전라감사에 김학진 제수

1894.04.18. 괴산 연풍 등지에서 동학교도가 봉기하여 토호들의 재산을 빼앗고
구타

1894.04.19. 함평에 모여 있던 동학농민군이 양호초토사 홍계훈에게 군전 환전
세미 등 8개 조항의 폐정개혁을 요구함

1894.04.20. 의금부에서 조병갑을 공주 관내에서 체포함

1894.04.21. 전봉준이 이끄는 동학농민군이 나주와 장성으로 진격. 정부, 이용
태를 경상도 김산에 유배

1894.04.21. 청산의 동학농민군, 무장으로 문장文狀 발송. 황해도 평안도가 5월
에 접응한다고 전함

1894.04.23. 동학농민군 장성 황룡촌에서 경군 격파

1894.04.25. 동학농민군 정읍 태인 원평 점령

1894.04.25. 충청감사 조병호를 경상감사에, 충청감사에 이헌영을 임명

1894.04.26. 동학농민군 전주 삼천에 주둔

1894.04.26. 충청감사 조병호, 조정에 충청도 동학농민군 동태 보고

1894.04.27. 전라도 동학농민군 전주성 점령

1894.04.28. 충청감사, 보은이 동학농민군 수중에 들어갈 위기라고 보고

1894.04.29. 충청감사 조병호, 청산의 동학농민군 상황 보고

1894.04.30. 정부, 동학농민군 진압을 위해 청국에 원병을 요청

1894.05.02. 청국 섭지초葉志超가 군사 1,500명을 이끌고 인천에 도착

1894.05.03. 충청감사 조병호, 조정에 전보. 충청병영 군사 노성에 도착

1894.05.04. 조병갑, 강진 고금도로 유배

1894.05.05. 섭사성聶士成이 인솔하는 청군 선발대 910명이 충청도 아산에 상륙

1894.05.06. 일본 군함 2척 인천에 상륙

1894.05.07. 관군과 동학농민군 사이에 전주화약 성립. 일본공사 오토리게이스
　　　　　　케大鳥圭介, 육전대 420명과 함께 서울 입성

1894.05.09. 동학농민군 전주성에서 철수하고 도회소都會所 설치 시작

1894.05.13. 일본, 보병 3,000명과 기병 300명을 이끌고 인천 상륙

1894.05.23. 일본공사, 국왕에게 내정개혁을 요구

1894.06.00. 진산의 동학농민군, 동학 입도를 종용하며 금산 민가 200여 호를
　　　　　　불태우고 사람들을 생매장함

1894.06.01. 제1전선가설대 부산도착. 7월 29일 대구로부터 군용전선 가설공사
　　　　　　시작.

1894.06.02. 제2지대의 445명은 서울-청주 구간 담당

1894.06.17. 일본 대본영. 청국과의 개전 결정

1894.06.20. 신임 충청감사 이헌영, 업무 수행 시작

1894.06.21. 일본군, 경복궁에 침입

1894.06.23. 일본 군함, 풍도 앞바다에서 청 군함 격침, 청일전쟁 개전

1894.06.25. 김개남이 이끄는 동학농민군, 남원 입성

1894.06.27. 경기도 성환에서 청일군 교전, 청군 패배. 청군 공주로 후퇴

1894.06.28. 동학 지도자 서장옥 석방. 며칠 전에는 서병학 장두재 석방

1894.06.28. 청국군 충청도를 거쳐 강원도 방면으로 우회하여 퇴각

1894.06.28. 충청감사 이헌영, 연기 청주 청안 음성 충주 관아에 감결을 보내 청
　　　　　　군을 보호하도록 조치

1894.07.02. 보은군수 정인량이 충청감사에게 첩정 올림. 탄부면 고승리 냇가
　　　　　　에 동학 무리를 효유하려고 찾아갔으나 도리어 두령이 되어 달라
　　　　　　고 하며 거절함

1894.07.06. 김학진과 전봉준 사이에 '관민상화' 官民相和가 이루어짐

1894.07.06. 연산현감 이병제, 동학농민군 읍내 돌입한 사실을 충청감사에게

첩정

1894.07.09. 서천군수 김인수, 충청감사에게 첩정. 부안 동학농민군이 무기 탈취해 갔다고 보고

1894.07.15. 김개남 중심의 남원대회 개최

1894.07.17. 연풍현감 한진태가 충청감사에게 첩정. 일본 중장 일행 30여 명 도착 소식을 전하고 호위병 요청

1894.07.20. 충주 목사 민영기가 충청감사에게 첩정. 내용은 "일본군 2~300명씩 며칠간 1,200여 명이 지나갔다."

1894.07.26. 예천 향리 '보수집강소' 설치. 안동 의성 유림, 민보군 조직

1894.08.00. 원주 영월 등의 동학농민군, 곳곳에 접을 설치

1894.08.00. 일본군의 경복궁 점령과 친일 내각 성립에 따라 공주·남원 등지에서 동학농민군 봉기. 경상도 산청 울산 영천 언양 김해 기장 의령 등지에서 동학농민군 봉기

1894.08.00. 충청감사 이헌영이 집강 손인택에게 공한. 사사로이 재물 취하는 일을 금하라고 지시

1894.08.01. 충청도 이유상, 유회에 '토왜보국' 요청했으나 거절 당함

1894.08.01. 충청감사 이헌영이 공주 정안면에 동학농민군이 모였다고 보고

1894.08.02. 충청감사 이헌영의 장계. 동학농민군이 공주 부내에 가득하여 두령 임기준을 책망. 다음날 충청도 각 고을에 동학농민군이 둔취해 있다고 보고

1894.08.06. 선무사 정경원, 홍주에서 동학접주들을 효유

1894.08.10. 전봉준, 일본 낭인을 전주 감영에서 만남

1894.08.10. 예천 보수집강소, 동학농민군 11명을 한천 모래밭에 매장

1894.08.12. 동학농민군, 천안에서 일본인 6명 주살

1894.08.13. 전봉준, 나주로 내려감

1894.08.15. 남영병南營兵 200명 상주·용궁·예천 파견

1894.08.19. 충청감사 이헌영, 금강 가의 동학농민군이 공격하자 방어

1894.08.24. 노성현감 김정규, 동학농민군에게 무기 탈취 당한 책임으로 파직

1894.08.25. 충청감사 이헌영, 신임감사 박제순과 인수 인계

1894.08.27. 동학농민군, '일본인 주살'의 방문 게시

1894.08.27. 일본 순사 3인, 천안 일대의 동학농민군 활동 정탐 보고

1894.08.29. 일본군, 충주 주둔 공병대 석문리 기습

1894.09.00. 경기도 안승관 김승현 등 수원부 점령

1894.09.00. 김상오 등 영동 공격을 계획

1894.09.00. 봉평면에서 윤태열 등 동학농민군 소집

1894.09.00. 전봉준이 최경선 조준구 송일두 최대봉 등 측근과 기병 문제 논의

1894.09.00. 진부면에서 안영달 김성칠 등 기포

1894.09.01. 연풍현감 서상학徐相鶴, 연풍현 고사리면 온정리 김명길이 일 공병
대에 살해되었다고 보고했으나 정당했다고 회신

1894.09.01. 일본 공병대, 문경 부근 석문에서 600여 명의 동학농민군과 싸워 2
명을 죽임

1894.09.02. 천안 인근 고을 동학교도 세성산에 진지 구축

1894.09.03. 충청도 제천·청풍 지역과 강원도 일대 동학농민군, 군수 보충한
뒤 구산역에서 유숙

1894.09.04. 영월·평창·정선의 동학농민군 수천 명이 강릉부 관아 점령

1894.09.06. 강원도 동학농민군, 영동 최대 지주 이회원의 집 습격 모의

1894.09.07. 이회원의 민보군, 강릉 관아 점령한 동학농민군 기습, 20여 명 희생

1894.09.09. 강릉부, 각 면마다 오가작통 점호 지시

1894.09.09. 경기 동학농민군, 죽산 안성 관아 점령

1894.09.10. 이두황을 죽산부사로, 성하영을 안성군수로 임명

1894.09.10. 전봉준이 이끄는 동학농민군 재봉기, 북상을 위해 삼례로 집결

1894.09.13. 남영병 120명 선산·김산 파견

1894.09.15. 강릉 각 지역 요호들 향사당에서 회의를 열어 2천 냥 조달

1894.09.18. 최시형, 청산에서 무력 봉기를 선언

1894.09.20. 이두황, 동학농민군 토벌을 위해 서울을 출발

1894.09.21. 신정희를 도순무사로 임명, 양호순무영 설치

1894.09.21. 용인 등지에서 동학농민군의 활동 활발함

1894.09.21. 충주 가흥 병참부에서 조선인 인부를 모집했으나 동학교도들이 '일본군을 돕는 놈은 모두 죽여야 한다'고 협박

1894.09.22. 관군, 체포한 이용익 정용전 등 동학농민군을 총살

1894.09.22. 임시 대리공사 스기무라가 외무대신 김윤식에 서한. 9월 16일 충주 단월에서 비괴 3명 체포, 17일 청풍에서 비괴 1명 격살하고 4명 포획. 이날 비류 30여 명을 살해했다고 씀

1894.09.23. 이두황군, 죽산 비봉산에 진을 치고 광혜원 음성지역 동학농민군 공격에 대비

1894.09.24. 동학농민군 지도자 서장옥, 청주성 포위

1894.09.24. 진천에서 신재련이 봉기

1894.09.24. 충청감사 박제순, 동학농민군 거전拒戰(쌍다리 전투) 보고

1894.09.24. 이두황의 첩정에 "허문숙과 서장옥의 동학농민군 5만 내지 6만 명이 용수포에 집결해있고, 신재련은 4만 내지 5만을 거느리고 진천 광혜원에 주둔해 있다."고 보고

1894.09.25. 경기도 음죽의 동학농민군, 음죽 관아 포위

1894.09.26. 일본 낙동 수비대 하시다(橋田) 부대가 충청도 단양에서 4천여 동학 농민군과 전투를 벌임

1894.09.26. 동학농민군, 홍천에 접을 설치하고 활동을 시작함

1894.09.27. 이천 설봉산 전투. 동학농민군, 관·일본군에 패퇴

1894.09.27. 관군, 동학교도 김학여 등을 안성에서 체포하여 효수

1894.09.28. 낙동 해평 일본군 상주 선산 읍성을 기습하여 점령

1894.09.28. 신임 일본공사 이노우에 가오루(井上馨) 부임, 대본영에 '동학당 소탕'을 위한 병력 파견 요청

1894.09.28. 관보에 "(동학농민군이) 청주읍성을 닷새 동안이나 공격했으나 28일

패퇴했다."고 기록

1894.09.29. 동학농민군, 진천 관아 점령

1894.09.29. 이천 안성의 동학농민군 수만 명이 이천 안성 관아를 점령했다고
보고

1894.09.30. 이두황에게 괴산읍 공청 피습상황 보고 받음

1894.09.말. 안승관 김승현 등이 5천 동학농민군을 거느리고 수원부를 점령.
남쪽에서 군사가 오기를 기다리다 관·일본군과 여러 날 접전했으
나 결국 패했다.

1894.10.00. 강원도 원주의 이화경 임순화, 횡성의 윤면호 등 기포

1894.10.00. 강원도 차기석, 보은으로 이동 중 민포군에 막혀 강원도로 돌아감

1894.10.00. 경기도 동학농민군 지도자 이종훈 임명준 홍병기 김태열 염세환
등 기포

1894.10.00. 손병희의 동학농민군, 전봉준 부대와 논산에서 합류하여 연합군
형성

1894.10.00. 죽산 부사, 귀순한 동학농민군 면죄 약속

1894.10.01. 관군, 경기 수원 접주 안승관 김내현을 체포하여 효수

1894.10.01. 병마절도사 이장회, 군관 이용정 등이 동학 두령 이종묵 정필수 정
성복 장봉운을 체포하여 청주 무심천변에서 효수

1894.10.01. 충청도 동학농민군, 태안과 서산관아를 각각 점령

1894.10.01. 강릉 선교장의 이회원, 강릉부사에 임명

1894.10.01. 용산 수비대와 가흥 수비병이 충청도 보은 내창 서창의 동학농민
군 격파. 용산 수비대, 낙동 수비대 보은 동학농민군 진멸시킴

1894.10.01. 충청병사 이장회의 장계

1894.10.02. 경기도 강화도에서 접주 김원팔 효수

1894.10.02. 무기 빼앗긴 음죽현감 김종원, 청안현감 홍종익 죄를 묻고 근무 지
속케 함

1894.10.03. 홍주 목사 이승우, 수성군 편성

1894.10.03. 청주영병 69명, 청원군 강외면 병마산 전투에서 동학농민군 공격에 몰살 당함

1894.10.04. 관군, 용인 접주 우성칠 체포. 다음날 삼문 밖에서 포살

1894.10.05. 동학농민군, 아산 관아 공격

1894.10.05. 일본, 천안 입장에서 일본인 6명 살해한 동학교도 심문 요구

1894.10.05. 스즈키 부산 수비대 토다 부대를 지원하려고 부산 출발

1894.10.06. 경기도 동학농민군, 일본 병참사령부 수비병 공격

1894.10.06. 동학농민군, 충주와 괴산을 공격. "음성 방면에서 2만명, 보은 쪽에서 3만 명이 습격했다."고 기록

1894.10.06. 동학농민군 수만 명이 해주 서쪽 취야장 집결. 해주성 함락

1894.10.06. 동학농민군, 강령현과 해주 감영 점령

1894.10.06. 충주 광혜원 등지에 동학농민군 집결

1894.10.06. 충청도 소요에 대해 외무대신 김윤식, 일본군에 지원 요청

1894.10.06. 홍주 목사 이승우를 전라감사로 제수했으나 적을 막는 일이 급하여 유임

1894.10.06. 경기 파주와 금주 부근에서 동학농민군이 절이나 산곡에 은신하여, 전신 시설을 감시하는 일본 수비병을 공격

1894.10.08. 충청감사 박제순의 등보謄報에 따라 동학농민군에 붙잡혀 간 은진 현감 권종억을 파출하고 조병성을 임명

1894.10.09. 동학농민군, 대전평大田坪에서 관군과 전투

1894.10.09. 이두황이 지휘하는 장위영 병대의 동학농민군 군세 보고

1894.10.09. 청주 병영 영관, 전사한 장졸 가족들 위무

1894.10.09. 충청 박제순, 덕산군수 김병완 파출 보고

1894.10.09. 충청도에 진출한 성하영, 충청병영의 구원 요청에 청주성으로 진군

1894.10.09. 독립 후비보병 19대대 동학농민군 토벌대 인천 도착

1894.10.10. 경기도의 동학농민군, 괴산읍을 공격

1894.10.11. 동학교단, 청산에서 대규모 집회하며 전열을 정비

1894.10.11. 보은 장내리의 동학농민군, 청산으로 이동. 황간과 영동으로 나뉘어 주둔

1894.10.11. 전 안성군수 성하영, 서산군수로 차하

1894.10.11. 관군, 충청도 청안 난매리에서 음죽 박만업, 음성 송병권 접주와 도인 곽영식 부자 포살

1894.10.11. 충청도에 진출한 경리청 병대, 청주성 도착

1894.10.11. 충청병사 이장회의 장계. 군물을 탈취당한 목천현감 이수영 파출 보고

1894.10.12. 박제관을 충청도 위무사로 차하

1894.10.12. 전라도 동학농민군 여산과 은진을 거쳐 강경포에 진출

1894.10.12. 충청도의 이두황 병대 청주성에 도착

1894.10.13. 고종, 동학농민군을 엄히 다스리라는 교서를 내림

1894.10.13. 강원도 동학농민군, 강릉 좌운으로 이동

1894.10.13. 차기석의 동학농민군이 홍천군 내촌면 물걸리에 있는 동창을 습격

1894.10.13. 충청감사 박제순, 결성현감 박기붕 파출 보고

1894.10.13. 이두황 부대, 보은으로 향하면서 효유문 공포, 회인에서 동학농민군 유홍구 윤경선 이승일 우범손 접주 포박, 다음날 포살

1894.10.14. 경기도 동학농민군 서수영 박공선 등 이두황 군에 피살

1894.10.14. 충청감사 박제순, 관·일본군에게 공주성 주둔 요청

1894.10.14. 충청도의 이두황 부대, 보은 장내리 습격

1894.10.14. 우선봉군, 온양에서 동학농민군 김동운 황천일 정구영 위덕신 안완석 이구길 김일석 등을 포살

1894.10.15. 김개남 부대 남원을 출발하여 임실에 도착

1894.10.15. 충청도 동학농민군, 연기 관아 침입, 동학농민군 토벌을 위한 일본군, 용산을 출발하여 남하 시작

1894.10.15. 일본 하라다 소위 27명을 이끌고 괴산 관아 출동, 동학농민군과 수

차례 접전

1894.10.16. 이두황군, 회인에서 동학농민군 방갑준 권망아지 이광직 홍복용 신덕보 안재용 체포하여 포살

1894.10.16. 전봉준, 논산에서 충청감사에게 공동 항일전선 구축을 촉구하는 격문

1894.10.16. 김개남의 동학농민군 부대 전주 도착

1894.10.16. 충청감사 박제순, 이두황에게 공주성 방어 지원 요청

1894.10.16. 진위현 잔달리에 사는 민공익 한홍유 김명수 등 3인의 동학도를 체포하여 압송

1894.10.17. 이두황군, 용인 접주 이청학 포살

1894.10.17. 경기도 면주전 읍민들, 양호도순무영에게 군수전을 바침

1894.10.17. 순무 선봉진 천안읍 도착. 일본 병사와 서로 만나기로 약속

1894.10.17. 이노우에 공사, 인천 병참점과 협의하여 동학농민군이 강원·함경 (러시아 접경) 방면으로 도주하는 것을 방지하기 위하여 동학농민군을 서남 방향으로 몰아붙이는 작전 수립

1894.10.18. 경기도, 남대희 구태연 심상현 등 동학 지도자 체포

1894.10.18. 충청 순무영, 이두황 군대의 지체 상황을 책망

1894.10.18. 천안 세성산 전투에서 동학농민군 패배

1894.10.18. 성하영 군대가 모로원에서 충청 감영으로 이동, 안성군수 홍운섭 금강나루에 도착

1894.10.18. 별군관 최일환 직산의 동학농민군 김성범 신일석 황성도 체포. 황성도는 수원으로 이송하고 두 사람은 포살

1894.10.19. 충청도 은진 노성 동학농민군의 활동이 활발해짐

1894.10.20. 경기 지평현감 맹영재, 동학 두령 박성익 최제팔 등을 효수

1894.10.20. 수천 명의 강원도 동학농민군, 정선으로 소집하자 정선군수 도망

1894.10.20. 충청병사 이장회, 장위영 부영관 이두황에게 감결

1894.10.20. 대구 수비병이 충청도 무극동에서 동학농민군 수십 명 학살

1894.10.20. 용산 수비대, 이천 곤지암 부근에서 동학농민군 수 명을 사로잡음

1894.10.21. 일본군, 후비보병 독립 제19대대가 인천으로 들어옴

1894.10.21. 대원군, 반일 쿠데타 계획이 폭로되어 권좌에서 물러남

1894.10.21. 맹영재의 포군과 동학농민군이 홍천 장야평에서 접전

1894.10.21. 이두황 군, 목천 세성산에서 동학농민군 격파

1894.10.21. 충청 감영, 세성산으로 진병한 이두황을 책망

1894.10.22. 김개남 부대 삼례 출발. 선봉대가 금산 점령

1894.10.22. 온양군수가 비밀 감결에 따라 동학교도인 호방 정석호, 이방 방구현을 붙잡아 옥에 가둠

1894.10.22. 안산군수가 순무영의 공고문을 게시하고, 안산읍 동학농민군이 충청도로 갔다고 보고

1894.10.22. 강원도 동학농민군과 관군 포군이 홍천 서석리 자작고개에서 접전, 동학농민군 1천여 명 희생

1894.10.22. 충청 목천 세성산에서 몰수 군수물자, 성책成册

1894.10.22. 충청 장위영병대, 동학 거두 김복용 생포

1894.10.23. 논산의 동학농민군, 경천 점령

1894.10.23. 이인 동학농민군, 관·일본군과 접전 끝에 취병산까지 후퇴

1894.10.23. 일본군 제18대대 괴산에서 동학농민군을 진압하고 청천 순흥 안동 대구로 이동

1894.10.24. 이규태군 공주 입성. 동학농민군 대교 싸움에서 패함

1894.10.24. 내포지역 동학농민군, 당진 승전곡 전투에서 승리

1894.10.24. 충청 소모관 정기봉, 목천 갈전면의 동학농민군 효유

1894.10.24. 충청병사 이장회의 장계, 아산·청산·연기 지방관들이 군기 건탈의 죄를 안고 근무케 함

1894.10.25. 외무대신 김윤식, 스즈키 소위에게 공주 주재 간청

1894.10.25. 김윤식, 일본 공사에게 "내포 일대가 동학농민군 수중에 들어갔으니 공격해 달라"고 편지

1894.10.25. 전봉준 동학농민군, 효포 능치에서 관군과 접전

1894.10.26. 강릉부 강위서, 동학농민군 윤태열 이창문 김대영 등 체포

1894.10.26. 회덕 지명장 싸움. 동학농민군 7명을 사살하고 7명을 생포

1894.10.26. 전봉준 경천으로 철수, 본진을 논산으로 옮겨 전열 재정비

1894.10.26. 예산 신례원에서 동학농민군이 홍주 관군을 격파

1894.10.26. 관군, 보은 청안 등지 순회하다가 접사 안부현 등 4명 사살

1894.10.27. 이노우에 공사, 내포의 동학농민군 진압 요청

1894.10.28. 강릉부 민포군, 윤태열 이창문 김대영 등을 포살

1894.10.28. 강릉부 중군 김상연, 동학농민군에 붙잡혀 생매장 됨

1894.10.28. 내포의 예산포 중심의 동학농민군 홍주성 공격

1894.10.28. 소모관 맹영재, 김화보 이정오 처형

1894.10.28. 원주 비괴 김화보, 이천 접주 이정오가 맹영재에게 처형됨

1894.10.29. 충청도 동학농민군, 청주성 공격

1894.10.29. 동학농민군 1만 명, 옥천 증약에서 일본군과 전투를 치름. 동학농
　　　　　 민군 30여 명 전사자를 내고 지명천을 건너 문의로 후퇴

1894.10.말. 10월 말, 원주에서 이화경 임순화, 횡성에서 윤면호, 홍천에서 차
　　　　　 기석 심상련 오창섭 기포

1894.11.00. 최시형, 장수 임실을 거쳐 임실 새목터 허선 집에 머뭄

1894.11.00. 중순 무렵, 일본군, 괴산 충주 청주 지역 대대적인 동학농민군 토벌
　　　　　 전에 나섬

1894.11.02. 일본, 서로군 아카마츠(赤松) 부대, 충주성 전투 마지막 날로 동학농
　　　　　 민군 200명을 죽이고 갈산으로 진군

1894.11.02. 강원도 민포군, 봉평에서 동학농민군 정해창 안영보 김순복 체포

1894.11.02. 괴산 관아가 동학농민군의 공격을 받았다는 소식을 듣고 하라다(原
　　　　　 田) 소위 2개 분대 이끌고 전투. 일본군 1명 사망

1894.11.02. 충청도 유학 유석홍, 공주 접주 설장률 제압

1894.11.03. 부여 정산에서 동학농민군을 효유하라는 공문 도착

1894.11.03. 경군과 강릉부 민포군, 동학농민군 진압

1894.11.03. 일본군 2개 중대, 강원도 동학농민군 진압 위해 내려옴

1894.11.03. 일본군, 청산 문암리 최시형의 집을 급습하여 서류 탈취

1894.11.03. 충청도 동학농민군, 노성 논산 초포 등지에 설진

1894.11.03. 옥천에 동학농민군 5~6만이 모여 있어 일본군 2소대와 교도병 중
          약에 주둔

1894.11.04. 강원도 차기석, 양양 간성 등지에 통문을 보내 모병

1894.11.04. 국왕이 관보에 "일본군은 난을 평정하고 정치를 고치고 백성을 편
          안케 하는 이웃"이라는 조칙을 내림

1894.11.04. 봉평의 포군대장 강위서가 내면 창촌 주둔 동학농민군 공격

1894.11.04. 충청감사 박제순, 임천군수 한진태, 황간현감 송창로, 평택현감 이
          종욱, 서천군수 김인수 등을 파출 보고

1894.11.04. 봉평의 동학농민군을 평정한 강위서가 내면에 오자 차기석이 기린
          양양 간성 등지에 무리를 모으는 통문을 냄

1894.11.05. 일본군과 관군, 평창 후평 일대에서 강원도 동학농민군과 전투

1894.11.05. 충청도 동학농민군, 청산 석성리에서 일본군 시라키와 전투, 동학
          농민군 40여 명을 죽임

1894.11.05. 평창군 후평에서 동학농민군 1만여 명이 관·일본군과 접전

1894.11.06. 강원도, 유학 이석범, 민포군을 이끌고 평창으로 이동, 동학농민군
          70여 명을 죽이고 10여 명을 처형

1894.11.06. 정선 여량의 동학농민군 토벌군과 접전, 10여 명 포살

1894.11.06. 충청 군로조사 호위대, 청산에 진입하자 최시형 피신

1894.11.07. 강원도, 민포군 대장 강위서, 차기석 부대에 의해 피습

1894.11.07. 경기도 맹영재 신재규 이풍구 한석룡 등을 처형

1894.11.07. 정선의 동학농민군, 삼척으로 도주

1894.11.07. 해미 가야산 일락치에 주둔한 동학농민군, 기습한 이두황군에게
          패함

1894.11.08. 충청도에 진출한 전봉준의 동학농민군 전투 준비, 이인과 판치 공격

1894.11.08. 중로군이 옥천군 증약역 전투에서 동학농민군 40명 살해되고, 일본군 1명 사망

1894.11.08. 영동 양산장터 싸움

1894.11.08. 서산 매현에서 동학농민군이 패함.

1894.11.09. 동학농민군, 공주 우금티에서 대공세를 펼쳤으나 관·일본군에 패함

1894.11.09. 홍천 내면 원당 청도 약수포에서 관·민보군과 동학농민군 접전

1894.11.10. 일본군, 충주 괴산의 가도인 남창과 월두동에 출동하여 오리동에서 동학농민군 6명 타살

1894.11.11. 관·민포군 강원 접주 위승국 형제와 접사 심성숙 등 포살

1894.11.11. 동학연합군, 곰티에서 관군의 기습으로 패해 노성으로 철수. 남원에서 올라온 김개남의 동학농민군 회덕 함락

1894.11.11. 충청도 호연초토사 이승우의 첩보

1894.11.12. 전봉준 노성에서 진영 수습에 전력, 관군에게 글을 띄워 공동 항일 전선 구축을 재촉구

1894.11.12. 충청 교장 이봉춘, 능치의 동학농민군 급습

1894.11.12. 한산의 동학농민군과 전라도 동학농민군이 연합하여 한산 읍성 점령

1894.11.12. 홍천군 내면 원당에서 동학농민군 지도자 차기석 생포, 오덕현 박석원 지덕화 등 포살

1894.11.13. 강원 홍천의 동학농민군 권성오 권수청 등 포살

1894.11.13. 김개남이 이끄는 동학농민군 청주성을 공격했으나 대패

1894.11.13. 황해도 송화 문화 평산부를 동학농민군이 점령

1894.11.13. 충청병사 이장회, 구와하라 소위에게 구원군 요청

1894.11.13. 충청도 문의장터 싸움

1894.11.14. 강원 홍천 약수포의 동학농민군, 토벌군에게 협공 당함

1894.11.15. 연합동학농민군, 관·일본군과 노성, 논산 황화대에서 연이어 접전, 패해 전주로 퇴각

1894.11.19. 경기 송파진 부근에 500명의 동학농민군 집합

1894.11.19. 손병희, 최시형을 임실 갈담에서 만나 소백산맥을 따라 북상 시작

1894.11.19. 남포 싸움, 동학농민군 은율현을 점령. 동학농민군 서천 한산성 점령

1894.11.19. 서산군수 순무영관 성하영, 부여에서 동학농민군 김이운 강공진 강원형 강팔복 이명옥 최상윤 전묵진을 포살

1894.11.20. 동학농민군 서천 삼수동 싸움에서 성하영군에 패함

1894.11.20. 인천수비대(야마무라) 태안에서 사로잡은 84명의 동학농민군 중 34명을 총으로 타살

1894.11.21. 성하영 내산 외산 길산을 거쳐 서천에 당도, 김제 강명선 등 4명을 포살

1894.11.22. 차기석을 비롯한 강원도 동학농민군 지도자, 강릉 선교장에서 효수

1894.11.23. 전봉준 전주성을 떠나 원평으로 남하

1894.11.25. 강원 삼척 상하장면 등지에 동학농민군 여당 모임

1894.11.25. 강원 정선 여량의 동학농민군 지왈길 체포 효수

1894.11.25. 삼척 상하장면 등지에 동학농민군이 다시 모여듦

1894.11.25. 관별군 최일환이 진천으로 들어와 동학접주 박명숙 외 1인을 지석 부락 천변에서 총살

1894.11.25. 전봉준 휘하 동학농민군 원평 구미란에서 관·일본연합군과 접전하여 패산

1894.11.25. 해주에서 동학농민군과 관군 접전

1894.11.27. 동학농민군, 태인에서 최후 항전

1894.11.27. 상주 유격장 김석중, 청산 보은 지역을 기습하여 동학농민군 토벌

1894.11.29. 상주 유격장 김석중, 청산에서 배학수 김경언 체포

1894.11.29. 충청도 문석봉을 소모사로 차하

1894.11.30. 상주 유격장 김석중, 강경중 허용을 체포하여 청산 동시에서 포살

1894.12.01. 손화중 휘하 동학농민군 해산, 최경선과 김개남 체포됨

1894.12.02. 전봉준 순창 피노리에서 체포

1894.12.02. 상주 유격장 김석중, 동학농민군 대장 서오덕 김경연 소사동(작은뱀골)에서 포살

1894.12.03. 전라감사 이도재 김개남을 서교장에서 참수, 머리만 서울로 보냈다.

1894.12.04. 서산군수가 상와촌에 도착하여 동학농민군 수십 명을 붙잡았다. 익산에서 최정선 등 4명 포살

1894.12.04. 강원도 신배령에서 활동하던 손장업 김창수 등 체포

1894.12.04. 충청 공주 청풍 등지의 비요 피해민에게 휼전을 내림

1894.12.04. 상주 유격장 김석중, 영동 고관리를 기습하여 정윤서 체포

1894.12.05. 「우선봉일기」, 신창읍에서 김기형 김호득 이성오 정군칠 이우하 권태진 엄홍록 포살

1894.12.05. 전라도 남해안의 동학농민군 장흥 점령

1894.12.06. 충청병사 이장회, 공주의 이천악 김용구 등 효수 보고

1894.12.07. 강원 종사관 박동의, 초장 김성칠 체포하여 포살

1894.12.07. 전봉준, 일본군에 의해 담양부로 압송

1894.12.07. 충청감사 박제순의 장계에 따라 포상

1894.12.08. 최법헌이 이끄는 동학농민군 무주에서 황간에 도착함

1894.12.08. 고산·진안·금산 동학농민군이 무주접주 이응백 삼부자의 지휘로 용담현을 점령, 관가 민가가 불타고 17명이 죽음

1894.12.09. 최시형 손병희, 영동 용산장터에 주둔

1894.12.10. 전라도 남해안의 동학농민군 강진병영 습격하여 점령

1894.12.11. 최시형 손병희, 용산장터에서 상주 소모영 유격병과 전투

1894.12.16. 최시형과 손병희의 동학농민군, 보은 관아 방화

1894.12.18. 일본군과 상주 유격병이 북실(종곡)에서 동학농민군 2,200여 명 살육

1894.12.20. 상주 방어군 1천여 명 집결, 남영병 165명 김산 영동 보은 일대 파견

1894.12.20. 전의현감이 교졸을 출동시켜 동학농민군 우두머리 25인을 체포.
　　　　　위령에 의거 모두 포살

1894.12.24. 충청·경기 동학농민군 충주 외서촌 되자니에서 패산함

1895.01.00. 최시형, 인제 최영서 가로 은신함

1895.01.04. 최시형 손병희, 충주 외서촌 무극리에서 가흥 병참부 이시모리(石
　　　　　杯) 중대와의 전투에서 수십 명의 전사

1895.01.05. 일본 군로조사대 충청도 영동으로 출발

1895.01.05. 일본 스즈키(鈴木)부대 불명의 동학농민군 8명 처형

1895.01.07. 일본 후비보병 37명, 서울-부산 간 수비대로 파견

1895.01.09. 충청감영병 대둔산 동학농민군 공격, 이틀만에 물러남

1895.01.13. 낙동 대봉 수비병(25명)을 가흥 부근에 파견

1895.01.13. 일본 가흥 수비병 여주 부근에서 동학농민군과 전투

1895.01.14. 가흥 수비병 경기도 여주에서 500명의 동학농민군과 접전, 동학농
　　　　　민군 사상자 수가 10여 명에 이름

1895.01.14. 용산수비대(8명)를 여주 부근에 파견

1895.01.15. 대구 수비병(1소대), 가흥 부근에서 동학농민군과 격전

1895.01.15. 송파진(9명) 곤지암(9명) 이천(16명) 장호원(8명) 가흥(19명) 대봉(8명) 낙
　　　　　동(17명) 수비병을 충청도 가흥에 파견

1895.01.15. 일본 일본군 정찰대 여주 부근 파견, 동학농민군과 전투

1895.01.15. 일본군이 경기도 곤지암에서 동학농민군과 싸워 1명 사살

1895.01.16. 일본 군로조사대 경상도 문경 출발

1895.01.23. 일본 스즈키(鈴木)부대 부산으로 되돌아감

1895.01.23. 중로군(타케우치(武內) 부대 3분대)이 완영 병사 31명과 공동으로 전라
　　　　　도 대둔산에 둔취한 동학농민군과 전투를 벌임

1895.01.24. 대둔산에서 진지를 구축하고 일본군 및 관군과 70여 일간 항전하던 동학농민군 가운데 어린이만 남기고 25명이 일본군에 의해 전몰

1895.01.24. 전봉준 최경선 김덕명 손화중 성두한 서울 주재 일본영사관에 인도

1895.01.25. 정부 전봉준에 대한 1차 심문(3월 10일까지 5차에 걸쳐 진행)

1895.01.26. 일본 스즈키(鈴木)부대 동학농민군 수색

1895.02.03. 전봉준, 법무아문으로 인도

1895.02.03. 온양군에서 정정기 정정웅 유사능 김금손 맹금동을 감영에 이송하여 효수

1895.02.04. 일본 서로군 중로군 동로군 인천에 도착

1895.02.29. 김학우 암살 배후가 동학농민군과의 결탁으로 밝혀짐

1895.03.29. 동학농민군 지도자 전봉준 성두한 최경선 손화중 김덕명 사형 선고

1895.04.00. 손병희 손천민 김연국 등이 강원도 인제로 최시형을 찾아옴

1895.04.19. 1894년 말부터 4월까지 수개월 동안 이준용 관련 사건을 조사하여 관련자들에 대해 동학 난을 이용하여 정부 전복 모의를 꾀했다고 판결

1895.05.00. 김숙여(장수) 이종옥(廣州)이 인제로 최시형을 찾아옴

1895.05.24. 보은 동학 지도자 황하일, 청산의 김순영 등이 재판을 받음

1895.05.24. 천안 일본인 살해 사건으로 조명운 김치광, 녹천 한연수 재판을 받음

1895.12.00. 최시형, 원주 수레너미로 피신함

1896.01.01. 최시형, 원주 전거언리에 머물며 '3인집단체제' 확립

1896.03.00. 최시형, 충주 외서촌 마르택으로 피신함

1896.07.00. 최시형, 상주 높은터로 피신함

1896.09.00. 최시형, 상주 은척리로 피신함

1897.09.00. 최시형, 여주 전거언으로 피신함

1898.01.25. 이천 병정이 전거언 최시형을 급습했으나 체포 실패, 대신 김낙철
            이 체포됨

1898.03.00. 최시형, 지평 홍천을 거쳐 원주 송골로 피신함

1898.05.24. 최시형, 병정들에게 체포되어 서울로 압송됨

1898.06.29. 최시형, 평리원에서 1차 심문을 받음

1898.07.17. 최시형, 좌도난정율에 의해 사형이 언도됨

1898.07.20. 최시형, 육군 법원 형장에서 처형됨

1898.09.07. 최시형의 사진을 전국에 게시함

1900.04.11. 최시형의 묘소를 여주군 금사면 주록리 천덕봉 아래로 이장

1907.07.08. 시천교에서 최제우 최시형의 사면을 청원함

1907.07.17. 최제우 최시형에 대해 사면조치가 내려짐

부록 4 : 동학 · 동학농민혁명사 주요 사적지

*강원, 충청, 서울 · 경기도 편

■ 강원도

● 고성
  ○ 왕곡마을 동학기념비 및 동학농민군 기포와 싸움 터(죽왕면 오봉리)

● 인제
  ○ 『동경대전』 간행지(현 남면 갑둔리)
  ○ 최시형 도피와 설법 터, 유목정 느릅정이(현 남면 신남리)
  ○ 최제우의 장자 최세정(崔世貞) 체포 터(현 인제읍 귀둔리)

● 양양
  ○ 최제우의 아들 최세정 장사 터(양양 감옥, 현 군청길 1(군행리 8)양양 군청 자리)

● 홍천
  ○ 동학농민군 전적지 동창마을(현 화촌면 장평리)
  ○ 풍암리 동학농민군 위령탑(현 서석면 풍암리 자작고개)
  ○ 장야평 전투지(화촌면 장평리 장야마을)
  ○ 최시형 만년 피신터 오창섭 가(현 남면 제곡리 제일)
  ○ 최시형 피신처 용여수 가(龍汝洙 家, 현 동면 방량리 방량골)

● 강릉
  ○ 동학농민군 지도자 처형 터(강릉교장, 현 강릉여중 자리, 용강동 47-8)
  ○ 강릉 관아 점령 사적(현 강릉시 용강동 58-1)
  ○ 동학농민군의 공격 목표가 된 강릉 선교장(대지주 이회원의 집, 현 강릉시 운정동 431)

● 원주
  ○ 최시형 피체지, 송동(현 호저면 송골마을)

- ●횡성
  - ○ 최시형의 도피처 수레너미(현 안흥면 강림리)
- ●영월
  - ○ 최제우 부인 박 씨 도피처(蘇密院, 현 중동면 화원리)
  - ○ 최시형 대인접물, 이천식천 설법처 직동(현 중동면 직동리)
- ●정선
  - ○ 최제우 부인 박 씨 장례 터(싸내 · 米川, 동면 화암리)
  - ○ 최시형 개접 설법, 무은담(霧隱潭, 남면 문곡리)
  - ○ 최시형 49일 기도 터, 적조암(고한읍 만항리)
  - ○ 충청도 청풍 접주 성두한 피체지(미상)

- ■ 충청북도

- ●단양
  - ○ 용담유사 간행 터, 샘골(현 대강면 남천리(샘골))
  - ○ 최시형 도피처, 설법제 창설(현 남면 사동리)
  - ○ 단양 관아 점령, 아리 관속의 집 파양(현 충주호 수몰)
  - ○ 최시형 도피처, 영춘 장현곡(獐峴谷 노루목, 영월군 하동면 와석리)
- ●제천
  - ○ 청풍 민란 당시 관아 터(1892년, 현 충주호 수몰 이전)
  - ○ 민비의 피난궁 공사 터(현 한수면 송계리 송계초등 중학교)
  - ○ 갑오년 봄 신당장 터 동학교도 집회 터(현 한수면 신당리, 수몰)
  - ○ 성두한의 동학농민군 전투지(장자봉, 北山, 현 제천시 한수면 북노리)
- ●충주
  - ○ 가흥 병참 터, 일본군의 동학농민군 진압을 위한 병영 터(충북 충주시 가금면 가흥리 하가흥, 속칭 가흥창지)
  - ○ 동학농민군 진지, 충주 용수포(중원군 앙성면 용포리, 용수포)

○동학농민군 희생터, 노은 용원리(미륵댕이) 골짜기, 도둑골
- ●괴산
  - ○육임소 박해 때 최시형 은거지, 신양동(新陽洞, 현 미상)
  - ○괴산 접주 이헌표와 최시형 은거지(현 음성군 용산리)
  - ○괴산 읍 전투지 괴산 관아(현 괴산읍 동부리 625)
  - ○일본군과 동학농민군 전투지, 당동(唐洞, 현 원남면 상당 하당리)
- ●음성
  - ○북접군 마지막 전투지 되자니(현 금왕읍 도청1리)
  - ○일본군 주둔지(음성군 금왕읍 도청리 소배기)
  - ○동학농민군 청일마을 주둔지(음성군 금왕읍 도청리)
  - ○동학 대접주 신재련 포교지(忠州 米山居, 현 대소면 내산리 미산마을)
  - ○동학농민군 주둔지(덕산 구만리장터)
  - ○동학농민군 집결터(현 삼성면 황산리(黃山))
  - ○동학농민군 주둔지, 무극장터(현 음성군 금왕읍)
  - ○동학농민군 주둔지(음성군 금왕읍 유포리, 버들개)
  - ○동학농민군의 관·일본군 싸움터(현 대소면 삼호리)
  - ○최시형 피신처, 마르택(현 금왕읍 구계리)
  - ○괴산 이헌표 접주유적비, 최시형 피신처(현 음성읍 용산리, 『李郭抱冤』 이기준 씨 소장)
  - ○관군 동학농민군과 접전터(현 금왕읍 사창리)
- ●진천
  - ○최시형의 도피처 금성동(현 초평면 용산리 금성 마을)
  - ○최시형의 도피처 부창리(현 초평면 용정리 부창목 마을)
  - ○동학농민군이 점령한 진천 관아(현 진천군청, 읍내리 463)
  - ○동학농민군 집결지, 진천 광혜원장터
- ●청주·청원
  - ○광화문 복합상소 총본부, 솔뫼 마을(현 청원군 남일면 신송리, 현 신송교회 자리)

○ 최시형의 직포설법織布設法 터(충청북도 청원군 북이면 대주리 서택순 가)

○ 의암 손병희 선생 유허지(현 청원군 북이면 금암리 385-2)

○ 쌍다리장터 싸움터(현 청원군 북일면 세교리)

○ 청주 읍성 전투(현 도청 부근)

○ 강외면 병마산(兵馬山) 전투 사적지(현 청원군 강외면 정중리)

○ 정필수 동학두령의 집(청원군 강외면 궁평리)

○ 모충사, 병마산 전투 희생 장졸 추모정(현 모충동 산 13-1 모충고개)

● 회인

○ 회인 관아터(보은군 회인면 중앙리)

● 문의

○ 문의장터 싸움터(현 문의면 미천리, 대청댐에 수몰)

● 보은

○ 장내리 집회터(현 보은군 장내리)

○ 북실 동학농민군 집단학살터(현 보은군 종곡리 일대)

○ 북실 동학농민혁명공원(현 보은군 성족리)

○ 보은 관아 점령(현 보은군 보은읍 삼산리 119-4)

● 옥천

○ 청산 문바위골 집회터, 최봉주 묘, 동학농민군 훈련터, 도피처(현 박승재 씨

　소유) (현 청산면 한곡리 문바우)

○ 청산 석성리 싸움터(청성면 석성리, 속칭 돌자시, 산계리와 경계)

○ 청산 동학농민혁명기념탑(현 청산면 교평리)

● 영동

○ 양산장터 싸움터(현 충북 영동군 양산면 가곡리)

○ 달밭재 전투(현 영동군 용화면 월전리 달밭 고개)

○ 황간현청 터(현 황주동 노인정 옆 느티나무 자리)

○ 왕족 이용석 귀양터(현 황간면 수석리)

○ 용산장 싸움터(현 용산면 용산리 104, 용문중학교 자리)

○ 오영근 군수 선정비 (현 용산장터 입구)

■ 충청남도

● 아산
　○ 동학농민군 점령지, 온주아문 및 동헌 (아산시 읍내동 159-2)
　○ 아산항, 아산 동학농민군 태안 방갈리 포구 잠입 (현 아산만 방조제)
● 천안·목천·직산
　○ 『동경대전』 간행지 (현 천안시 동면 죽계리)
　○ 세성산 전투 사적지 (현 천안시 동남구 성남면 화성리·상동리 일대)
　○ 동학농민군 포살지 (사기실, 현 북면 사담리)
　○ 동학농민군 처형터 (광터골, 현 병천면 도원리)
　○ 동학농민군 지도자 이희인 체포지 (현 개목고개, 현 병천 서원말)
　○ 동학농민군 생매장 터 (현 광덕면 맷거리)
　○ 목천 복구정 (伏龜亭) : 동학농민혁명 시기에는 천안 목천 동학교도의 활동
　　중심지였다. (천안시 동남구 북면 연춘리 243-30)
　○ 김성범 (金成凡) 등 동학두령 처형터, 『동경대전』 판각 등 무기류 압수, 별기
　　군에 의해 (천안시 서북구 직산읍 마정리)
　○ 동학농민군 처형터 (입장 천 모래사장, 현 천안시 서북구 직산읍 판정리)
● 예산
　○ 박인호 대접주의 유허지 (현 삽교읍 성리)
　○ 관작리 전투지 (빙현氷峴, 현 예산읍 신례원리)
　○ 동학농민군 집결지 (현 삽교읍 목시마을)
● 당진
　○ 승전곡 전투지 (현 당진읍 구룡리 당진읍 구룡리)
　○ 동학농민군 집결지 (현 당진읍 운산면 여미리)

- 홍성
  - 홍주성 전투지(현 홍성읍 오관리 200-2)
  - 홍주 동학농민군 의사총(현 홍성읍 대교리 산124-2)
- 서산
  - 동학농민군 서산 군아 습격(현 서산시 읍내동 492)
  - 동학농민군 집결터(현 해미면 귀밀리)
  - 해미성 싸움터(현 해미읍성, 해미면 읍내리16)
  - 매현 싸움터(매봉재, 현 인지면 화수리)
- 태안
  - 동학농민군 태안 관아 습격(목애당, 경이정, 현 태안읍 남문1리 300-7)
  - 동학농민군 최초 기포지 방갈리(현 태안읍 원북면 방갈리·포지리 일대, 화력발전소 자리)
  - 동학농민군 위령탑, 백화산 교장바위 (태안읍 향교마을 백화산 기록)
  - 조석헌 문장준이 서술한 『역사』(태안읍 천도교태안교구)
  - 토성산 전투, 동학농민학살 사적지(현 근흥면 수룡리)
  - 동학농민군 학살지 목네미샘(현 이원면 사창 3리)
  - 동학농민군 집단학살지 통개(현 이원면 관리)
- 공주
  - 최시형 은거지, 가섭암(현 사곡면 구계리)
  - 공주취회지(공주 옛 관아 부근)
  - 공주 송장배미전투 사적비(현 금학동)
  - 최시형 은거지 활원(현 정안면 활원)
  - 효포 전투지(현 신기동 효포리)
  - 이인 전투지(현 이인면 이인리)
  - 널치 효포 웅치 전투지(현 계룡면 월암리, 봉명리 널치)
  - 대교 전투터(한다리, 현 장기면 대교리)
  - 우금티 동학농민혁명 기념탑(현 금학동 327-2)

- 회덕 · 진잠
  - 회덕 관아 점령(현 읍내동 회덕1동사무소 구 회덕문화원 옆)
  - 진잠 관아 점령(현 진잠초등학교 자리)
  - 성전 뜰 싸움터(星田里, 현 유성구 구 성전동)
  - 지명장터 싸움(현 신탄진구 삼정동, 대청댐에 수몰)
- 연기
  - 봉암동 관군 진지터, 동학농민군 포살터(현 서면 봉암리)
  - 이진한 접주 체포지, 높은정이(高亭里, 현 남면 고정리)
- 금산
  - 진산 방축리 봉기 및 싸움터(현 논산시 은진면 방축리)
  - 제원장터 봉기(금산군 제원면 제원리, 역말)
  - 금산 동헌을 점령(금산 관아터, 금산읍 인삼로 69)
  - 소라니재(松院峙) 전투지(진산군과 금산군의 접경 고개)
  - 대둔산 최후 항쟁터 미륵바위(현 전북 완주군 운주면 산북리)
- 논산
  - 노성관아. 동학교도, 현아 무기 탈취(현 노성면 읍내리 사직터)
  - 은진 현아 습격, 현감 권종익을 체포(현 은진면 연서리)
  - 논산 소토산小土山 동학 연합군 결성터(현 논산시 천주교회가 들어선 당재로 추정)
  - 황화대 전투지(현 논산시 중화동)
  - 연산아문, 동학농민군이 관아 점령(현 연산군 연산리 229-2)
  - 은진 접주 신현기(申鉉基) 등 5명의 두령이 경리청군에 잡혀 효수된 터.(논산시 가야곡면 육곡리)
- 부여
  - 부여 대방포 투쟁(부여읍 중정리 가탑리 능산리 염창리 일대)
  - 정산 건지동 동학농민군 학살터(건지말乾芝洞, 현 규암면 나복리)

● 서천
　○ 서천관아 점령(현 서천읍 군청리 57, 군사리 356-3)
　○ 서천 읍성 전투지(현 서천읍 삼수동 뒷산)
● 한산
　○ 건지산성 전투지(현 한산면사무소의 뒤 건지산성)
　○ 한산 읍성 전투지(현 한산면 소재지)

■ 서울·경기도

● 서울
　○ 광화문 복합상소 터(현 종로구 세종로 1-57)
　○ 복합상소 봉소도소(남소동 최창한 집, 현 장충체육관 부근)
　○ 최시형 구금 장소(경무청警務廳, 현 세종로 새로 지은 중앙청사 자리)
　○ 최시형 수형터(서소문감옥, 현 서소문 파출소 근처)
　○ 최시형 재판터(경성지방법원, 현 종로 사거리 제일은행 본점)
　○ 최시형 처형터, 표지석 있음(육군법원, 현 단성사 뒤)
● 여주
　○ 최시형 도피처 도통 전수터(현 강천면 도전2리)
　○ 최시형은 묘소(현 금사면 주록리 '안산')
　○ 이종훈 동학포교 본부(현 여주군 실촌면 유사리)
● 이천
　○ 음죽현아 점령터(현 장호원읍 선읍리)
　○ 부악산 전투(설봉산, 현 신둔면 소정리 마교리)
　○ 향아설위 제례법 반포지, 앵산동(현 설성면 수산1리)
● 안성
　○ 되자니 전투 후 북접통령 손병희 피신터, 칠장사(현 경기 안성시 죽산면 칠장리

　　764)

○죽산관아 점령(현 죽산면 죽산리, 죽산초등학교 자리)

○안성관아 점령(현 안성시 보개면 양복리 238-1)

○동학농민군에 살해당한 왜무덤 골짜기(현 일죽면 능국리 뒷산)

●평택

○풍토해전(난지도 너머 풍도, 안산시 단원구)

○성환 청일군 전투지(천안시 서북구 성환읍 성월리 월봉산)

○죽산 이두황 경군 주둔지(비봉산, 경기도 안성시 보개면 기좌리)

●용인

○김량장터 싸움터(현 용인시 김량장동)

○직곡直谷과 김량金良 동학 접소터(현 용인시 김량장동)

●수원

○수원성 안승관 김승현 등이 수원부 점령(현 수원시 장안구 연무동 190)

부록 5 : 쉽게 접할 수 있는 동학 · 동학농민혁명사 자료

■ 강원도

강원도지편찬위원회, 『강원도지』, 강원도, 2005.

김병용, 「강원도 동학농민 전쟁에 관한 연구 - 강릉지방을 중심으로」, 관동대학
　　　교 석사학위논문, 1996.

박맹수, 「강원도지방의 동학비밀시교지에 관한 연구」, 『춘주문화』10, 춘천문화
　　　원, 1995.

배항섭, 「강원도에 서린 동학농민군의 발자취」, 『역사비평』11, 역사문제연구
　　　소, 1990.

엄찬호, 「강원도 동학의 전래와 농민항쟁」, 『강원문화사연구』2, 강원향토문화
　　　연구회, 1997.

원영환, 「강원도 지방의 동학과 동학혁명」, 『강원문화사연구』5, 강원향토문화
　　　연구회, 2000.

원주시사편찬위원회 편, 『원주시사』, 원주시, 2000.

이기원, 「강원지역 동학농민전쟁의 연구」, 『강원사학 - 운하김규호교수정년기
　　　념논총』, 강원대학교 사학회, 2000.

조동걸, 「홍천 동학군 전적지」, 『신인간』354호, 신인간사, 1978.2.

채길순, 「강릉의 일장춘몽 같았던 동학군 세상」, 『신인간』, 2008.10.

──── , 「강원도에도 동학혁명이 있었다」, 『신인간』, 2008.3.

──── , 「관동지방 최대격전지, 풍암리 전투」, 『신인간』, 2008.5.

──── , 「동학혁명의 애틋한 사연」, 『신인간』, 2008.4.

──── , 「절망의 늪에서 동학의 불씨를 피우다」, 『신인간』, 2008.7.

최영숙, 「강원도 동학농민혁명에 대한 일고찰」, 강릉대학교 석사학위논문,
　　　2004.

최채숙, 「강원도 동학농민혁명에 대한 일고찰」, 강릉대학교 교육대학원, 석사 역사교육전공, 2002.

표영삼, 「해월신사의 발자취17, 태백산 적조암」, 『신인간』375호, 1980.2·3.

———, 「해월신사의 발자취18, 영월군 직곡」, 『신인간』376호, 1980.4.

———, 「해월신사의 발자취22, 해월신사와 수례촌」, 『신인간』393호, 1981. 11·12.

———, 「해월신사의 발자취6, 인제 느릅정이」, 『신인간』363호, 1978.12.

———, 「해월신사의 정선·단양 시절」, 『신인간』503호, 1992.3.

한국동학학회, 「동학의 문화유적 순례II (강원지역)」, 『동학연구』 9·10, 한국 동학학회, 2001.

한우근, 「동학농민군의 봉기와 전투-강원·황해도의 경우」, 『한국사론』 4, 서울대 국사학과, 1978.

홍천군지편찬위원회 편, 『홍천군지』, 홍천군, 1989.

■ 충청북도

김양식, 『새야새야 파랑새야 : 충북동학농민전쟁사』, 충북학연구소, 2001.

김정기, 「청주지선의 전선 가설과 충청도 동학농민전쟁」, 『호서문화론총』11, 서원대학교 호서문화연구소, 1997.

박걸순, 「동학농민전쟁 이후 음성지방 향촌사회의 동향과 갈등상 -『이곽포원록』의 분석을 중심으로」, 『호서문화연구』12, 충북대학교 중원문화연구소, 1994.

박맹수, 「동학의 남북접에 대한 비판적 검토」, 『한국학논집』25, 한양대 한국학연구소, 1994.

배항섭, 「충청지역 동학농민군의 동향과 동학교단」, 『백제문화』23, 공주대 백제문화연구소, 1994.

신순철, 「보은 동학농민혁명 기념공원 조성사업의 문제점」, 『충북학』5, 충북개발연구원 부설 충북학연구소, 2003.

신영우, 「보은과 동학집회」, 『외속리 서원계곡 문화유적』, 충북대 호서문화연구소, 1992.

———, 「충청도의 동학교단과 농민전쟁」, 『백제문화』23, 공주대 백제문화연구소, 1994.

———, 「충청도지역 동학농민전쟁의 전개 과정」, 『동학농민혁명의 지역적 전개와 사회 변동』, 새길, 1995.

———, 「1893년 보은 장내리의 동학집회와 그 성격」, 『충북학』5, 충북개발연구원 부설 충북학연구소, 2003.

———, 「1894년 동학농민군의 청주성 점거 시도」, 『충북사학』13 충북대 사학회, 2002.

———, 「동학농민전쟁 100주년 기념 학술논고: 충청지역 동학농민전쟁의 성격」, 『호서문화연구』12, 충북대학교 중원문화연구소, 1994.

양진석, 「1894년 충청지역의 농민전쟁」, 『1894년 농민전쟁연구』4, 1995.

———, 「충청지역 농민전쟁의 전개양상」, 『백제문화』23, 공주대 백제문화연구소, 1994.

이광복, 「충청도 동북부 지역 동학농민전쟁의 전개 과정」, 충북대학교 교육대학원, 석사 역사교육전공, 1997.

이융조·김경표·신영우, 「손병희 생가복원에 대한 고찰」, 『인문학지』4, 충북대학교 인문학연구소, 1989.

이이화, 「동학농민혁명과 충북, 그리고 그 정신」, 『충북학』5, 충북개발연구원 부설 충북학연구소, 2003.

채길순, 「동학농민전쟁 100주년 기념 학술 논고; 충청지역 동학혁명의 전개 과정 - 현장조사를 중심으로」, 충북대학교 중원문화연구소, 1994.

———, 「동학농민혁명 현장을 찾아서」, 『충청일보』, 2007.3.4.- 9.3. 24회(〈2 괴산편〉, 〈3 음성편〉, 〈9 청주·청원편〉, 〈10 보은편〉, 〈11 옥천편〉, 〈12 영동편〉, 〈14 충주·제천편〉, 〈22 진천편〉).

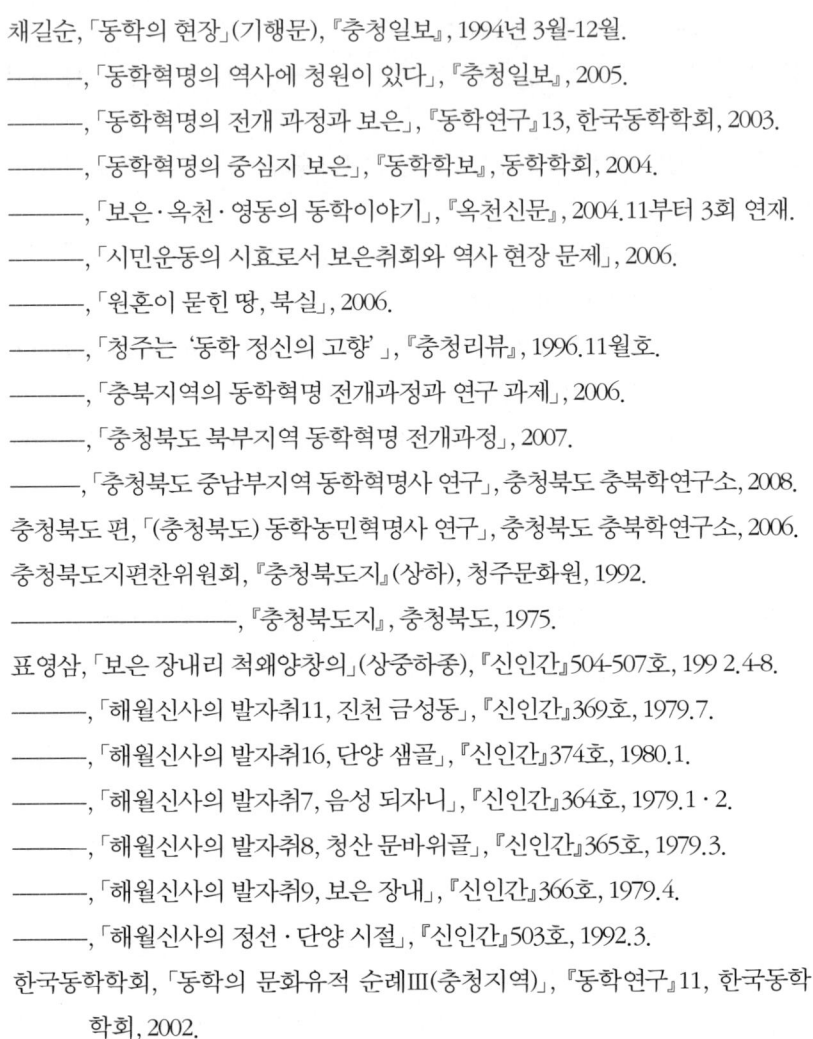

채길순, 「동학의 현장」(기행문), 『충청일보』, 1994년 3월-12월.

———, 「동학혁명의 역사에 청원이 있다」, 『충청일보』, 2005.

———, 「동학혁명의 전개 과정과 보은」, 『동학연구』13, 한국동학학회, 2003.

———, 「동학혁명의 중심지 보은」, 『동학학보』, 동학학회, 2004.

———, 「보은·옥천·영동의 동학이야기」, 『옥천신문』, 2004.11부터 3회 연재.

———, 「시민운동의 시효로서 보은취회와 역사 현장 문제」, 2006.

———, 「원혼이 묻힌 땅, 북실」, 2006.

———, 「청주는 '동학 정신의 고향'」, 『충청리뷰』, 1996.11월호.

———, 「충북지역의 동학혁명 전개과정과 연구 과제」, 2006.

———, 「충청북도 북부지역 동학혁명 전개과정」, 2007.

———, 「충청북도 중남부지역 동학혁명사 연구」, 충청북도 충북학연구소, 2008.

충청북도 편, 「(충청북도) 동학농민혁명사 연구」, 충청북도 충북학연구소, 2006.

충청북도지편찬위원회, 『충청북도지』(상하), 청주문화원, 1992.

——————, 『충청북도지』, 충청북도, 1975.

표영삼, 「보은 장내리 척왜양창의」(상중하종), 『신인간』504-507호, 199 2.4-8.

———, 「해월신사의 발자취11, 진천 금성동」, 『신인간』369호, 1979.7.

———, 「해월신사의 발자취16, 단양 샘골」, 『신인간』374호, 1980.1.

———, 「해월신사의 발자취7, 음성 되자니」, 『신인간』364호, 1979.1·2.

———, 「해월신사의 발자취8, 청산 문바위골」, 『신인간』365호, 1979.3.

———, 「해월신사의 발자취9, 보은 장내」, 『신인간』366호, 1979.4.

———, 「해월신사의 정선·단양 시절」, 『신인간』503호, 1992.3.

한국동학학회, 「동학의 문화유적 순례Ⅲ(충청지역)」, 『동학연구』11, 한국동학
학회, 2002.

■ 충청남도

김진필, 「서산·태안 지역의 동학농민전쟁」, 한국교원대 대학원, 석사 역사교육

전공, 2001.

동학농민혁명태안군기념사업회 편, 『동학농민혁명과 교장바위』, 동학농민혁
명 태안군기념사업회, 2006.

———, 『태안지역 갑오동학농민혁명 자료집』, 동학농민혁명 태안군기념사업
회, 2005.

리병규, 「금산·진산 지역의 동학농민혁명 연구」, 원광대학교대학원, 박사 사학
전공, 2002.

박맹수, 「동학농민전쟁과 공주전투」, 『백제문화』23, 공주대 백제문화연구소,
1994.

배항섭, 「충청지역 동학농민군의 동향과 동학교단 -『홍양기사』와 『금번집략』
을 중심으로」, 『백제문화』23, 공주대학교 백제문화연구소, 1994.

———, 「충청지역 동학농민군의 동향과 동학교단」, 『백제문화』23, 공주대 백
제문화연구소, 1994.

백제충청학연구팀(서천군지편찬위원회), 『서천군지』, 서천군, 2009.

서산군지편찬위원회, 『서산군지』, 서산군, 1927.

성주현, 홍주성에서의 동학혁명과 의병항쟁운동-홍성 의사총의 진위규명을
위한 문제제기- 홍경만교수정년기념 한국사학론총, 한국사학론총간행
위원회, 2002.

신영우, 「충청도의 동학교단과 농민전쟁」, 『백제문화』23, 공주대 백제문화연구
소, 1994.

———, 「충청도지역 동학농민전쟁의 전개과정」, 『동학농민혁명의 지역적 전
개와 사회 변동』, 새길, 1995.

———, 「동학농민전쟁 100주년 기념 학술논고: 충청지역 동학농민전쟁의 성
격」, 『호서문화연구』12, 충북대학교 중원문화연구소 1994.

양승률, 「1894년 금산지역 의회군의 조직과 활동」, 『충남사학』10, 충남사학회,
1998.

양진석, 「1894년 충청지역의 농민전쟁」, 『1894년 농민전쟁연구』4, 1995.

양진석, 「충청지역 농민전쟁의 전개양상」, 『백제문화』23, 공주대 백제문화연구소, 1994.

연기군지편찬위원회, 『연기군지』, 연기군청문화공보과, 2008.

이도행, 「충남 서북부 지역의 동학농민전쟁, 공주대학교 교육대학원, 석사 역사교육전공, 1993.

───, 「충남 서북부 지역의 동학농민전쟁」, 『역사와 역사교육』(창간호), 웅진사학회, 1996.

이이화, 「내포지역 동학농민운동의 전개과정과 그 결과 -충남 당진지역을 중심으로」, 『향토사연구 활성화 강좌』, 전국문화원연합회 충청남도지회, 1997.

이진영, 「충청도 내포지역의 동학농민전쟁 전개양상과 특성」, 『동학연구』14·15, 한국동학학회, 2003.

채길순, 「동학의 현장」(기행문), 『충청일보』, 1994년 3월-12월.

───, 「동학농민전쟁 100주년 기념 학술논고: 충청지역 동학혁명의 전개 과정 - 현장조사를 중심으로, 충북대 중원문화연구소, 1994.

───, 「동학농민혁명 현장을 찾아서」, 『충청일보』, 2007.3.4.- 9.3. 24회(〈4 태안편〉, 〈5 태안편〉, 〈6 홍성편〉, 〈7 예산편〉, 〈8 천안편〉, 〈15 금산편〉, 〈16 공주편〉, 〈18 서천편〉, 〈19 논산편〉, 〈20 부여편〉, 〈21 회덕·진잠·연기편〉, 〈23 아산·당진편〉).

───, 「동학혁명의 현장을 찾아서」〈태안 편〉, 『신인간』, 2008년 2월.

───, 「충청남도 서북지역의 동학혁명사 연구」, 『동학학보』, 동학학회, 2009.

───, 「충청남도 중남부지역의 동학혁명 전개과정 연구」, 『동학학보』, 동학학회, 2009.

최인섭, 「천안지역 동학농민전쟁 연구」, 고려대학교 교육대학원, 석사 역사교육전공, 1997.

충청남도지편찬위원회 편, 『충청남도지』(상하), 대전충청남도지편찬위원회, 1979.

충청남도지편찬위원회, 『충청남도지』, 충청남도, 1965.

표영삼, 「공주 교조신원운동」, 『신인간』 497호, 1991.8.

———, 「해월신사의 발자취10, 공주 신평리」, 『신인간』 368호, 1979.6.

———, 「해월신사의 발자취15, 공주 가섭사」, 『신인간』 373호, 1979.12.

한국동학학회, 「동학의 문화유적 순례 III(충청지역)」, 『동학연구』 11, 한국동학
　　　학회, 2002.

홍동현, 「충청도 내포 지역의 농민전쟁과 농민군 조직」, 연세대학교 대학원, 석
　　　사 사학전공, 2003.

■ 서울·경기도

경기도사편찬위원회, 『경기도사』(제5권 조선후기 편), 경기도, 2002-2009.

김포군지편찬위원회 편, 『김포군지』, 김포군, 1993.

김지하, 『앵산 기행 - 최해월의 밥사상의 재검토』, 『남녘땅뱃노래』, 두레, 1985.

조성운, 「일제하 수원지역 천도교의 성장과 민족운동」, 『경기사론』(사학과창설
　　　20주년기념특집), 경기대학교 사학회, 2001.

채길순, 「서울과 경기 지역에도 동학혁명사가 있었다」, 『신인간』, 2009.12.

최홍규, 「경기지역의 동학과 동학농민군활동-특히 수원지방과 관련하여」, 『경
　　　기사론』 1, 경기대학교 사학회, 1997.

———, 경기지역의 동학과 동학농민군 활동, 『동학학보』 3, 동학학회, 2002.

최효식, 경기 이천 지역의 동학농민운동, 『동학연구』 19, 한국동학학회, 2005.

표영삼, 「광화문 복소 교조 신원」, 『신인간』 499호, 1991.10.

———, 「해월신사의 발자취1, 원적산에 모신 묘소」, 『신인간』 358호, 1978.6.

표영삼, 「해월신사의 발자취2, 원주 송골」, 『신인간』 359호, 1978.7.

———, 「해월신사의 발자취3, 여주 전거언」, 『신인간』 360호, 1978.8·9.

———, 「해월신사의 발자취4, 이천 앵산동」, 『신인간』 361호, 1978.10.

참고문헌

* 각 지역 참고문헌과 중복되는 경우는 제외했다.

〈교단 자료〉

1865,『수운행록』(水雲行錄)

1879,『최선생문집도원기서』(崔先生文集道源記書)

1885-1892,『해월문집』(海月文集)

1898,『수운재문집』(水雲齋文集)

1906,『대선생사적 부 해월선생문집』(大先生事蹟 附 海月先生文集)

1910-1914,『본교역사』(本敎歷史)

1915,『시천교종역사』(侍天敎宗繹史)

1920,『시천교역사』(侍天敎歷史)

1920,『천도교서』(天道敎書)

1920,『천도교회사초고』(天道敎會史草稿)

1922,『천도교실사집편』(天道敎實事集編, 권병덕)

1926,『동학사』(東學史, 초고본)

1933,『천도교창건사』(天道敎創建史, 이돈화)

1938,『동학사』(東學史, 이돈화)

〈관변 자료〉

1893,『聚語』

1894,『兩湖右先鋒日記(東學亂記錄)』

1894,『巡撫先鋒陳贍錄(東學亂記錄)』

1895~1900,『東學判決文集』

1898~1907,『司法稟報』

『승정원일기』(고종 20-31)

『일성록』(고종)

『東學亂記錄』상/하(국사편찬위원회 刊)

　　　(1)「甲午實記」(2)「甲午略史」(3)「聚語」(4)「東徒問辯」(5)「兩湖招討使贍錄」(6)「先鋒陳日記」(7)「兩湖右先鋒日記」(8)「先鋒陳書目」(9)「巡撫先鋒陳贍錄」(10)「巡撫

使各陳傳令」(11)「巡撫使呈牒報」(12)「先鋒陳呈牒報」(13)「先鋒陳上巡撫使書」(14)「先鋒陳各邑了發關及甘結」(15)「宣諭榜文-東徒上書所志膽書」(16)「日本士官函膽」(日本士官函膽)(17)「李圭泰往復書」(18)「朴鳳陽經歷書」(19)「錦山被禍錄」(各陳將卒 成册)(20)「甲午軍功錄」

〈유생 자료〉

金奭中, 『討匪大略』
文錫鳳, 『義山遺稿』
황현(黃玹), 『梧下記聞』

〈저서 및 논문〉

김상기, 『동학과 동학란』, 한국일보사, 1975.
김양식, 「1894년 농민전쟁의 전개과정」, 『근현대사강좌』5, 한울, 1994.
김창수, 「동학혁명의 배경」, 『동학혁명백주년기념논총』상, 동학혁명 100주년기념사업
          회, 1994.
김창수, 「동학혁명군의 항일투쟁 : 2차기포」, 『동학혁명 백주년기념논총』상, 1994.
박맹수, 「동학혁명의 문화사적 의미」, 『문학과 사회』25, 문학과지성사, 1994.2.
――――, 「최시형 연구」, 한국정신문화연구원 박사학위논문, 1996.
신복용, 『동학사상과 갑오농민혁명』, 평민사, 1985.
신영우, 「충청도지역 동학농민전쟁의 전개 과정」, 『동학농민혁명의 지역적 전개와 사회
          변동』, 새길, 1995.4.
최현식, 『갑오동학혁명사』, 신아출판사, 1994.
표영삼, 「해월신사연표」, 『신인간』427, 1985. 3~4.
황현, 이민수 역, 『오하기문』, 을유문화사, 1985.

〈기타〉

각 지역 자치단체에서 간행한 『서울특별시지』『강원도지』『경기도지』『충청북도지』『충청남도지』와 각 시·군지의 기록을 참고하였다. 지역에 따라 차이는 있지만, 그 지역의 동학혁명사 기록이 아예 없거나 전라도 전봉준의 활동을 수록하거나 미미한 기록에 그친 경우가 많다.

찾아보기

용어편

〈ㄱ〉

인명편

새로 쓰는 동학기행 1

등 록 1994.7.1 제1-1071
1쇄 발행 2012년 9월 10일

지은이 채길순
펴낸이 박길수
편집인 소경희
관 리 위현정
편 집 김문선
마케팅 양유경
디자인 이주향
펴낸곳 도서출판 모시는사람들
　　　　110-775 서울시 종로구 경운동 88번지 수운회관 1207호
전 화 02-735-7173, 02-737-7173 / 팩스 02-730-7173

출 력 ㈜상지사P&B(031-955-3636)
인 쇄 ㈜상지사P&B(031-955-3636)
배 본 문화유통북스(031-937-6100)
홈페이지 http://blog.daum.net/donghak21

값은 뒤표지에 있습니다.
ISBN 978-89-90699-96-1 03900

이 도서의 국립중앙도서관 출판시도서목록(CIP)은 e-CIP 홈페이지
(http://www.nl.go.kr/ecip)에서 이용하실 수 있습니다.
(CIP제어번호: 2012003701)